un campo co máscara

Access 2000

Clave.- Mascara.

0 = Obliga a introducir un digito (0-9)
9 = Obliga a " " " - espacio

0 :- hay q introducir un digito (0-9)
9.- id id id o espacio e blanco
L.- Obliga una letra (A-Z)
? Obliga letra o espacio
A Obliga letra o digito
a Permite letra, digito o espacio

Comodines de busqueda
* cualquier cadena de caracteres.
? un caracter cualquiera
un digito cualquiera

Access 2000

Mª Piedad Ferro Sánchez
Licenciada en Ciencias Químicas

ANAYA MULTIMEDIA

GUÍAS PRÁCTICAS

Responsable editorial:
José Carlos Jiménez Pérez

Diseño de cubierta:
Narcís Fernández

Autoedición:
SEVEN Servicios Integrales

Primera edición, agosto 1999
Primera reimpresión, julio 2000
Segunda reimpresión, agosto 2000
Tercera reimpresión, noviembre 2000
Cuarta reimpresión, diciembre 2000
Quinta reimpresión, enero 2001
Sexta reimpresión, abril 2001
Séptima reimpresión, junio 2001
Octava reimpresión, agosto 2001
Novena reimpresión, octubre 2001
Décima reimpresión, noviembre 2001
Undécima reimpresión, marzo 2002
Duodécima reimpresión, mayo 2002
Decimotercera reimpresión, julio 2002
Decimocuarta reimpresión, octubre 2002
Decimoquinta reimpresión, noviembre 2002
Decimosexta reimpresión, marzo 2003
Decimoséptima reimpresión, agosto 2003
Decimoctava reimpresión, febrero 2004

Juan Ignacio Luca de Tena, 15. 28027 Madrid
Depósito legal: M. 7.555-2004
ISBN: 84-415-0896-8
Printed in Spain
Impreso en Anzos, S. L. - Fuenlabrada (Madrid)

A ti, Pablo,
por tu empuje constante,
pero, sobre todo, por ser como eres

Índice

Introducción ... 17

Cómo usar este libro ... 19

1. Instalación del programa. Entorno de trabajo ... 21

1.1. Introducción ... 21
1.2. Instalación del programa ... 21
1.3. Reparar funciones de Access ... 25

2. Entorno de trabajo ... 27

2.1. Introducción ... 27
2.2. Arrancar Microsoft Access ... 27
2.3. Otros modos de arrancar el programa ... 28
2.3.1. Mediante un acceso directo ... 29
2.3.2. Desde el cuadro de diálogo Nuevo documento de Office ... 30
2.3.3. Desde el cuadro de diálogo Abrir documento de Office ... 31
2.4. Ventana de Access ... 33
2.5. Utilización de los menús ... 34
2.6. Menús contextuales o menús rápidos ... 36
2.7. Barras de herramientas ... 37
2.8. Otros elementos de la ventana de aplicación ... 38
2.9. El Portapapeles de Office ... 39
2.10. Ayuda ... 40
2.10.1. Obtener información acerca de una opción de menú u objeto ... 40

2.10.2. Obtener actualizaciones e información desde Internet 41
2.10.3. Obtener ayuda en los cuadros de diálogo 41
2.11. El Ayudante de Access 42
2.11.1. Elegir Ayudante 46
2.12. Información de los objetos de la base de datos 46
2.13. Distribuir las ventanas abiertas 48
2.14. Salir de Access 48

3. Crear bases de datos y tablas 49

3.1. Introducción 49
3.2. Crear una base de datos 49
3.2.1. Crear una base de datos sin estar ejecutándose Access 49
3.2.2. Crear una base de datos al arrancar Access 50
3.2.3. Crear una base de datos desde la ventana de Access 51
3.3. Ventana de la base de datos 52
3.4. Planificar y diseñar las tablas de la base de datos 53
3.5. Métodos para crear una tabla 54
3.6. Crear una tabla usando el Asistente 55
3.7. Estructura de una tabla 58
3.7.1. Nombres de campo 59
3.7.2. Tipo de datos 59
3.7.3. Otras propiedades de campo 60
3.8. Modificar el diseño de la tabla 63
3.9. Guardar y cerrar la tabla Clientes 64
3.10. Ventanas Diseño y Hoja de datos 65
3.11. Crear la tabla Marcas en la ventana Hoja de datos 66
3.11.1. Agregar un campo de tipo Hipervínculo 68
3.12. Crear la tabla Automóviles en la ventana Diseño 69
3.12.1. Definir un campo con una máscara de entrada 70
3.12.2. Definir un campo del tipo Asistente para búsquedas 72
3.12.3. Definir los campos Modelo y Color 74

3.12.4.Definir un campo con regla y texto de validación 74
3.12.5. Definir un campo de tipo Numérico 75
3.12.6. Definir un campo de tipo Memo 76
3.12.7. Definir un campo de tipo Sí/No 77
3.12.8. Definir un campo de tipo Objeto OLE 77
3.12.9. Declarar una clave principal 77
3.13.Guardar y cerrar la tabla Automóviles 79
3.14.Crear, guardar y cerrar la tabla Contratos 79
3.15.Cerrar una base de datos 82

4. Introducir y editar los datos de una tabla 83

4.1. Introducción 83
4.2. Abrir una base de datos 83
4.2.1. Al arrancar Microsoft Access 83
4.2.2. Desde la ventana de Access 84
4.2.3. Desde el cuadro de diálogo Abrir documento de Office 85
4.3. Abrir una tabla 86
4.4. Introducir datos en la tabla Clientes 88
4.4.1. Introducir nuevos registros ocultando los existentes 89
4.5. Autocorrección 91
4.6. Desplazar el cursor por la tabla 93
4.7. Cerrar una tabla 95
4.8. Modificar los datos en una tabla 96
4.9. Completar los datos de la tabla Marcas 98
4.10.Introducir los datos de la tabla Automóviles 98
4.11.Introducir los datos de la tabla Contratos 102
4.12. Ortografía 104
4.13. Operaciones con registros 106
4.13.1. Seleccionar datos, registros y campos 106
4.13.2. Copiar y mover datos (registros) 107

4.13.3. Eliminar un registro 108
4.14. Deshacer un error 109

5. Mantenimiento de tablas. Relaciones 111

5.1. Introducción 111
5.2. Información de la base de datos 111
5.3. Mantenimiento de la base de datos 114
5.3.1. Copiar un objeto 114
5.3.2. Cambiar el nombre de un objeto 116
5.3.3. Borrar un objeto 116
5.4. Importar o vincular tablas 117
5.4.1. Importar datos 117
5.4.2. Vincular datos 118
5.5. Exportar tablas 119
5.6. Relacionar tablas 120
5.7. Integridad referencial 122
5.8. Ventana de Relaciones 123
5.9. Crear una relación entre dos tablas 124
5.10. Modificar una relación 126
5.11. Eliminar una relación 127
5.12.Guardar el diseño de las relaciones 128
5.13. Hojas de datos secundarias 128

6. Ver, buscar, filtrar e imprimir datos 131

6.1. Introducción 131
6.2. Modificar el formato de la tabla 131
6.2.1 Modificar la fuente de los datos 132
6.2.2. Modificar el ancho de las columnas 133
6.2.3. Modificar la altura de las filas 134
6.2.4. Cambiar el aspecto de las celdas 135
6.3. Guardar las modificaciones de formato 135
6.4.Ocultar campos y volver a visualizarlos 137
6.5. Mover campos 139
6.6. Ordenar los registros 139
6.6.1. Ordenación por un solo campo 139
6.6.2. Ordenación por varios campos 140
6.7. Inmovilizar y liberar columnas 142

6.8. Vista preliminar de una impresión 143
6.9. Configurar las páginas de impresión 145
6.10. Impresión de los datos de una tabla 146
6.11. Buscar información en una tabla 147
6.12. Reemplazar datos de una tabla 149
6.13. Filtros 150
6.13.1. Filtros por selección 151
6.13.2. Filtros excluyendo la selección 152
6.14. Activar, desactivar y guardar un filtro 154

7. Consultas de selección 155

7.1. Introducción 155
7.2. Consultas 155
7.3. Modos de crear una consulta 156
7.4. Crear una consulta de selección mediante el Asistente 158
7.5. Modificar el diseño de una consulta 161
7.6. Guardar una consulta 162
7.7. Cerrar la ventana de una consulta 163
7.8. Crear una consulta en la ventana Diseño 163
7.8.1. Agregar campos a la consulta 164
7.8.2. Introducir criterios para seleccionar registros 166
7.8.3. Visualizar el resultado de una consulta 167
7.8.4. Ordenar los registros 168
7.8.5. Guardar y cerrar una consulta 169
7.9. Crear una consulta modificando el diseño de otra 170
7.10. Operadores de comparación 171
7.11. Utilizar comodines en los criterios 174
7.12. Crear consultas en varias tablas 176
7.13. Crear consultas con varios criterios 178
7.13.1. Varios criterios, en un mismo campo, que deban cumplirse a la vez 179

7.13.2. Varios criterios, en un mismo campo,
de los que deba cumplirse al menos uno 180
7.13.3. Varios criterios, en distintos campos,
que deban cumplirse a la vez 181
7.13.4 Varios criterios, en distintos campos,
de los que deba cumplirse al menos uno 182
7.14. Abrir una consulta desde
la ventana de la base de datos 183
7.15. Imprimir el resultado
de una consulta 184

8. Otros tipos de consultas 185

8.1. Introducción 185
8.2. Crear consultas de selección
interactivas 185
8.2.1. Crear una consulta interactiva
para localizar un contrato 189
8.3. Crear consultas con campos
calculados 190
8.4. Crear consultas de resumen 193
8.4.1. Realizar cálculos por grupos 196
8.4.2. Crear consultas de resumen mediante
el Asistente 197
8.5. Consultas de acción 199
8.5.1. Crear consultas de acción mediante
el Asistente 200
8.5.2. Crear consultas de acción en la
ventana Diseño 201
8.6. Crear consultas para añadir
registros 201
8.7. Crear consultas para actualizar datos 204
8.8. Crear consultas de creación
de tablas 205
8.9. Ejecutar una consulta de acción 207
8.10. Crear consultas para eliminar
registros 209
8.11. Crear consultas de tabla
de referencias cruzadas 211

9. Formularios 213

9.1. Introducción 213
9.2. Trabajar con formularios 213
9.3. Posibilidades de crear formularios 214
9.4. Crear un formulario En columnas mediante el Asistente 217
9.5. Utilización de un formulario 220
9.6. Crear un autoformulario tabular 222
9.7. Crear un formulario Tabular 223
9.8. Crear formularios con campos de varias tablas 224
9.9. Crear un autoformulario En columnas 226
9.10. Ventana Diseño de un formulario 227
9.11. Controles 229
9.11.1. Seleccionar controles 230
9.12. Modificar el diseño de un formulario 230
9.12.1. Activar la ventana Diseño 230
9.12.2. Modificar el estilo de un formulario 231
9.12.3. Mover un control 231
9.12.4. Modificar el tamaño de un control 233
9.12.5. Modificar el aspecto de los controles 234
9.12.6. Añadir y eliminar controles 234
9.12.7. Añadir un control Etiqueta 235
9.12.8. Añadir un control Botón de comando 236
9.12.9. Modificar las propiedades de un control 237
9.13. Guardar y cerrar un formulario 239
9.14. Modificar un formulario para agregar un control tipo Marco de objeto dependiente 239
9.15. Crear el formulario Contratos 242
9.16. Modificar el formulario Clientes 243
9.17. Activar y trabajar con un formulario 245

10. Informes 247

10.1. Introducción 247
10.2. Opciones para crear Informes 247

10.3. Generar un Autoinforme 249
10.4. Crear un informe En columnas
justificado 250
10.5. Modificar el diseño del informe
Datos de los clientes 253
10.6. Guardar y cerrar un informe 254
10.7. Crear un informe En columnas 255
10.7.1. Modificar el informe Información
detallada de los vehículos 257
10.7.2. Guardar, imprimir y cerrar un informe 259
10.8. Crear un informe Tabular 261
10.8.1. Modificar el informe Listado tabular
de contratos 262
10.8.2. Imprimir el informe Listado tabular
de contratos 265
10.9. Crear un informe con datos
de varias tablas 265
10.9.1. Modificar el informe Vehículos
alquilados por los clientes 267
10.10. Crear etiquetas postales 269
10.11. Crear un informe Gráfico 271
10.12. Abrir informes desde la
ventana de la base de datos 274

11. Publicar informació en Internet. Crear página
de acceso a datos 277

11.1. Introducción 277
11.2. Redes de ordenadores 277
11.2.1. Redes de área local 278
11.2.2. Internet 278
11.2.3. Intranet 279
11.3. Abrir y guardar bases de datos
de otros lugares 279
11.4. Enviar información de la base
de datos por correo electrónico 280
11.5. Visualizar páginas Web 281
11.6. Publicar información con formato
Web (Internet e Intranet) 282
11.7. Publicar datos en páginas
estáticas 282

11.7.1. Publicar un informe 283
11.7.2. Publicar un formulario 284
11.8. Páginas de acceso a datos 285
11.9. Crear páginas de acceso a datos 287
11.9.1. Crear una Autopágina de acceso a datos 288
11.9.2. Crear una página de datos agrupados 291
11.10. Modificar una página de acceso a datos 294
11.11. Utilizar una página de acceso a datos en Internet Explorer 296

12. Macros 299

12.1. Introducción 299
12.2. Utilizar macros 299
12.3. Crear una macro 300
12.4. Ejecutar una macro 302
12.5. Modificar una macro 304
12.6. Acciones de una macro 306
12.7. Macros condicionales 307
12.8. Generador de expresiones 310
12.8.1. Aspecto del Generador de expresiones 311
12.8.2. Crear una expresión con el Generador de expresiones 312
12.9. Operadores 316
12.10. Funciones incorporadas en Access 317

13. Crear una aplicación personal 321

13.1. Introducción 321
13.2. Programas y aplicaciones 321
13.3. Visual Basic. Objetos y eventos 322
13.3.1. Dónde se visualizan los eventos 322
13.3.2. Qué acción se puede asociar a un evento 323
13.4. Crear un panel de control 325
13.4.1. Modificar propiedades de la zona Detalles 325
13.5. Guardar el panel de control 326
13.6. Añadir controles al panel de control 328

13.6.1. Agregar etiquetas 328
13.6.2. Agregar botones de comando para abrir formularios 329
13.6.3. Agregar botones de comando para activar la presentación preliminar de informes 330
13.6.4. Crear la macro Localizar contrato 332
13.6.5. Agregar un botón de comando para ejecutar una macro 333
13.6.6. Modificar el tamaño de los botones de comando y colocarlos en el panel 334
13.7. Crear un formulario secundario 335
13.7.1. Crear un control Grupo de opciones 337
13.7.2. Crear la macro Nuevos contratos 338
13.7.3. Agregar un botón de comando para ejecutar la macro Nuevos contratos 340
13.8. Finalizar el Panel principal 342
13.9. Mejoras en el formulario Contratos 344
13.9.1. Macro para insertar el dato de un campo 344
13.9.2. Macro para actualizar el dato de un campo 345
13.10. Hacer que se active automáticamente el Panel principal 347

Índice alfabético 349

Introducción

Existen multitud de situaciones en la vida cotidiana en las que, de una manera u otra, tendrá que utilizar bases de datos para obtener información: en una biblioteca, en un banco, en cualquier empresa de servicios... o bien necesite organizar y gestionar su propia información.

Tanto si posee una pequeña empresa, como si lo que desea es almacenar y gestionar datos de sus libros, discos, contactos, etc., Access puede ser la herramienta perfecta.

Microsoft Access es lo que se denomina un *gestor de bases de datos relacionales*. Esto significa que con Access podrá crear *bases de datos*, que se pueden definir como el conjunto de todas las herramientas u objetos necesarios para poder almacenar y gestionar información.

La información de una base de datos se almacena en *tablas*; cada tabla debe estar diseñada con las características necesarias para que pueda almacenar datos de diferente naturaleza.

Un aspecto muy importante de Microsoft Access es que las tablas creadas no actúan sólo como objetos independientes, desligadas unas de otras, sino que pueden establecerse relaciones entre ellas, de modo que actúen como un conjunto interrelacionado, lo cual les confiere propiedades muy importantes que ya estudiará.

La gestión de las bases de datos no se realiza únicamente creando las tablas; Access ofrece otros objetos que facilitan el acceso a la información y permiten obtener la que se necesite con gran variedad de posibilidades. Estas herramientas u objetos son los siguientes:

- **Tablas**. Las tablas permiten almacenar los datos de forma organizada gracias a su estructura constituida por filas y columnas.
- **Consultas**. Las consultas le permitirán dar respuesta a las preguntas que se plantee referentes a los datos almacenados en las tablas. Además, le permitirán obtener nuevos datos calculados a partir de los almacenados.
- **Formularios**. Los formularios le permitirán visualizar los datos en pantalla con el formato deseado, así como introducir otros nuevos o modificar los existentes.
- **Informes**. Los informes son los objetos que le permitirán imprimir los datos almacenados con el aspecto que previamente haya diseñado.
- **Macros**. Las macros son una especie de *miniprogramas* que permiten realizar una serie de operaciones repetitivas en un solo paso. La gran ventaja de las macros es que no es necesario saber programar para crearlas ni ejecutarlas.
- **Módulos**. Los módulos son un conjunto de instrucciones y procedimientos, escritos en Visual Basic, que permiten automatizar y modificar operaciones con la base de datos.
- **Páginas Web**. Las páginas Web son documentos HTML en los que se ha publicado información de la base de datos; estas páginas no sólo permiten ver los datos, sino que ofrecen la posibilidad de manipularlos.

Esta nueva versión de Access se caracteriza por facilitar enormemente el trabajo en Internet e Intranet. Cuando una base de datos ha de ser gestionada por varios usuarios diferentes, y éstos están separados físicamente pero conectados en red (Intranet o Internet), se pueden utilizar las *páginas de acceso a datos* para que cada uno de ellos realice su gestión en una única base de datos. Access permite crear varios tipos de páginas de acceso a datos; en algunas de ellas se podrán introducir y modificar datos, mientras que en otras sólo se podrá visualizar la información.

Cómo usar este libro

Esta Guía Práctica contiene todo lo necesario para iniciarse en el manejo y utilización de Microsoft Access 2000. Su enfoque es totalmente práctico, y para ello se ha utilizado una base de datos que perfectamente podría ser la de una empresa que se dedicara al alquiler de automóviles, siempre guardando las distancias.

Cada uno de sus capítulos está desarrollado mediante ejercicios prácticos que le enseñarán a realizar las distintas operaciones que van surgiendo de forma natural al diseñar, crear y gestionar una base de datos. Además, y para que la lectura del libro se pueda realizar sin estar obligatoriamente frente al ordenador (aunque así lo recomendamos), se han intercalado multitud de figuras, colocadas estratégicamente en el texto, de modo que permitan comprender los pasos que se estén realizando. Estos pasos, además de estar numerados, incluyen comentarios y explicaciones para que el aprendizaje se realice de modo comprensivo.

El capítulo 1 permite instalar correctamente la aplicación en el ordenador.

En el capítulo 2 se estudian aspectos generales de Microsoft Access, que permitirán realizar con mayor rapidez y confianza los ejercicios del resto de capítulos del libro. Aunque algunos de estos aspectos son comunes a todas las aplicaciones Windows y puede que ya los conozca, conviene que no los pase por alto.

El capítulo 3 está dedicado a la creación de la base de datos y al de las tablas necesarias para almacenar la información que se va a gestionar. Durante estas operaciones se estudiarán las distintas propiedades, muy variadas e importantes, que se pueden activar para los campos de las tablas que van a almacenar los datos.

En el capítulo 4 encontrará todo lo relacionado con la introducción y edición de datos en las tablas.

En el capítulo 5 se aborda el estudio de la relación entre tablas, de modo que éstas actúen como un todo interrelacionado. También se estudian las posibilidades de importación y exportación de datos.

El capítulo 6 aborda temas tan variados como: modificación del formato de los datos y de la propia tabla para mejorar su aspecto, búsqueda de datos en las tablas, creación de filtros para evitar la visualización de todos los registros, y la impresión de los datos almacenados en tablas.

En los capítulos 7 y 8 se estudian las consultas; el primero de ellos está dedicado a las consultas de selección (con uno o varios criterios) mientras que en el segundo se abordan otros tipos de consultas: consultas para calcular nuevos valores para cada registro, consultas de resumen para calcular parámetros estadísticos de todos o unos cuantos registros, y las consultas de acción para realizar diferentes operaciones en una tabla.

El capítulo 9 está dedicado a la creación, modificación y utilización de los formularios, que son objetos de la base de datos que permiten ver y gestionar la información almacenada en la base de datos.

En el capítulo 10 se estudian los informes, que no son más que los objetos que permiten definir cómo han de imprimirse los datos. En él encontrará cómo crear, modificar e imprimir informes.

En el capítulo 11 se publica información de la base de datos en documentos HTML, formato utilizado en Internet e Intranet; además se crean páginas de acceso a datos con las que se puede gestionar una base de datos en Intranet o Internet.

El capítulo 12 está dedicado a las macros; con ellas podrá realizar operaciones repetitivas en la base de datos en un solo paso, así como obligar al programa a tomar decisiones en función de alguna condición.

Por último, el capítulo 13 le permitirá crear sus propias aplicaciones de gestión, con paneles y opciones personales; este capítulo, junto al anterior, constituirá una primera toma de contacto con el mundo de la programación.

1

Instalación del programa. Entorno de trabajo

1.1. Introducción

En este capítulo se indican los pasos que debe seguir para instalar correctamente Microsoft Access en su ordenador. Aunque tenga el programa instalado, conviene que lea el apartado 1.3, ya que en él se explica las posibilidades que ofrece Access para reparar automáticamente algunos errores de sus funciones.

1.2. Instalación del programa

A continuación se detalla cómo instalar individualmente Microsoft Access mediante la instalación personalizada de Microsoft Office 2000 Premium, aunque lo más frecuente es que esta aplicación se instale, junto al resto de aplicaciones de esta *suite*, mediante la instalación rápida de esta aplicación.

1. Introduzca el CD-ROM en la unidad correspondiente; se activará automáticamente el cuadro de diálogo del programa de instalación y, tras unos instantes, aparecerá otro cuadro en el que deberá introducir los datos de usuario y la clave del producto; si no apareciese este cuadro, lea el siguiente cuadro informativo.

Nota: *Algunas unidades de CD-ROM no leen automáticamente el archivo ejecutable que comienza el proceso de* *instalación. En ese caso puede abrir el Explorador de Windows, visualizar el contenido del CD-ROM y hacer doble clic sobre el icono del archivo* Instalar.exe *para ejecutarlo. Otra opción para comenzar la instalación consiste en seleccionar* Inicio / Ejecutar *(para activar el cuadro de diálogo correspondiente), escribir* ***d:\instalar.exe*** *(si la instalación la va a realizar desde un CD y su unidad se identifica con la letra D) y hacer clic sobre el botón* Aceptar.

2. Complete los datos relacionados con el usuario e introduzca la clave de identificación del producto que encontrará en la parte posterior del CD; a continuación, haga clic sobre el botón Siguiente.
3. Una vez que haya leído el texto del contrato de licencia, haga clic sobre la opción Acepto los términos del Contrato de licencia, para activarla, y sobre el botón Siguiente. El cuadro de diálogo le ofrecerá dos posibilidades para instalar Microsoft Office, como muestra la figura 1.1.

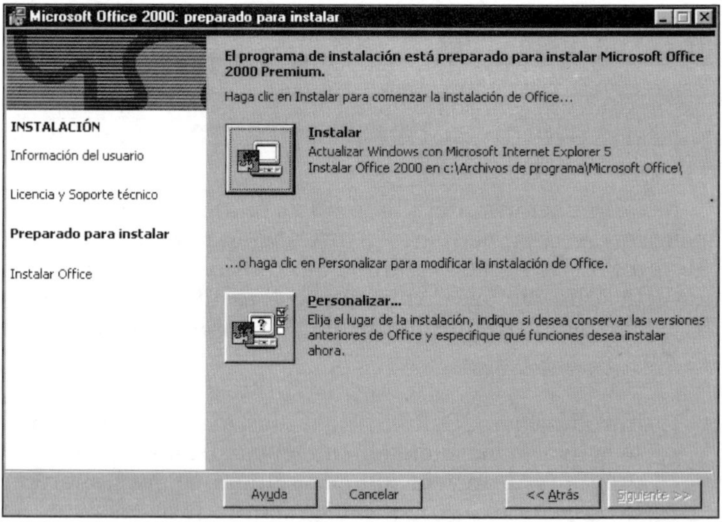

Figura 1.1

La opción *Instalar*, recomendada para la mayoría de los usuarios, permite instalar las principales aplicaciones de Microsoft Office Premium, entre las que se encuentra Access.

La opción *Personalizar* permite modificar algunos datos de la instalación (carpeta destino, modo de actualizar Windows...) y seleccionar los componentes de Office que se quiere instalar, razón por la que va a utilizarla para instalar Microsoft Access de forma individual.

Nota: *Si quiere instalar las principales aplicaciones de Office, entre las que se encuentra Microsoft Access, al llegar al punto 4º, no haga clic sobre la opción* Personalizar *sino sobre la opción* Instalar. *El resto del proceso será análogo.*

4. Haga clic sobre el botón correspondiente a la opción Personalizar; el programa mostrará un cuadro de diálogo informando de la carpeta en la que se instalará la aplicación.
5. Haga clic sobre el botón Siguiente; el Asistente mostrará un nuevo cuadro de diálogo indicando, en este caso, que conviene actualizar el sistema operativo Windows con las funciones de Microsoft Internet Explorer 5.0.
6. Haga clic sobre el botón Siguiente. Aparecerá el cuadro de diálogo de la figura 1.3, en el que debe desactivar todos los componentes de la suite excepto Access y algunas herramientas de Office.

Al hacer clic sobre el botón identificador de las distintas aplicaciones, se desplegará un menú contextual análogo al de la figura 1.2, cuyas opciones son autoexplicativas.

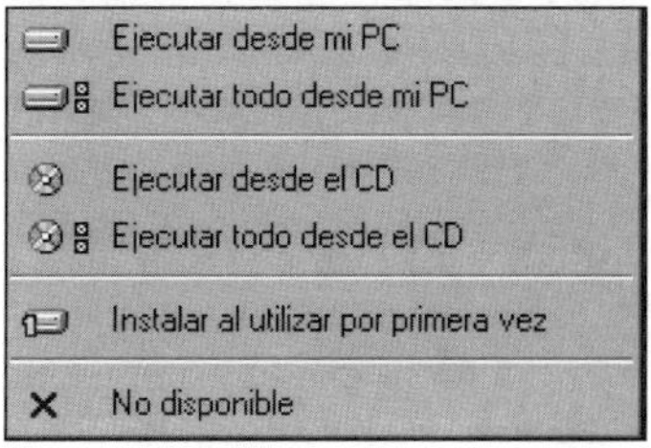

Figura 1.2

7. Seleccione, para las distintas aplicaciones de Office, las opciones que muestra la figura 1.3.

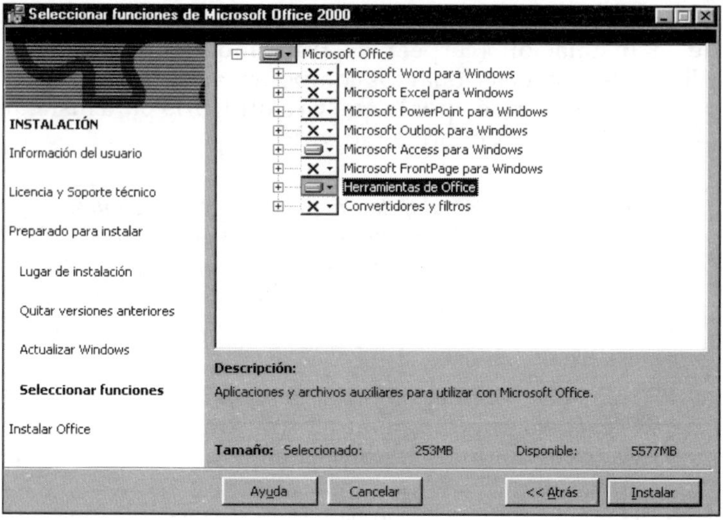

Figura 1.3

8. Haga clic sobre el botón Instalar. El proceso de instalación comenzará y el Asistente copiará los archivos necesarios en su disco duro. Cuando finalice esta operación, el programa de instalación le indicará, mediante el cuadro de diálogo de la figura 1.4, que el sistema debe ser reiniciado.
9. Haga clic sobre el botón Sí.

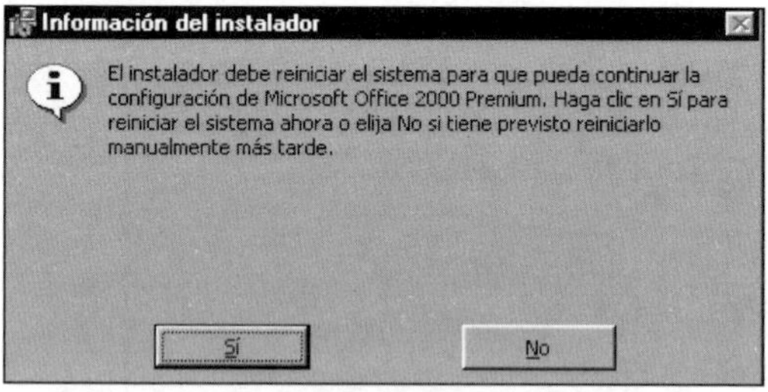

Figura 1.4

Una vez que se haya reiniciado el sistema, se actualizarán las configuraciones de Windows y de Microsoft Office 2000, finalizando de este modo todo el proceso de instalación.

1.3. Reparar funciones de Access

Una de las novedades de todas las aplicaciones pertenecientes a Office 2000 es la incorporación de un Asistente que detecta y repara posibles errores que pueden aparecer al trabajar con los programas. Además, en caso de tener instalado Microsoft Office, también podría reparar cualquier otra aplicación, instalar nuevos componentes de la suite o eliminar aquéllos que ya no utilice.

Este proceso se puede comenzar de varios modos distintos:

a) Introduciendo el CD-ROM del programa en la unidad correspondiente; automáticamente aparecerá un cuadro de diálogo análogo al de la figura 1.5.

b) Seleccionando Inicio / Configuración / Panel de control, y haciendo doble clic sobre el icono de la herramienta Agregar o quitar programas; se abrirá el cuadro de diálogo de esta herramienta, en el que deberá hacer doble clic sobre la opción Microsoft Office 2000 Premium o Microsoft Access 2000, (dependiendo de lo que tenga instalado en su ordenador) para obtener un cuadro similar al de la figura 1.5.

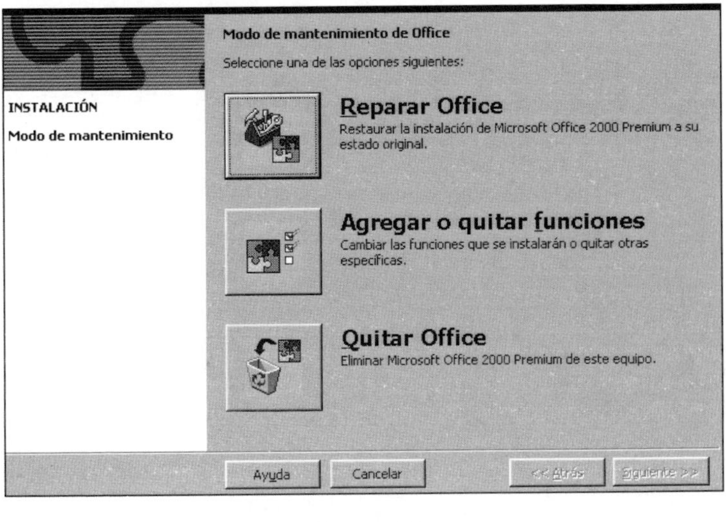

Figura 1.5

Una vez que tenga activo el cuadro de la figura 1.5 (si tiene instalado Microsoft Office), u otro similar si tiene instalado sólo Microsoft Access, deberá hacer clic sobre el botón Reparar Office. El Asistente se encargará del resto.

Información: *También puede realizar este proceso desde el propio Access; para ello deberá, en su ventana de aplicación, seleccionar la opción* Detectar y reparar *del menú ?. En este caso, el programa le indicará que debe introducir el CD-ROM en la unidad correspondiente y, posteriormente, comenzará el proceso.*

2

Entorno de trabajo

2.1. Introducción

Este capítulo describe el entorno de trabajo de Access, similar al de cualquier aplicación Windows aunque con las características particulares de un gestor de bases de datos.

Además, se estudian las técnicas de trabajo con este programa, algunas de las cuales son las habituales del sistema operativo Windows.

2.2. Arrancar Microsoft Access

Cuando se instala Microsoft Access, el propio programa de instalación crea, en el menú del botón Inicio de la barra de tareas de Windows, una opción que permite acceder al programa Access. A no ser que durante la instalación se indique lo contrario, esta opción se encuentra en el menú Programas.

1. Haga clic sobre el botón Inicio, situado en la barra de tareas de Windows, para desplegar su menú.
2. Sitúe el ratón sobre Programas, con lo que se desplegará su menú asociado, en el que podrá visualizar las opciones que permiten ejecutar las distintas aplicaciones instaladas en su ordenador, que funcionan bajo el entorno Windows (véase la figura 2.1).
3. Haga clic sobre la opción Microsoft Access. El programa se cargará en memoria y aparecerá su ventana de aplicación.

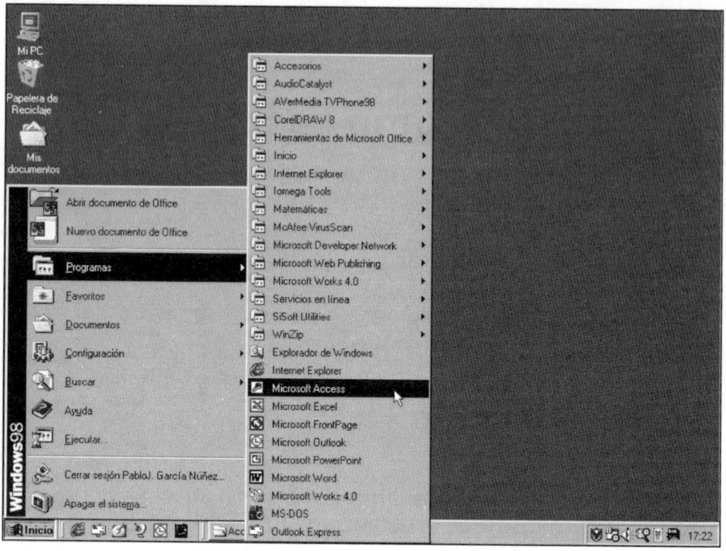

Figura 2.1

4. Si es la primera vez que accede al programa, se activará automáticamente el Ayudante; para cerrarlo debe hacer clic sobre la opción Comenzar a utilizar Microsoft Access.

Como ha podido comprobar, además de la ventana de la aplicación, ha aparecido un cuadro de diálogo desde el que se puede abrir una base de datos existente (seleccionándola de la lista) o crear una nueva. Si usted es usuario de Word o Excel, o de cualquier otra aplicación, le extrañará el hecho de que no haya aparecido un nuevo documento (documento de texto, hoja de cálculo...) en el que poder comenzar a trabajar; en Access, los objetos con los que se trabaja pertenecen a una base de datos, por este motivo lo primero que debe hacer es abrir o crear una base de datos.

2.3. Otros modos de arrancar el programa

Además de poder arrancar el programa mediante la opción correspondiente del menú Inicio de Windows, existen otros métodos que se describen a continuación; algunos de ellos sólo estarán disponibles si tiene instalado Microsoft Office, situación muy frecuente entre los usuarios de Access.

2.3.1. Mediante un acceso directo

Un método muy rápido para arrancar Access, o cualquier otra aplicación que tenga instalada en su ordenador, consiste en crear, en el Escritorio de Windows, un acceso directo a la aplicación. Una vez creado, bastará con hacer doble clic sobre el icono del acceso directo para arrancar la aplicación. Los pasos que debe realizar para crear un icono de acceso directo a Access son:

1. Pulsar el botón derecho sobre un punto del Escritorio de Windows, para desplegar el menú contextual.
2. Seleccionar Nuevo / Acceso directo; aparecerá un cuadro de diálogo en el que debe indicar el archivo ejecutable, junto a su ruta de acceso. Observe, en la figura 2.2, la ruta de acceso al archivo ejecutable de Access.

> ***Precaución:*** *Tenga en cuenta que, dependiendo de la carpeta indicada en la instalación del programa, el archivo ejecutable podrá estar situado en otra carpeta distinta a la que muestra la figura 2.2, por lo que deberá modificar la línea de comando del acceso directo.*

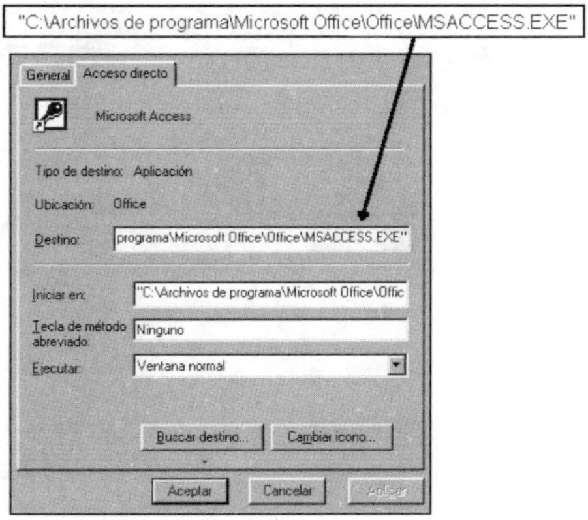

Figura 2.2

3. Una vez escrita la línea de comando, haga clic sobre el botón Siguiente.
4. Escriba el nombre con el que desea identificar al icono que va a crear, por ejemplo **Microsoft Access**, y haga clic sobre el botón Finalizar. Se cerrará el cuadro de diálogo y aparecerá un icono en el Escritorio análogo al de la figura 2.3

Figura 2.3

2.3.2. Desde el cuadro de diálogo Nuevo documento de Office

Cuando se tiene instalado Microsoft Office en el ordenador, existe otro método alternativo para arrancar cualquier aplicación Office y comenzar a crear un nuevo documento que, en el caso de Access, sería una base de datos.

1. Haga clic sobre el botón Inicio, para desplegar su menú, y sobre la opción Nuevo documento de Office; aparecerá el cuadro de diálogo de la figura 2.4.

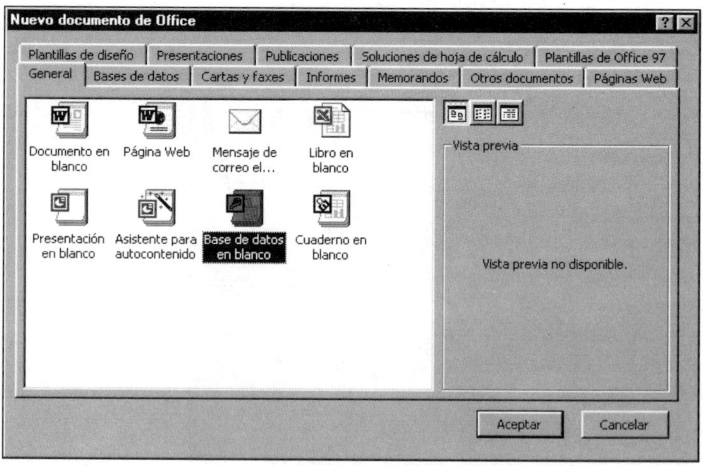

Figura 2.4

El cuadro de diálogo Nuevo documento de Office está constituido por multitud de fichas, cada una de las cuales permite crear, de distintos modos, los diferentes documentos Office.

Como en este caso interesa arrancar Microsoft Access, se dispone de dos posibilidades:

a) Utilizar el icono Base de datos en blanco existente en la ficha General; se ejecutaría el programa y se podría crear una base de datos.
b) Utilizar alguno de los iconos existentes en la ficha Bases de datos; en este caso, se ejecutaría el programa y se activaría un Asistente que nos ayudaría a crear la base de datos que se hubiera elegido.

2. Si tiene activo el cuadro de diálogo, haga clic sobre el botón Cancelar para cerrarlo.

2.3.3. Desde el cuadro de diálogo Abrir documento de Office

En caso de que vaya a trabajar en una base de datos ya existente, dispone de varias posibilidades para arrancar el programa y abrir, automáticamente, dicha base de datos. Una de ellas está basada en el cuadro de diálogo Abrir documento de Office, que sólo estará disponible en caso de tener instalada dicha suite en su ordenador.

1. Haga clic sobre el botón Inicio, para desplegar su menú, y sobre la opción Abrir documento de Office; aparecerá el cuadro de diálogo de la figura 2.5.

Por defecto, el cuadro de diálogo muestra todos los documentos creados con cualquier aplicación Office y almacenados en la carpeta Mis Documentos, aunque puede que la carpeta activa sea aquélla desde la que se haya abierto el último documento. Si sólo desea visualizar las bases de datos, seleccione la opción Bases de datos de la lista desplegable Tipo de archivo. Para visualizar los archivos de otra carpeta, debe activarla seleccionándola de la lista desplegable Buscar en.

***Nota:** Si no encuentra la base de datos que desea abrir, utilice la herramienta de búsqueda de Windows u Office; la primera se ejecuta desde el menú* Inicio *de Windows, mientras que la segunda se activa al seleccionar la opción* Buscar... *del menú asociado al botón* Herramientas *del cuadro de diálogo* Abrir documento de Office.

Figura 2.5

Una vez localizada la base de datos, bastaría con resaltarla (haciendo clic sobre su nombre) y hacer clic sobre el botón Abrir; el resultado sería que Microsoft Access se ejecutaría y abriría automáticamente la base de datos.

2. En caso de tener activo el cuadro de diálogo, haga clic sobre el botón Cancelar para cerrarlo.

***Nota:** La opción* Documentos *del menú* Inicio *de Windows ofrece un listado con los documentos que se hayan utilizado últimamente; en caso de estar en él la base de datos que desea abrir, seleccione su nombre de este listado y com-probará cómo se arranca Access y se abre la base de datos automáticamente.*

2.4. Ventana de Access

Una vez que se ha arrancado el programa, visualizará su ventana con un cuadro de diálogo (véase figura 2.6) que permite abrir alguna de las bases de datos existentes (seleccionándola de la lista) o crear una nueva (con o sin ayuda del Asistente).

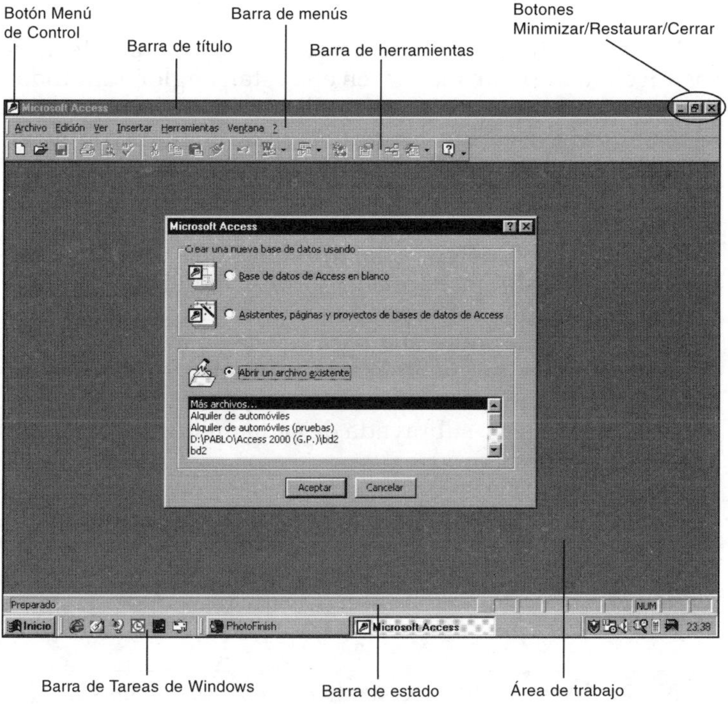

Figura 2.6

Haga clic sobre el botón Cancelar del cuadro de diálogo; éste se cerrará y el área de trabajo quedará vacía. En estas condiciones se pueden realizar muy pocas acciones en Access, pero nos servirán para desarrollar los siguientes apartados de este capítulo.

La ventana de Microsoft Access tiene los elementos comunes a cualquier otra: barra de título, barra de menús, barra de herramientas... El área de trabajo de la ventana de Access es especial, ya que en ella no se puede escribir, ni dibujar, ni introducir datos...; tan sólo se pueden abrir ventanas (de base de datos, de tablas, de formularios...), y será en estas ventanas en las que se realice el trabajo con el programa.

2.5. Utilización de los menús

Un elemento importante de cualquier ventana de aplicación es su barra de menús; en ella están englobadas todas las opciones que permiten realizar las acciones del programa.

Aunque la selección de una opción de menú es común en todas las aplicaciones Windows, y es muy probable que ya la conozca, la recordaremos brevemente dada su importancia.

Existen varios métodos, siendo el más sencillo el que utiliza el ratón; basta con hacer clic sobre el menú que contiene la opción, para que se despliegue, y una vez que visualice la opción, hacer clic sobre ella para seleccionarla.

Las opciones de menú también pueden seleccionarse, mediante el teclado, de varios modos, siendo el más utilizado el basado en la letra subrayada de cada menú y opción. Los pasos serían:

a) Pulsar <**Alt- Letra subrayada del menú**> para desplegarlo.
b) Pulsar <**Letra subrayada de la opción**>, para seleccionarla.

> ***Nota:*** *Algunas opciones de menú tienen asignadas una tecla, o combinación de teclas, que permiten ejecutarlas sin necesidad de desplegar su menú. Por ejemplo, al pulsar* <***Control-G***>, *se ejecutará automáticamente la opción* Guardar *del menú* Archivo.

La barra de menús de Access es sensible al contexto, por lo que en cada momento presentará los menús adecuados a la tarea que esté realizando. Pero además, los menús tienen una nueva característica, ya que el programa controla qué opciones utiliza el usuario con más frecuencia y son las que muestra al desplegar los distintos menús. El resto de las opciones no es que hayan desaparecido, están ocultas; bastará con situar el ratón sobre el botón de expansión ¥ para visualizar el menú completo.

Observe, en la figura 2.7, el menú Ver en presentación personalizada y en presentación expandida. Tenga en cuenta que los menús personalizados irán cambiando a medida que vaya seleccionando las distintas opciones, por lo que su aspecto variará según trabaje con el programa. También debe saber que, ahora, sus menús presentan la mayoría de las opciones en gris tenue, ya que no se pueden utilizar.

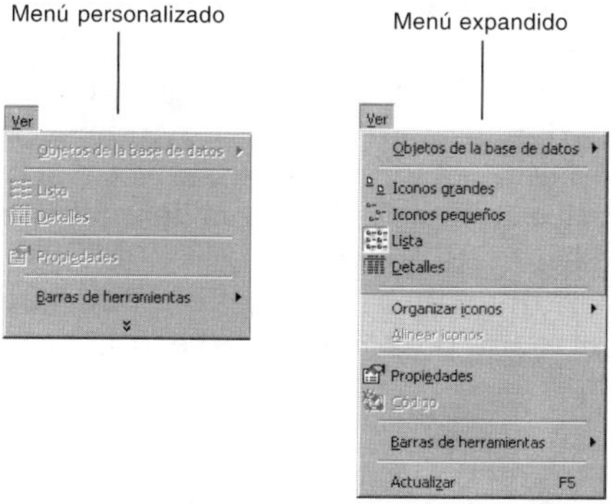

Figura 2.7

> ***Información:*** *En este libro, la selección de opciones de menú se expresa del siguiente modo: seleccione* Menú / Opción*; esto indica que debe hacer clic sobre el nombre del menú* (Menú)*, para desplegarlo, y posteriormente sobre la opción* (Opción) *para seleccionarla.*

Todas las aplicaciones Windows, y entre ellas Access, utilizan una serie de convenciones en los menús que interesa conocer, ya que informan de ciertas particularidades. Observe, en la figura 2.7, que no todas las opciones tienen el mismo aspecto, y lea a continuación el significado de las convenciones existentes:

- Las opciones en gris tenue no se pueden utilizar en ese momento.

- Las opciones con tres puntos suspensivos activarán, al seleccionarlas, un cuadro de diálogo en el que se mostrará o pedirá información adicional.
- Las opciones con un triángulo desplegarán un submenú con nuevas opciones.
- La combinación de teclas que aparece a la derecha de algunas opciones corresponde a las teclas que hay que pulsar para seleccionar rápidamente dichas opciones; por ejemplo, pulsar las teclas <**Control-C**> equivale a seleccionar la opción Copiar del menú Edición.
- El icono gráfico que muestran la mayoría de las opciones, permite identificar a qué botón de la barra de herramientas equivale cada opción.
- Las opciones que presentan una marca de verificación (√) están activadas; esto ocurre ya que existen opciones que pueden activarse o desactivarse según interese.
- Cuando una opción muestre su icono activado (hundido), indica que ella es la activa de un conjunto de opciones excluyentes entre sí.
- Al expandir un menú, las opciones que estuvieran ocultas en el menú personalizado se mostrarán en un plano posterior.

2.6. Menús contextuales o menús rápidos

Los menús contextuales o rápidos son menús que están asociados a los distintos objetos visibles en pantalla, y que ofrecen las opciones para realizar las operaciones más frecuentes con dichos objetos.

Cada tipo de objeto tiene un menú rápido característico, que se obtiene al pulsar el botón derecho del ratón sobre él. Tal y como comprobará, las opciones de estos menús también utilizan las convenciones indicadas anteriormente.

1. Pulse el botón derecho sobre un punto de la barra de herramientas; obtendrá el menú rápido asociado a la barra de herramientas, cuyo aspecto es el que presenta la figura 2.8.
2. Haga clic sobre cualquier punto exterior al menú, para cerrarlo sin seleccionar ninguna de sus opciones.

Figura 2.8

2.7. Barras de herramientas

La barra de herramientas, situada bajo la barra de menús, presenta una serie de botones que, al hacer clic sobre ellos, realizan determinadas operaciones. En realidad, cada botón equivale a una opción de menú, con la ventaja de la rapidez y sencillez de su ejecución. Esta barra también es sensible al contexto, por lo que el programa se encargará de ofrecer los botones que se puedan necesitar. Además, los botones que no se puedan utilizar en un momento determinado se mostrarán en gris tenue.

Al situar el puntero del ratón sobre un botón de la barra de herramientas aparecerá, debajo del mismo, el nombre de la opción de menú a la que corresponde, tal y como muestra la figura 2.9.

Algunos botones tienen agrupadas varias opciones; en ese caso, cada botón mostrará, a su derecha, un pequeño triángulo hacia abajo, que permitirá desplegar un menú o cuadro contextual con las opciones que engloban, y desde el que se podrá seleccionar la que se necesite. Si hiciera clic sobre el botón, se realizaría la operación que señalara en ese momento, y que correspondería a la última que se hubiera seleccionado. Observe, en la figura 2.9, algunos de estos botones.

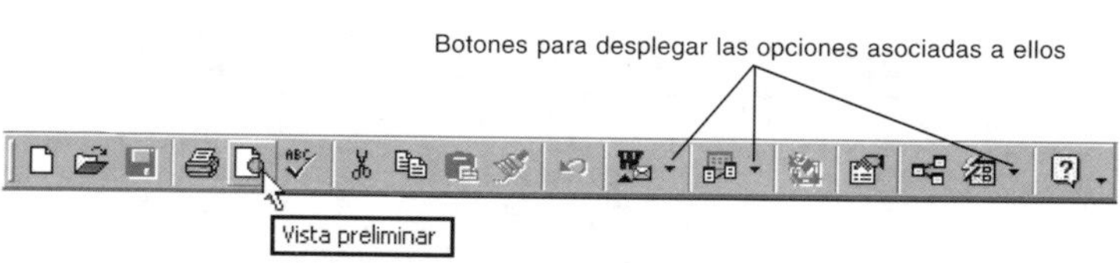

Figura 2.9

Tal y como se ha indicado, la barra de herramientas de Access cambiará en función de la tarea que se esté realizando;

pero además, existen más barras de herramientas que aparecerán automáticamente en función del objeto de la base de datos con el que se esté trabajando.

> ***Nota:*** *Es posible activar o desactivar la visualización de las barras de herramientas seleccionando su nombre de la lista asociada a la opción* Ver / Barras de herramientas, *o del menú contextual asociado a la barra de herramientas visible (véase la figura 2.8)*

2.8. Otros elementos de la ventana de aplicación

La mayor parte de la ventana de aplicación está destinada al área de trabajo, en la que estará, como mínimo, la ventana de la base de datos con la que esté trabajando. Además de ésta, aparecerán otras ventanas según se vayan creando y utilizando los distintos objetos de la base de datos: tablas, consultas, formularios...

Cuando una ventana, bien sea la propia ventana de Access como la de la base de datos o cualquier objeto suyo, contiene más información que la que puede mostrar su área de trabajo, aparecen automáticamente las barras de desplazamiento, que podrán ser verticales u horizontales. Como supongo ya sabrá, estas barras permiten visualizar el contenido de una ventana de dos modos: arrastrando el botón indicador de la barra o haciendo clic sobre los botones de flecha situados en los extremos de la misma. Observe, en la figura 2.10, el aspecto de la barra de desplazamiento horizontal.

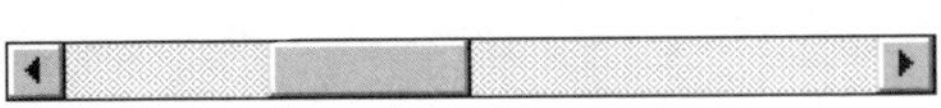

Figura 2.10

Otro elemento común de cualquier ventana de aplicación, y por tanto a Access, es la barra de estado, situada en la parte inferior de la ventana. Esta barra mostrará información de la tarea que se esté realizando y del objeto de la base de datos que se esté utilizando.

2.9. El Portapapeles de Office

Si usted es un usuario de Windows, conocerá la existencia del **Portapapeles** de este sistema operativo, cuya función es permitir la transferencia y copia de información. La limitación de este Portapapeles es que sólo ofrece la posibilidad de pegar el último elemento enviado a él.

Una novedad de todas las aplicaciones de Office 2000, y entre ellas Access, es la incorporación de un nuevo Portapapeles, independiente del de Windows, cuya principal característica es que permite disponer de hasta 12 elementos distintos para pegar; estos elementos pueden ser de distinta naturaleza: textos, gráficos, rangos de celdas...

En Access, el Portapapeles puede utilizarse para realizar distintas acciones, siendo la más frecuente la copia o transferencia de datos entre tablas y consultas. Aunque este portapapeles se activa automáticamente al enviarle más de un elemento, también podría activarse o desactivarse como cualquier otra barra de herramientas, siempre y cuando esté trabajando con una tabla o consulta.

El aspecto de la barra Portapapeles dependerá del número de elementos disponibles para pegar (véase la figura 2.11). Para saber el contenido de uno de los elementos, basta con situar el ratón sobre él, con lo que se visualizará parte de su contenido.

Figura 2.11

Cuando desee pegar un elemento concreto del Portapapeles, deberá hacer clic sobre su icono. Si deseara pegar el contenido de todos, debería hacer clic sobre el botón Pegar todo de su barra de herramientas.

Cuando necesite vaciar el Portapapeles, haga clic sobre el botón .

Cuando quiera cerrar la barra Portapapeles, haga clic sobre su botón Cerrar .

2.10. Ayuda

Microsoft Access 2000 incorpora gran cantidad de información que puede consultarse en cualquier momento.

El sistema que utiliza para mostrar la información es análogo al de Windows, por lo que es posible que ya esté familiarizado con su manejo. Si no fuera así, no ha de preocuparse, ya que está diseñado para que resulte muy sencillo.

Existen varios modos de obtener ayuda, todos ellos disponibles en el menú ?, cuyas opciones se muestran en la figura 2.12.

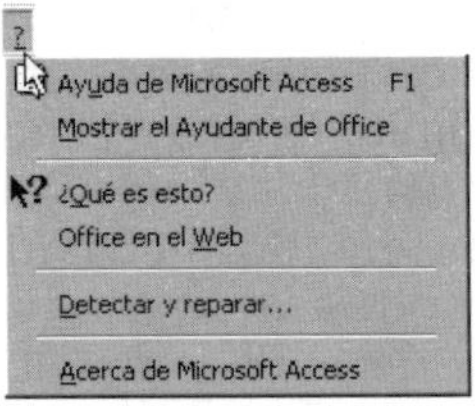

Figura 2.12

> ***Nota:*** *Access incorpora multitud de Asistentes que guían, paso a paso, durante la realización de ciertas tareas, sobre todo aquéllas que puedan presentar dificultades.*

2.10.1. Obtener información acerca de una opción de menú u objeto

Cuando desee obtener información de un objeto (botón de la barra de herramientas, opción de menú...), deberá utilizar la opción ¿Qué es esto? del menú de ayuda. Veamos un ejemplo:

1. Seleccione ? / ¿Qué es esto?; el puntero del ratón tendrá la forma de un símbolo de interrogante.
2. Haga clic sobre el botón de la barra de herramientas. Aparecerá un cuadro emergente con la información requerida (véase la figura 2.13).
3. Pulse <**Esc**> para cerrar el cuadro emergente.

Figura 2.13

2.10.2. Obtener actualizaciones e información desde Internet

Microsoft ha dotado a todas sus aplicaciones de la posibilidad de actualizarse y obtener información desde su sitio Web oficial. Claro está que, para poder utilizar esta opción, debe disponer de conexión a Internet. Los pasos que debería realizar para aprovechar esta posibilidad son:

1. Seleccionar ? / Office en el Web; el programa conectará su equipo a Internet y mostrará, automáticamente, el contenido de la página oficial de Office en su navegador de páginas Web, que presumiblemente será Internet Explorer.

Información: *Si comprueba que Microsoft Access no funciona correctamente, o se le queda "colgado" con frecuencia, puede seleccionar* ? / Detectar y reparar *para que el programa de instalación detecte, y repare, los problemas relacionados con la configuración de Access.*

2.10.3. Obtener ayuda en los cuadros de diálogo

Ya comprobará, a medida que vaya trabajando con el programa, que existen multitud y multitud de cuadros de diálogo, en los que el programa pide o muestra información al usuario.

Existen varios modos de obtener ayuda en un cuadro de diálogo:

- Utilizar el botón Ayuda; este botón, que por desgracia no está disponible en todos los cuadros de diálogo, permite obtener información general de la acción que esté realizando.

- Utilizar el botón [?], situado en la barra de título de un cuadro de diálogo, permite obtener información, en un cuadro emergente, de cualquier elemento del cuadro de diálogo. Para ello deberá hacer clic sobre el botón [?] y, posteriormente, sobre el elemento del que quiera obtener la ayuda.

> ***Nota:*** *Puede imprimir la información obtenida en un cuadro emergente mediante la opción* Imprimir *de su menú contextual.*

2.11. El Ayudante de Access

Access incluye un Ayudante que ofrece ayuda al usuario durante la realización de ciertas tareas; además, el Ayudante es capaz de interpretar las preguntas que se le planteen, por lo que mostrará los temas de ayuda relacionados con ellas.

Este Ayudante se activa la primera vez que se arranca el programa, por lo que puede que aún lo tenga activo; si no fuera así, puede activarlo de dos diferentes formas:

- Seleccionando ? / Ayuda de Microsoft Access; en algunas ocasiones, esta opción no muestra el Ayudante, sino que activa directamente la ventana Ayuda de Access.
- Seleccionando ? / Mostrar el Ayudante de Office
- Haciendo clic sobre el botón [?].

Cuando se activa el Ayudante, aparece con un cuadro en el que se puede escribir una pregunta de forma natural. Si el Ayudante estuviera activo, o si éste hubiera aparecido sin el cuadro de la pregunta, bastaría con hacer clic sobre él para obtenerlo.

1. Active el Ayudante de Access.
2. Escriba la pregunta ¿Qué es una base de datos?, y haga clic sobre el botón Buscar; el Ayudante la interpretará adecuadamente y mostrará los temas relacionados con ella, tal y como muestra la figura 2.14.

Figura 2.14

3. Haga clic sobre el tema Bases de datos: definición y funcionamiento. Aparecerá su contenido en una ventana de ayuda, análoga a la que muestra la figura 2.15.

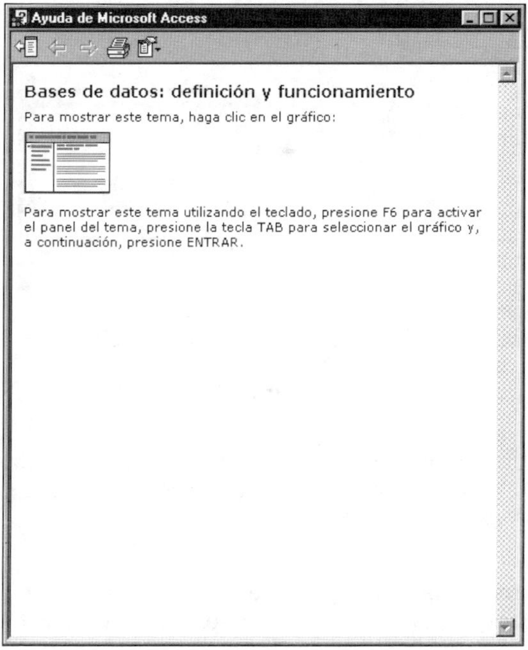

Figura 2.15

Como puede comprobar, entre la información de ayuda existen enlaces (textos, imágenes...) que permiten acceder a otros temas relacionados con el consultado; en algunos casos, estos enlaces mostrarán información adicional en un cuadro emergente, mientras que en otros se abrirá una nueva ventana de ayuda. También puede ocurrir que los enlaces sean *hipervínculos a sitios Web*, en cuyo caso le permitirán obtener más información de la red.

4. Haga clic sobre la imagen gráfica, para obtener la información de este tema (véase la figura 2.16)

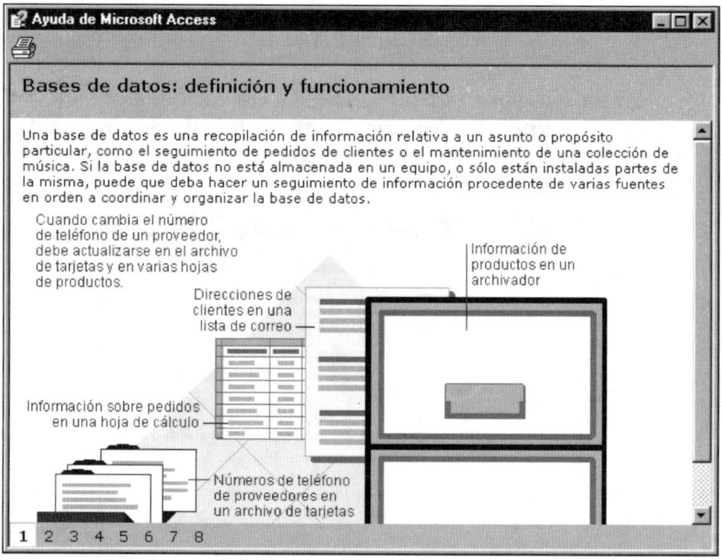

Figura 2.16

5. Cuando haya leído la información de la ventana, haga clic sobre el botón para cerrarla. Volverá a tener activa la ventana de la figura 2.15.

En la mayoría de las ventanas de ayuda aparecen botones, entre los que está, cuya misión es ampliar el tamaño de la ventana de ayuda y ofrecer las fichas Contenido, Asistente para Ayuda e Índice, tal y como muestra la figura 2.17.

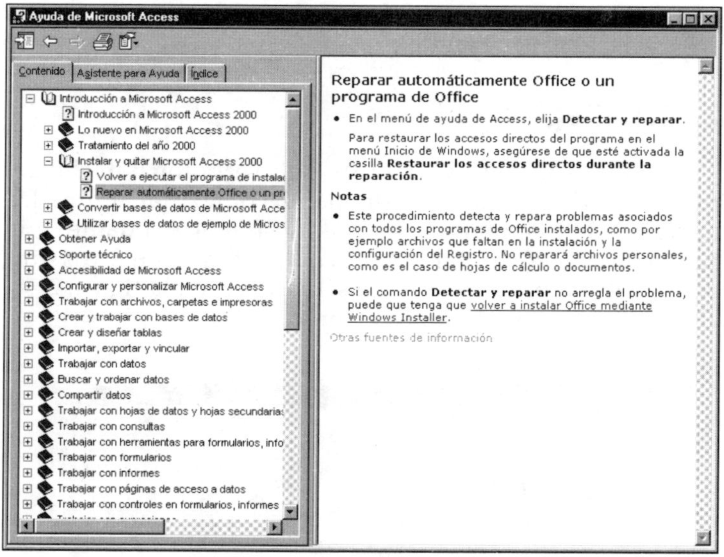

Figura 2.17

Cada una de estas fichas permite buscar los temas de ayuda de un modo concreto. Por ejemplo, la ficha Contenido (véase la figura 2.17) permite buscar un tema a través de las categorías. Al hacer doble clic sobre una categoría, se abrirá y mostrará las categorías y / o temas de ayuda que contenga. Una vez que localice un tema, bastará con hacer clic sobre él para visualizar su contenido en otra ventana de ayuda.

Otro modo de hojear los distintos temas consiste en utilizar los botones y que permiten ver, respectivamente, los temas anterior y posterior consultados. Si desea imprimir el contenido de la ventana de ayuda activa, haga clic sobre el botón.

6. Haga clic sobre el botón de la ventana de ayuda, para cerrarla.

Aunque cierre todas las ventanas de ayuda, el Ayudante seguirá estando visible; en algunas ocasiones, el Ayudante le mostrará un icono gráfico para indicarle que tiene alguna idea que proponerle, que podrá leer si hace clic sobre dicho icono.

7. Seleccione ? / Ocultar el Ayudante de Office, para dejar de visualizar el Ayudante.

2.11.1. Elegir Ayudante

Si tiene visible el Ayudante, y pulsa el botón derecho del ratón sobre él, obtendrá su menú contextual. Entre las opciones de este menú se encuentra Elegir Ayudante, que activa un cuadro de diálogo en el que podrá elegir otros simpáticos Ayudantes para Access. Observe, en la figura 2.18, el aspecto del Ayudante **Dr. Genio**.

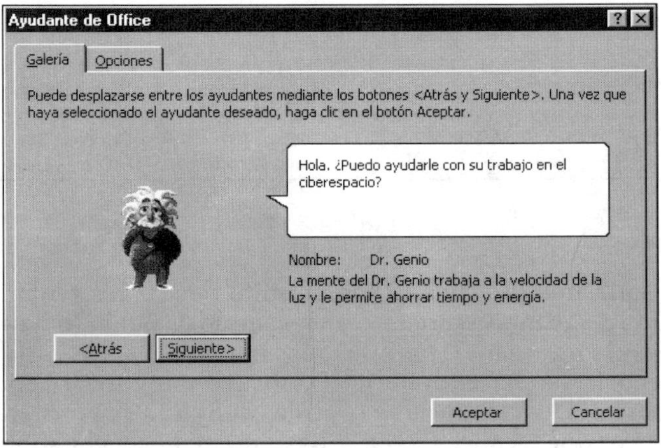

Figura 2.18

2.12. Información de los objetos de la base de datos

Cuando una base de datos contiene objetos, éstos se visualizan en las correspondientes fichas de la ventana de la base de datos, tal y como muestra la figura 2.19 para los objetos de tipo Tabla.

Por defecto, el programa muestra sólo el nombre de los objetos, ya que la vista activa es Lista; sin embargo, ésta no es la única, tal y como puede comprobar si despliega el menú Ver.

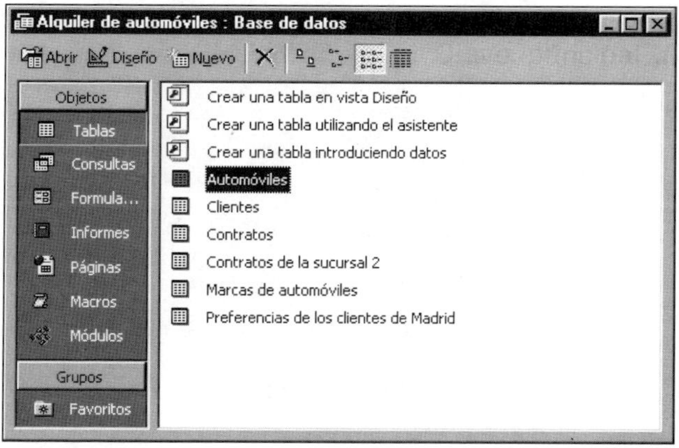

Figura 2.19

En la tabla 2.1, se recogen las distintas vistas existentes y la información que mostrarían de los objetos de la base de datos.

> ***Nota:*** *Puede activar rápidamente las distintas vistas, haciendo clic sobre los botones* 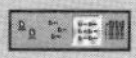 *existentes en la ventana de la base de datos.*

2.13. Distribuir las ventanas abiertas

Microsoft Access permite trabajar con varios objetos de la base de datos a la vez. Cada objeto tendrá su propia ven-tana que se podrá manipular como tal: maximizar, mini-mizar, mover, cambiar el tamaño, etc.

Cuando se tienen varios objetos abiertos, el programa puede distribuir sus ventanas, automáticamente, de dos modos diferentes: en cascada y en mosaico, e incluso esta última distribución puede ser vertical u horizontal. Para ello bastará con seleccionar una de las opciones del menú Ventana, que se muestran en la figura 2.20. Como puede comprobar en la figura, este menú muestra, en su parte inferior, el nombre de los objetos de la base de datos abiertos, que pueden utilizarse para activar sus ventanas.

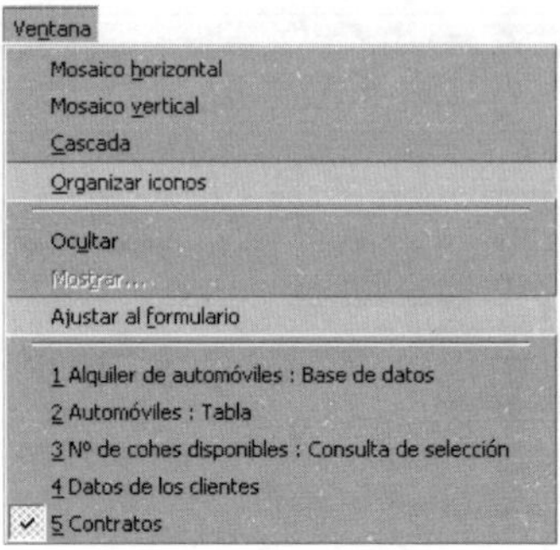

Figura 2.20

Nota: Cuando le interese que una ventana no se distribuya automáticamente, deberá minimizarla.

2.14. Salir de Access

Cuando finalice el trabajo con Access, debe cerrar su ventana para liberar los recursos de su sistema. Existen varios modos de salir de Access, algunos de los cuales son comunes a todas las aplicaciones Windows:

a) Hacer clic sobre el botón Menú de Control, para desplegar dicho menú, y seleccionar la opción Cerrar.
b) Hacer doble clic sobre el botón Menú de Control; este método puede utilizarse para cerrar cualquier ventana.
c) Hacer clic sobre el botón Cerrar de su ventana.
d) Seleccionar Archivo / Salir.
e) Pulsar, con la ventana de aplicación activa, **<Alt-F4>**.

Si al intentar salir de Access, el programa detectase que se han realizado modificaciones en la base de datos, y que no han sido guardadas, mostrará un cuadro de diálogo advirtiéndole de tal situación y ofreciéndole la posibilidad de guardarlas.

3 Crear bases de datos y tablas

3.1. Introducción

En este capítulo aprenderá a crear una base de datos, primera operación que debe realizar para poder trabajar con Access, ya que en ella quedarán agrupadas todas las herramientas u objetos que necesite para gestionar la información: tablas, consultas, formularios, informes, etc; luego, creará las tablas necesarias para almacenar los datos.

3.2. Crear una base de datos

A continuación va a crear una base de datos que le permitirá gestionar la información de una empresa imaginaria que se dedica al alquiler de automóviles; lógicamente, esta gestión no será profesional, tan sólo se utilizará para realizar el estudio de Access a través de ejercicios prácticos, con sentido real.

La creación de una base de datos puede realizarse de varios modos, dependiendo de si el programa está ejecutándose o no; por tanto, en función de la situación en la que se encuentre, debe utilizar uno de los siguientes apartados.

3.2.1. Crear una base de datos sin estar ejecutándose Access

Si el programa no está ejecutándose, y si tiene instalado **Microsoft Office 2000**, existe una opción en el menú Inicio de Windows que permite abrir el cuadro de diálogo Nuevo documento de Office (véase la figura 3.1) desde el que puede crearse una base de datos.

1. Seleccione Inicio / Nuevo documento de Office. Aparecerá el cuadro de diálogo de la figura 3.1.

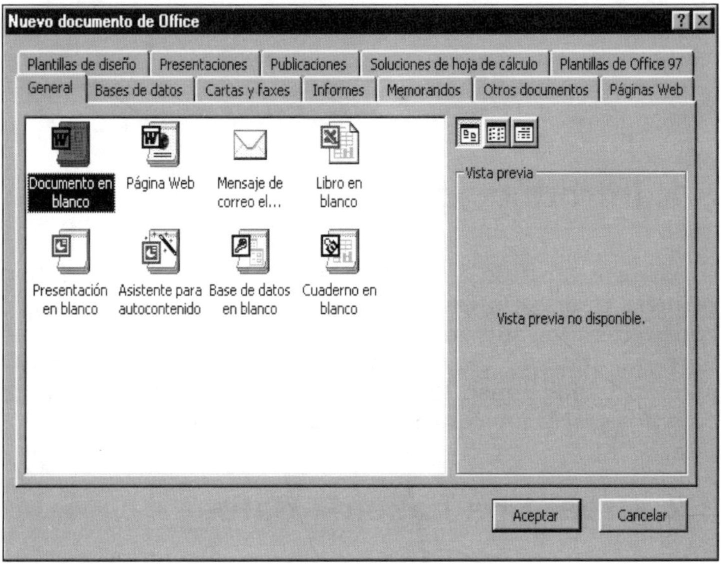

Figura 3.1

2. Active, si no lo estuviera, la ficha General y haga doble clic sobre el icono Base de datos en blanco. Se ejecutará el programa y aparecerá el cuadro de diálogo Archivo nueva base de datos (véase la figura 3.3).
3. Siga a partir del 3er. paso del apartado 3.2.3, *Crear una base de datos desde la ventana de Access.*

3.2.2. Crear una base de datos al arrancar Access

Como ha comprobado en lecciones anteriores, al arrancar el programa mediante la opción correspondiente del menú Inicio de Windows, aparece el cuadro de diálogo de la figura 3.2, desde el que puede crear una base de datos.

1. Seleccione Inicio / Programas / Microsoft Access. Se ejecutará el programa y parecerá el cuadro de diálogo de la figura 3.2.

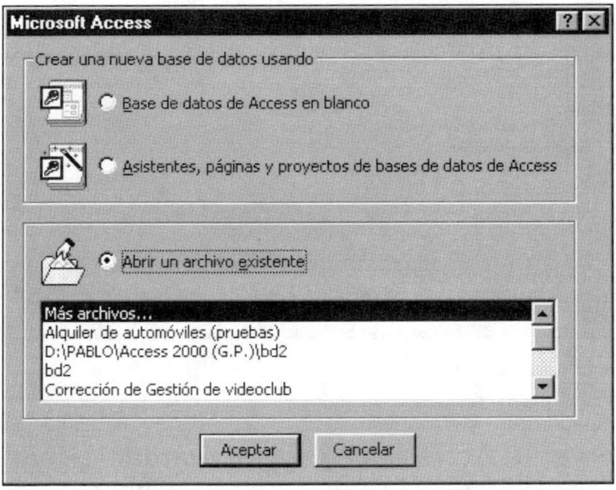

Figura 3.2

2. Active la opción Base de datos de Access en blanco y haga clic sobre el botón Aceptar. Obtendrá el cuadro de diálogo Archivo nueva base de datos (véase figura 3.3).
3. Siga a partir del 3er. paso del apartado 3.2.3, *Crear una base de datos desde la ventana de Access.*

3.2.3. Crear una base de datos desde la ventana de Access

Si ya está trabajando con el programa, tendrá abierta la ventana de Access; en esa situación, deberá realizar los siguientes pasos para crear una base de datos:

1. Seleccione Archivo / Nueva o haga clic sobre el botón . Aparecerá el cuadro de diálogo Nueva, que será similar al que muestra la figura 3.1 aunque ofrecerá menos fichas.
2. Haga doble clic sobre el icono Base de datos de la ficha General. Aparecerá el cuadro de diálogo Archivo nueva base de datos, análogo al de la figura 3.3.

Figura 3.3

Observe que Access, por defecto, guardará la nueva base de datos en la carpeta Mis documentos con el nombre bd1. Si deseara almacenar la base de datos en otra unidad de disco o carpeta, debería seleccionarlas de la lista desplegable Guardar en.

3. Active el recuadro de la opción Nombre de archivo y escriba Alquiler de automóviles como nombre de la base de datos. No es necesario que escriba la extensión del archivo, ya que Access le asignará automáticamente la extensión **MDB**.
4. Haga clic sobre el botón Crear o pulse <**Intro**>. La base de datos se creará y aparecerá su ventana, análoga a la de la figura 3.4.

3.3. Ventana de la base de datos

Una base de datos está representada, en Access, mediante una ventana, cuyo aspecto es similar al de la figura 3.4. Está constituida por una serie de fichas, que se activan mediante los botones del lateral derecho, y en las que se visualizarán las tablas, consultas, formularios, informes... que se creen para gestionar la información. En estos momentos, la ventana está vacía de objetos, pero sí muestra accesos directos para crear nuevos objetos.

Figura 3.4

3.4. Planificar y diseñar las tablas de la base de datos

Una tabla está formada por una serie de filas y columnas. Por ejemplo, en una de las tablas de la base de datos se van a almacenar datos de los automóviles; cada columna contendrá datos de la misma naturaleza (matrícula, modelo, color, kilómetros...) y cada fila estará constituida por los diferentes datos referentes a un mismo elemento (automóvil). Las filas constituirán los *registros*, mientras que las columnas serán los *campos* de la tabla.

El cruce de una columna con una fila genera una *celda* de la tabla, en la que se almacenará un *dato*, que es la información de un registro en un campo determinado (*azul* será el dato de un registro en el campo Color, *Arosa* será el dato de otro registro en el campo Modelo, etc.).

A la hora de diseñar una tabla, conviene tener en cuenta algunos puntos:

- Los datos que se van a almacenar. Cada tipo de dato necesitará un campo en la base de datos.
- El modo en el que se van a gestionar los datos. Dependiendo de la información que se desee obtener de los datos, convendrá que éstos estén almacenados de modos diferentes. Por ejemplo, si almacena en un único

campo el nombre completo de un cliente (nombre y apellidos) no podrá realizar una ordenación alfabética de los clientes por sus apellidos; para esto sería necesario utilizar dos campos distintos (Apellidos y Nombre) o uno solamente, siempre y cuando los datos se almacenen como *Apellidos, Nombre.*

- Las operaciones que se van a realizar con los datos. Si se van a efectuar operaciones matemáticas con algunos datos, será necesario que éstos estén declarados como valores numéricos.
- Si se van a almacenar muchos datos de un mismo elemento (automóvil, cliente, etc.), puede pensarse en la conveniencia de crear varias tablas distintas, de menor tamaño, frente a una única tabla de grandes dimensiones. En este caso necesitará tener un campo repetido en ambas tablas, con el mismo dato en cada registro, para que posteriormente se puedan relacionar.
- Si la base de datos va a contener tablas con información diferente (de conceptos totalmente distintos), pero con relación entre ellas, habrá que tener previstos los campos que se usarán posteriormente para poderlas relacionar. Por ejemplo, algunos automóviles (almacenados en una tabla) estarán relacionados con ciertos clientes de la empresa (almacenados en otra tabla) en función de los distintos contratos de alquiler.
- No se deben almacenar datos que se puedan calcular a partir de otros. Access es capaz de calcular, casi instantáneamente, datos a partir de los almacenados en las tablas.

3.5. Métodos para crear una tabla

Tal y como puede comprobar al activar la ficha Tablas de la ventana de la base de datos (véase figura 3.4), el programa ofrece en ella tres posibilidades para crear una tabla, aunque éstas no son las únicas.

1. Active ficha Tablas de la ventana de la base de datos.
2. Haga clic sobre el botón Nuevo de la ventana de la base de datos; se activará el cuadro de diálogo de la figura 3.5, en el que se pueden ver todas las posibilidades existentes para crear una tabla, y que se comentan a continuación.

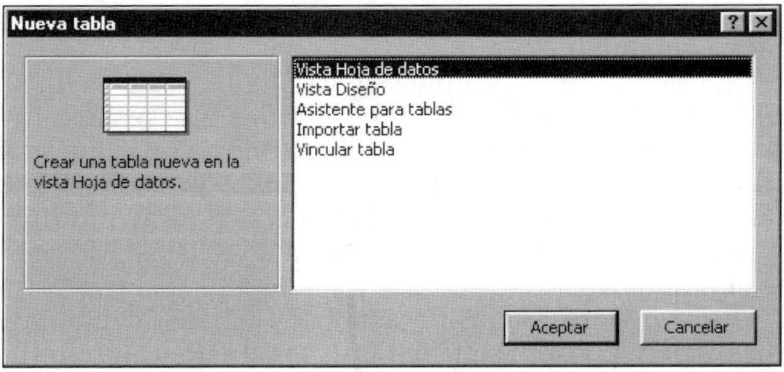

Figura 3.5

- **Vista Diseño**. Esta opción permite definir los campos indicando todas sus características (nombre, tipo de datos, tamaño...), en una ventana especial denominada *Ventana Diseño*.
- **Asistente para tablas**. Esta opción permite crear una tabla a partir de otras que incorpora Access, con estructura ya definida.
- **Vista Hoja de datos**. Permite comenzar a introducir datos en una tabla vacía, en la que no están definidos los campos; posteriormente, y de modo automático, el programa asignará el nombre y las características a cada campo dependiendo de los datos que se hayan introducido en cada uno de ellos.
- **Importar tabla**. Esta opción permite crear una tabla incorporando datos desde otros programas o archivos con otro formato; en realidad, lo que se crea es una copia de los datos originales, que será independiente.
- **Vincular tabla**. Igual que con la opción Importar tabla, los datos provienen de otro programa o archivo, pero en este caso, los datos seguirán perteneciendo a su programa original.

3. Si tiene activo el cuadro de diálogo Nueva tabla, haga clic sobre su botón Cancelar.

3.6. Crear una tabla usando el Asistente

Microsoft Access incorpora un gran número de tablas ya creadas, que se encuentran agrupadas en dos categorías:

tablas relacionadas con el mundo de los negocios y tablas de ámbito personal.

Generalmente, se emplea el Asistente para crear una tabla si existe alguna de las predefinidas que se ajuste a lo que se necesita; sin embargo, también podría utilizarse para tomar los campos necesarios de las tablas ya definidas. En cualquier caso, una vez creada la tabla, se podrán modificar las propiedades de sus campos para ajustarlos aún más a sus necesidades.

Ahora va a crear la primera tabla de la base de datos, que se usará para guardar siete datos de los clientes que alquilen automóviles: DNI, tipo de permiso de circulación, fecha de expedición del permiso, nombre, apellidos, dirección y ciudad en la que habite. En este caso, los siete campos necesarios los tomará de las tablas que ofrece el Asistente.

1. Active la ficha Tablas de la ventana de la base de datos Alquiler de automóviles.
2. Haga doble clic sobre la opción Crear una tabla utilizando el asistente. Aparecerá el cuadro de diálogo Asistente para tablas (véase figura 3.6), donde puede comprobar el gran número de tablas de ejemplo incorporadas en él.

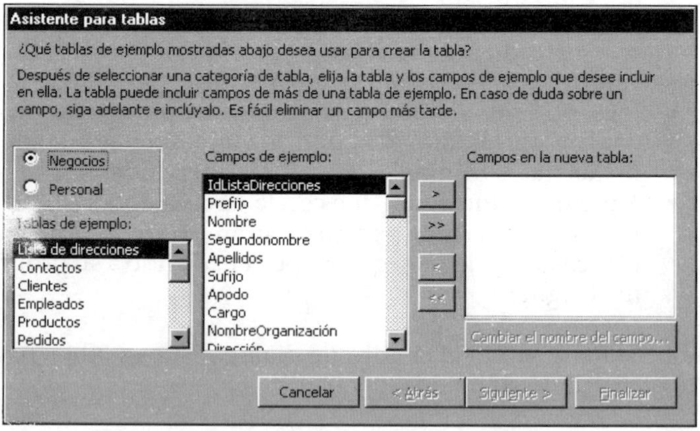

Figura 3.6

3. Haga clic sobre el botón de opción Negocios, para activar esta categoría y ver las tablas agrupadas en ella.

4. Haga clic sobre la tabla Empleados para resaltarla y visualizar sus campos, ya que de ella se tomará el primer campo de la tabla.
5. Haga clic sobre el campo NúmEmpleado del cuadro Campos de ejemplo y sobre el botón [>]; el campo se añadirá al diseño de la tabla y se visualizará en el cuadro Campos en la nueva tabla.

Información: *Los botones que permiten añadir o eliminar campos en la nueva tabla son:*

[>] *Añade el campo de ejemplo resaltado.*
[>>] *Añade todos los campos de la tabla de ejemplo.*
[<] *Elimina el campo resaltado de la nueva tabla.*
[<<] *Elimina todos los campos añadidos a la nueva tabla.*

6. Haga clic sobre la tabla Contactos, ya que el resto de campos se tomarán de esta tabla.
7. Añada, en el orden que se indica, los campos Nombre, Apellidos, Dirección, Ciudad y Fecha nacimiento, de los campos de ejemplo; para visualizar el último campo indicado, utilice la barra de desplazamiento vertical.

Ahora va a cambiar el nombre del primero y del último campo de la nueva tabla.

8. Haga clic sobre el campo NúmEmpleado del recuadro Campos en la nueva tabla, para resaltarlo, y sobre el botón Cambiar el nombre del campo; aparecerá un pequeño cuadro de diálogo en el que debe escribir el nuevo nombre.
9. Escriba DNI y haga clic sobre el botón Aceptar.
10. Resalte el campo Fecha nacimiento del recuadro Campos en la nueva tabla, y haga clic sobre el botón Cambiar el nombre del campo.
11. Escriba F-expedición y haga clic sobre el botón Aceptar. El aspecto del cuadro de diálogo del Asistente será como el de la figura 3.7.
12. Haga clic sobre el botón Siguiente. Aparecerá un nuevo cuadro de diálogo del Asistente, en el que puede indicar un nombre para la tabla y asignar la clave principal de modo personal o automático.
13. Escriba Clientes, como nombre de la tabla, active la opción No, yo asignaré la clave principal y haga clic so-bre el botón Siguiente.

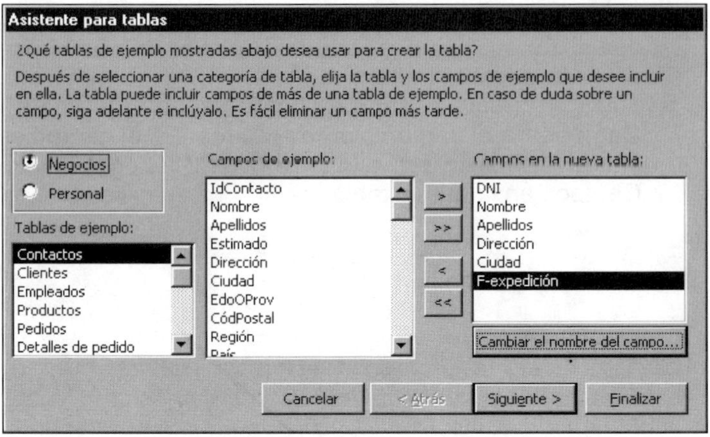

Figura 3.7

14. Seleccione el campo DNI como campo clave (más adelante se explica este concepto), active la opción Números y letras que yo introduzco cuando agrego nuevos registros y haga clic sobre el botón Siguiente.
15. En este último cuadro de diálogo debe indicar al programa qué operación desea realizar cuando termine la creación de la tabla. Active la opción Modificar el diseño de la tabla y haga clic sobre el botón Finalizar. El programa creará y guardará la tabla, y dejará activa su ventana Diseño (véase figura 3.8).

3.7. Estructura de una tabla

La ventana de diseño, que ha quedado activa al finalizar la creación de la tabla con el asistente, muestra la estructura de la tabla creada (véase la figura 3.8).

Como puede comprobar, la ventana Diseño presenta dos paneles bien diferenciados. En el panel superior, que está estructurado en filas y columnas, se crean los campos introduciendo su nombre y el tipo de datos que va a almacenar; también podría introducirse, optativamente, una descripción del campo.

El panel de la parte inferior muestra una serie de propiedades generales del campo, que pueden variar en función del que esté activo en el panel superior. A la derecha de este panel existe un cuadro que muestra una descripción de la propiedad que se está modificando en cada momento.

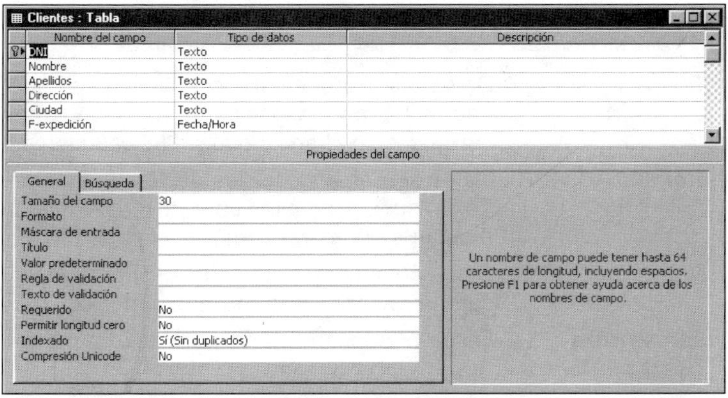

Figura 3.8

Para que un campo quede perfectamente definido deben especificarse, como mínimo, su nombre y el tipo de datos que va a almacenar; al hacerlo, el programa le otorga automáticamente una serie de propiedades que podrán modificarse según interese.

3.7.1. Nombres de campo

El nombre de un campo debe describir lo mejor posible el contenido del campo. Para ello puede utilizar una cadena de caracteres con las siguientes condiciones:

- Puede estar formado, como máximo, por 64 caracteres.
- No puede empezar por un carácter "espacio en blanco".
- No se pueden utilizar los caracteres **. ! ` [ ]**, ni los caracteres de control (valores ASCII desde 0 a 31).

3.7.2. Tipo de datos

Dependiendo de los datos que vayan a ser almacenados en un campo, éste debe ser declarado de un tipo específico, de tal manera que el programa le asigne las características correspondientes. En la tabla 3.1 se muestran los tipos de datos existentes en Access.

Tabla 3.1

Tipo de campo	*Datos que almacenará*
Texto	Datos que pueden estar constituidos por letras, números y espacios en blanco. Como máximo, se podrán introducir 255 caracteres.
Memo	Datos son análogos a los declarados como Texto, aunque admiten un texto más extenso (hasta 64.000 caracteres).
Numérico	Datos numéricos, por lo que se podrán realizar operaciones matemáticas con ellos.
Fecha/Hora	Datos correspondientes a fechas y horas.
Moneda	Valores monetarios; el programa mostrará sus datos con el símbolo monetario.
Autonumérico	Estos datos serán introducidos automáticamente por el programa. El valor para cada registro añadido será el resultado de incrementar en una unidad el contenido del registro anterior.
Sí/No	Sólo se pueden introducir, como contenido, los valores Sí o No.
Objeto OLE	Datos de diferente naturaleza, denominados, en general, *objetos*: una hoja de cálculo de Excel, un documento de Word, un dibujo creado con Paint, un archivo de sonido, etc.
Hipervínculo	Los campos así declarados almacenarán hipervínculos, que pueden ser: rutas de acceso a ficheros almacenados en el ordenador o en servidores de una red local, o direcciones URL (propias en Internet).
Asistente para búsqueda	Crea un campo que permite elegir datos de otra tabla o de una lista de valores previamente definida.

3.7.3. Otras propiedades de campo

Además del nombre del campo y del tipo de datos, cada campo tiene otras propiedades que pueden definirse, o modificarse, en el panel inferior de la ventana Diseño. Las propiedades por defecto para cada campo, variarán dependiendo del tipo de datos que se haya seleccionado. En la tabla 3.2 se da una breve descripción de las propiedades más importantes.

Tabla 3.2

Propiedad	*Descripción*
Tamaño del campo	Aunque Microsoft Access asigna automáticamente un tamaño a cada campo en función del tipo de datos, es aconsejable que se modifique este valor para adecuarlo a las necesidades. Por ejemplo, si se utilizan valores demasiado pequeños, puede ocurrir que algunos datos no quepan en el campo.
Formato	El formato permite especificar cómo han de mostrarse e imprimirse los datos de un campo; esta propiedad no afecta a la introducción de los datos.
Máscara de entrada	Esta propiedad permite crear un patrón con el que introducir los datos a un campo. Es típico, por ejemplo, crear una máscara para las fechas de manera que el programa introduzca, automáticamente, el carácter separador entre día, mes y año.
Título	Permite especificar otro nombre para el campo, que se visualizará tanto en la ventana de la tabla como en los informes y formularios en los que se introduzca el campo; si no se especifica un título, el programa utilizará el propio nombre del campo.
Valor predeterminado	Permite indicar un dato, de modo que el programa lo propondrá inicialmente como contenido del campo al introducir nuevos registros; se utiliza en campos en los que un dato se repite con mucha frecuencia, ya que evita tenerlo que escribir.

Regla de validación	Esta propiedad permite impedir la introducción de ciertos datos en el campo. La regla de validación consiste en la expresión que deberán cumplir los datos que debe aceptar el programa.
Texto de validación	Este texto aparecerá en caso de que el programa no pueda aceptar un dato por no cumplir la regla de validación especificada para él.
Requerido	Si se selecciona la opción *Sí* para esta propiedad, el programa no permitirá que el campo quede vacío (sin dato).
Permitir longitud cero	Si se activa esta propiedad (opción *Sí*), el programa permitirá una "serie vacía" como dato del campo, aunque la propiedad *Requerido* esté activa. La serie vacía se mostrará como dobles comillas sin nada entre ellas.
Indexado	Esta propiedad crea un índice para el campo, lo que permitirá realizar búsquedas y ordenaciones más rápidas en él. Hay dos modos de crear índices, con o sin duplicados; la primera permite que varios registros tengan el mismo dato en el campo, y la segunda impedirá tal situación. Aunque puede activarse esta propiedad para varios campos, no conviene hacerlo en muchos, ya que el programa ralentizará ciertas operaciones al tener que reorganizar los índices existentes.
Compresión Unicode	Microsoft Access 2000 utiliza el esquema de codificación de caracteres Unicode para los datos de un campo Texto, Memo o Hipervínculo, por lo que necesita 2 bytes para cada carácter. Esta característica hace que los datos ocupen más, pero puede compensarse activando la propiedad *Compresión Unicode* que comprime la información al guardarla y la descomprime al recuperarla.

3.8. Modificar el diseño de la tabla

Es muy frecuente tener que modificar la estructura de una base de datos; aunque esta operación puede realizarla en cualquier momento, conviene hacerlo antes de introducir datos en la tabla, ya que las características y propiedades que se modifiquen pueden afectar a los datos que ya estuvieran introducidos.

El modo de desplazar el cursor por la ventana Diseño es común al de otras muchas ventanas o cuadros de diálogo; puede pulsar <**Tab**> o <**Mayús-Tab**> para pasar al siguiente o anterior elemento, las teclas de movimiento para desplazar el cursor en la dirección de la tecla utilizada, o <**F6**> para situar el cursor en el panel superior e inferior; también puede hacer clic sobre un elemento para activarlo directamente.

A continuación va a realizar modificaciones en la estructura de la tabla Clientes: va a modificar el tamaño de algunos campos y va a insertar un nuevo campo, que permitirá almacenar el tipo de permiso que tiene cada cliente. Como todas estas operaciones deben realizarse en la ventana Diseño, actívela si no lo estuviera.

1. Haga clic sobre el nombre del campo DNI, para activarlo, y observe que el panel inferior muestra las propiedades de este campo.
2. Pulse <**F6**>, para situar el cursor en la propiedad Tamaño del campo; también podría haber hecho clic sobre el recuadro de esta propiedad.
3. Borre el tamaño del campo e introduzca 8.
4. Pulse <**Tab**> hasta situar el cursor en la propiedad Requerido; observe que ha aparecido el botón de selección ▾, con el que se puede desplegar la lista de opciones para esta propiedad. Haga clic sobre dicho botón y seleccione la opción Sí.
5. Haga clic sobre el nombre del segundo campo (Nombre), para activarlo, y modifique su tamaño a 25.
6. Active el campo Dirección e introduzca 50 como tamaño del campo.
7. Active el resto de los campos de la tabla y compruebe las propiedades que el Asistente ha activado para cada uno de ellos.

A continuación va a crear un nuevo campo para almacenar el tipo de carné de conducir de cada cliente; este campo lo va a situar delante del campo F-expedición.

8. Active el campo F-expedición, para indicar la posición en la que desea insertar un nuevo campo.
9. Seleccione Insertar / Filas, para agregar una fila vacía delante del campo anterior, en el que definirá el nuevo campo. También podría haber insertado la fila haciendo clic sobre el botón de la barra de herramientas.
10. Escriba T-permiso como nombre del campo y pulse <**Tab**>; el cursor se habrá quedado en la columna Tipo de datos, que mostrará el tipo Texto y el botón.
11. Pulse <**Intro**> para aceptar el tipo de datos Texto.
12. Cambie el tamaño del campo a 2, ya que sus datos tendrán como máximo dos caracteres alfanuméricos; la estructura de la base de datos será como en la figura 3.9.

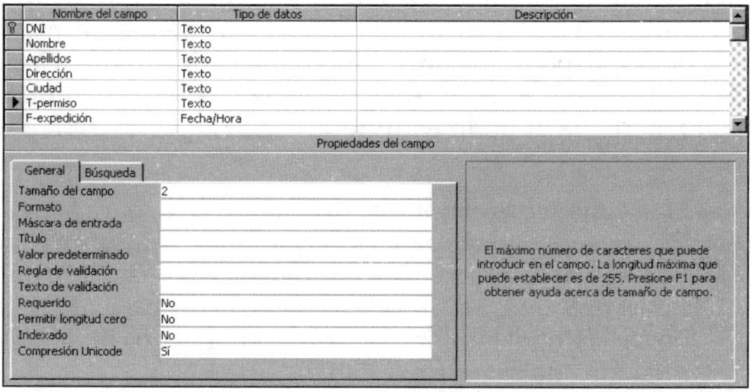

Figura 3.9

> ***Información:*** *Para eliminar algún campo de la estructura de la tabla, debe situar el cursor en su línea (para activarlo) y seleccionar* Edición / Eliminar filas *o hacer clic sobre el botón de la barra de herramientas.*

3.9. Guardar y cerrar la tabla Clientes

Aunque el Asistente guardó, al finalizar su creación, la estructura de la tabla Clientes, hay que volverla a guardar ya que se han realizado modificaciones. Lo habitual es que, al guardar una tabla o cualquier otro objeto de una base de datos, el programa pida un nombre; pero en este caso no lo hará, ya que se especificó uno al finalizar el proceso de creación con el asistente.

1. Seleccione Archivo / Guardar, o haga clic sobre el botón de la barra de herramientas. El programa guardará los cambios realizados en la estructura de la tabla.
2. Seleccione Archivo / Cerrar; desaparecerá la ventana de la tabla y visualizará la correspondiente a la base de datos, en la que aparecerá el icono de la tabla Clientes.

> ***Nota:*** *Si cierra una tabla, o cualquier otro objeto de la base de datos, donde se hubieran hecho modificaciones, Microsoft Access mostraría un cuadro de diálogo informando y ofreciendo la posibilidad de guardarlas en ese momento.*

3.10. Ventanas Diseño y Hoja de datos

Hasta ahora sólo ha visto la ventana Diseño de la tabla Clientes, pero ésta no es la única ventana de una tabla, en realidad existen dos ventanas diferentes para cada tabla, denominadas ventana Diseño y ventana Hoja de datos.

Además, las dos ventanas de una tabla pueden alternarse fácilmente, operación que se realiza con mucha frecuencia. Tenga en cuenta que cualquier modificación en el diseño de la tabla debe realizarse en la ventana Diseño, mientras que cualquier modificación o introducción de datos se realiza en la ventana Hoja de datos.

Ahora, la situación del programa debe ser que la ventana de la base de datos está abierta y con la ficha Tablas activa, en la que se visualiza el icono de la tabla Clientes; a partir de ella, realice los siguientes pasos para abrir la ventana Hoja de datos:

1. Haga doble clic sobre la tabla Clientes; aparecerá la ventana de la figura 3.10, en la que podrían introducirse datos, operación que no haremos hasta el próximo capítulo.

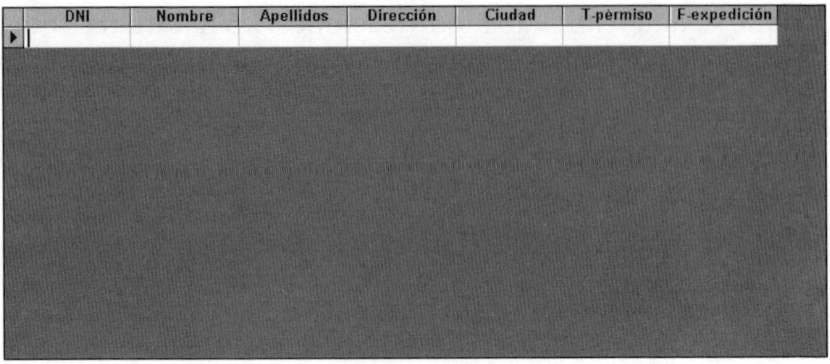

Figura 3.10

2. Seleccione Ver / Vista Diseño; aparecerá la ventana Diseño de la tabla.
3. Seleccione Ver / Vista Hoja de datos; volverá a tener activa la ventana Hoja de datos.

> ***Nota:*** *El programa ofrece, en la barra de herramientas, botones alternativos que permiten activar las dos ventanas de una tabla. Cuando la ventana activa es la de diseño, el botón es ▦, que permite activar la ventana* Hoja de datos. *Pero cuando la ventana activa es* Hoja de datos, *el botón existente en la barra es ▦, que permite activar la ventana* Diseño.

4. Seleccione Archivo / Cerrar, o haga clic sobre el botón ☒ de la ventana de la tabla, para cerrarla.

3.11. Crear la tabla Marcas en la ventana Hoja de datos

Otra posibilidad que ofrece Access para crear una tabla consiste en introducir datos en una ventana Hoja de datos vacía; al grabar la tabla, el programa asignará, automáticamente, nombre, tipo de datos y propiedades a los campos utilizados para almacenar los datos introducidos en ella.

A continuación va a crear, desde la ventana Hoja de datos, la tabla Marcas que utilizará para tener almacenadas las marcas comerciales de los coches de alquiler.

1. Active, si no lo estuviera, la ficha Tablas de la ventana de la base de datos.
2. Haga doble clic sobre la opción Crear una tabla introduciendo datos; aparecerá una ventana Hoja de datos vacía, con una serie de celdas para introducir los datos.
3. Introduzca los datos que muestra la figura 3.11; tenga en cuenta que una vez escrito un dato, debe pulsar <**Intro**> para darlo validez, y que posteriormente deberá activar la siguiente celda mediante las teclas de movimiento.

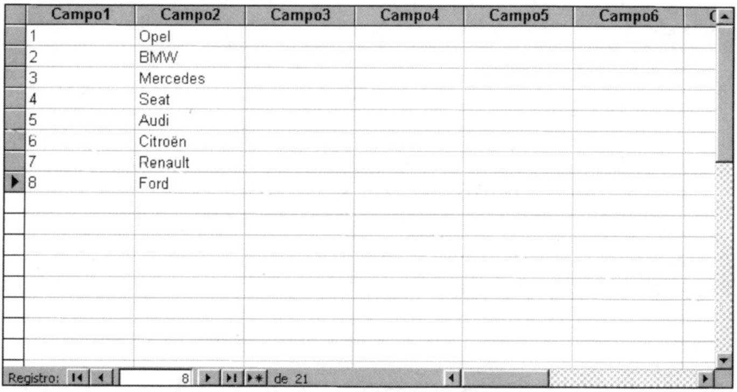

Figura 3.11

4. Una vez escritos los datos, seleccione Archivo / Guardar; aparecerá un cuadro de diálogo en el que debe introducir el nombre de la tabla.
5. Escriba Marcas y haga clic sobre el botón Aceptar. El programa informará que no hay declarada una clave principal.
6. Haga clic sobre el botón No para indicar al programa que no quiere declarar clave principal. Una vez guardada la tabla, el programa mostrará la ventana Hoja de datos, en la que sólo existirán los dos campos utilizados para introducir los datos.
7. Haga clic sobre el botón para activar la ventana Diseño; su aspecto será similar al de la figura 3.12.

Ahora va a modificar la estructura de la base de datos introduciendo nombres adecuados a los campos y cambiando algunas de sus propiedades.

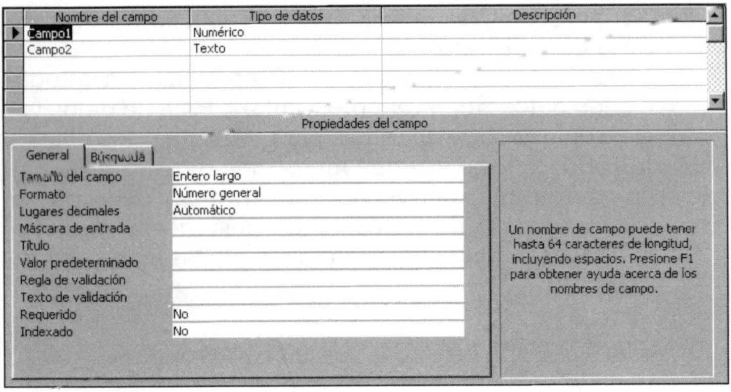

Figura 3.12

8. Modifique el nombre del primer campo a Número.
9. Modifique el nombre del segundo campo a Marca y su tamaño a 15. Posteriormente, seleccione la opción Sí para la propiedad Requerido.
10. Sitúe el cursor en la tercera fila del panel superior, para definir un nuevo campo.

3.11.1. Agregar un campo de tipo Hipervínculo

Va a añadir un nuevo campo a esta tabla para almacenar la dirección Web del servidor oficial de las distintas marcas de coche. Los datos de este campo tendrán que ser declarados de tipo Hipervínculo para que de este modo, al hacer clic sobre él, se ejecute Microsoft Internet Explorer y visualice el contenido del servidor Web.

1. Escriba el nombre del tercer campo, Web oficial.
2. Seleccione Hipervínculo como tipo de datos.
3. Escriba Servidor oficial como descripción del campo, y pulse <**Intro**> para aceptar sus propiedades.
4. Haga clic sobre el botón, para activar la ventana Hoja de datos; cuando el programa le indique que debe volver a guardar la tabla, contéstele Sí. En caso de que el programa le muestre otros cuadros de diálogo de advertencia, contéstele en todos afirmativamente.

Al final de todo el proceso, el programa mostrará la tabla (análoga a la de la figura 3.13), con los tres campos de la tabla, y con sus nombres en las cabeceras. Los datos del campo Web oficial los introducirá en el próximo capítulo.

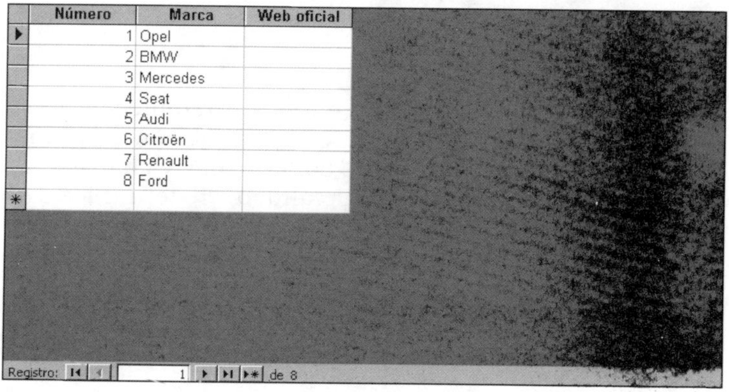

Número	Marca	Web oficial
1	Opel	
2	BMW	
3	Mercedes	
4	Seat	
5	Audi	
6	Citroën	
7	Renault	
8	Ford	

Figura 3.13

5. Seleccione Archivo / Cerrar; volverá a tener activa la ventana de la base de datos.

3.12. Crear la tabla Automóviles en la ventana Diseño

La estructura de la siguiente tabla, Automóviles, la va a crear definiendo sus campos directamente en la ventana Diseño. Esta tabla almacenará datos sobre los coches existentes en la empresa de alquiler: matrícula, marca, modelo, color, kilómetros y precio por día; además se creará un campo para guardar una imagen gráfica del coche y otro que indicará si el coche está, en ese momento, alquilado o no.

Información: *Cada imagen gráfica de los automóviles está guardada en un archivo; como usted no dispone de ellas, las hemos dejado colocadas en el servidor de Anaya Multimedia, cuya dirección URL es* www.AnayaMultimedia.es. *Si no dispone de acceso a Internet, entonces no podrá acceder al servidor para* bajarse *las imágenes de los coches; en ese*

caso, no le interesará crear el campo Fotografía *en la tabla* Automóviles.
También podría conseguir imágenes de coches, en las direcciones URL de los servidores oficiales que introducirá en el capítulo 4.

Como va a almacenar nueve datos diferentes de cada coche, la tabla necesitará nueve campos que constituirán 9 columnas en la ventana Hoja de datos. Como ya ha visto, la creación de la tabla consiste, en realidad, en definir los distintos campos que la componen. En cada uno de los siguientes subapartados definirá un campo de esta tabla; por lo tanto, debe realizar todos ellos de forma seguida y, si tuviera que dejar el proceso a medias, no olvide guardar la tabla antes de cerrarla para poder continuar posteriormente.

1. Active, si no lo estuviera, la ficha Tablas de la ventana de la base de datos.
2. Haga doble clic sobre la opción Crear una tabla en vista Diseño; se activará la ventana de diseño.

3.12.1. Definir un campo con una máscara de entrada

1. Escriba Matrícula, como nombre del primer campo, y pulse <**Intro**> o <**Tab**> para aceptarlo. El cursor quedará situado en la columna Tipo de datos mostrando, por defecto, el tipo Texto para los datos del campo.
2. Pulse <**Intro**> para aceptarlo.

Información: *Además de seleccionar el tipo de datos de la lista desplegable, es posible escribirlo en la columna* Tipo de datos*; al empezar a hacerlo, Microsoft Access mostrará automáticamente el que comience por los caracteres escritos. En la mayoría de los casos, bastará con escribir uno o dos caracteres para seleccionar el tipo deseado.*

3. Pulse <**F6**>, para activar el panel inferior; el cursor se quedará colocado en la propiedad Tamaño del campo.
4. Defina las propiedades del campo que muestra la figura 3.14; observe que será obligatorio introducir la matrícula en todos los coches, que se va a crear un índice para

este campo, que no podrá haber dos coches con la misma matrícula y que se ha definido una máscara de entrada para los datos.

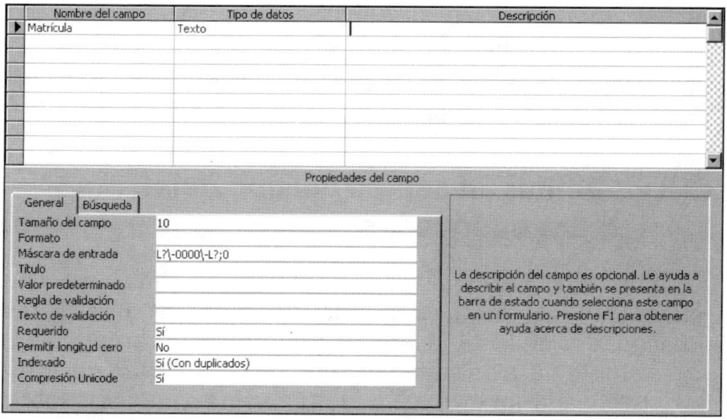

Figura 3.14

La máscara diseñada para el campo matrícula permitirá introducir los datos como **MA-2333-AS**; el programa introducirá automáticamente los dos guiones, exigirá que se comience por una letra, permitirá dejar vacío el segundo carácter, pedirá los cuatro números centrales y el penúltimo carácter; el último podrá quedar vacío. El segundo parámetro de la máscara (0) obliga al programa a guardar, como parte del dato, los caracteres guión (-) utilizados en la máscara.

5. Una vez definido el primer campo, pulse <**F6**> para mover el cursor al panel superior; Pulse <**Tab**> hasta situarlo en una nueva línea.

En la tabla 3.3. se muestran algunos de los códigos más utilizados en la expresión de las máscaras de campo.

Tabla 3.3

Código	*Significado*
0	Obliga a introducir un dígito (0...9).
9	Permite introducir un dígito o un espacio en blanco.

L	Obliga a introducir una letra (A...Z).
?	Permite introducir una letra o un espacio en blanco.
A	Obliga a introducir una letra o un dígito.
a	Permite introducir una letra o un dígito, o un espacio en blanco.
. , : ; - /	Caracteres utilizados como marcadores de posición decimal, separadores de miles, horas y fechas.

3.12.2. Definir un campo del tipo Asistente para búsquedas

Ahora va a definir el campo Marca, que almacenará las marcas de los distintos vehículos. Como estos datos están almacenados en la tabla Marcas, definirá este campo del tipo Asistente para búsquedas, para que se puedan introducir datos en él tomándolos de los existentes en dicha tabla.

1. Con el cursor situado en una línea vacía, escriba el nombre del campo Marca, y pulse <**Intro**>. El cursor habrá quedado en la columna Tipo de datos.
2. Haga clic sobre el botón , para desplegar su lista, y seleccione la opción Asistente para búsquedas; se activará el cuadro de diálogo de la figura 3.15.

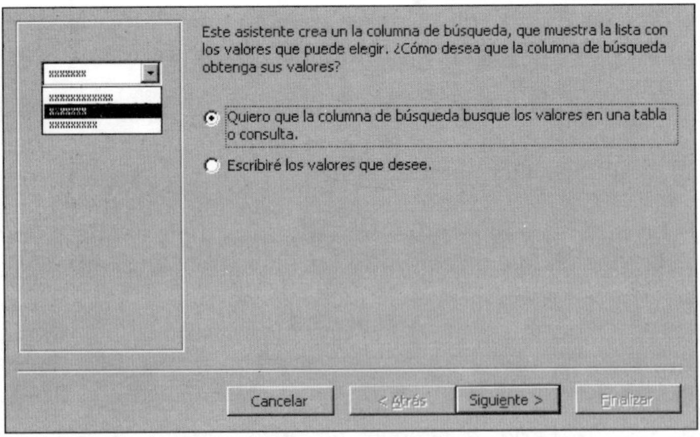

Figura 3.15

3. Active la opción de la figura 3.15 y haga clic sobre el botón Siguiente; aparecerá un nuevo cuadro de diálogo en el que tendrá que indicar de dónde tomará los datos.
4. Haga clic sobre la tabla Marcas, para resaltarla, y sobre el botón Siguiente; ahora debe indicar qué campo contiene los datos.
5. Resalte el campo Marca y haga clic sobre el botón ▭, para seleccionarlo; posteriormente, haga clic sobre el botón Siguiente; aparecerá el cuadro de diálogo de la figura 3.16, en el que se visualizan los datos que podrá introducir en el campo que está creando.

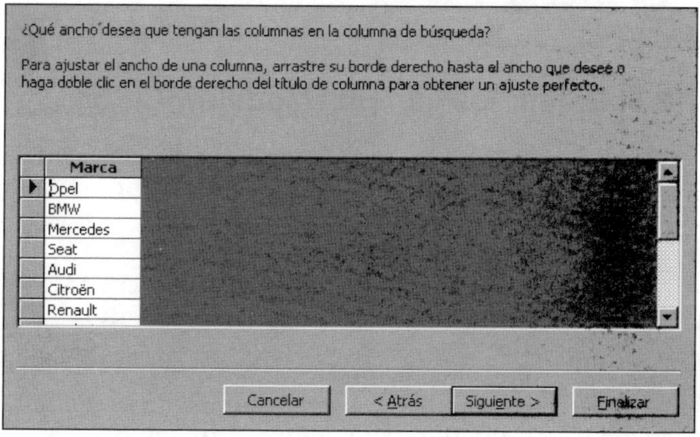

Figura 3.16

6. Modifique el tamaño de la columna de datos, de modo que puedan leerse todos ellos correctamente (véase la figura 3.16) y haga clic sobre el botón Finalizar.
7. El programa le indicará que debe guardar la tabla, para crear la relación entre las dos tablas (concepto que estudiará más adelante); haga clic sobre el botón Sí. Aparecerá un cuadro de diálogo para que introduzca el nombre de la nueva tabla
8. Introduzca Automóviles y haga clic sobre el botón Aceptar. El Asistente le preguntará si desea declarar una clave principal; haga clic sobre el botón No.

   La ventaja de utilizar este tipo de campo es enorme: evita tener que escribir datos extensos y elimina los errores de escritura. Además, bastará con introducir nuevos registros en la tabla de donde se toman los datos, para que éstos estén disponibles en el campo destino; algo análogo ocurrirá si se eliminan registros, ya que no aparecerán en la lista del campo destino.

9. Sitúe el cursor en la tercera fila del panel superior, para definir el próximo campo.

> ***Información:*** *Si en el primer cuadro de diálogo del Asistente para búsquedas (véase la figura 3.15) se hubiera activado la opción* Escribiré los valores que desee, *po-dría haber escrito todos los posibles valores para el campo. De ese modo, se habría creado una lista de datos que podría utilizarse para introducir los valores al campo sin necesidad de escribirlos.*

3.12.3. Definir los campos Modelo y Color

Los próximos campos que va a definir almacenarán, respectivamente, el modelo y el color del coche; por lo tanto, estos campos se declararán de tipo Texto.

1. Con el cursor situado en una línea vacía, escriba Modelo como nombre del tercer campo y pulse <**Intro**>.
2. Pulse <**Intro**> para aceptar el tipo de datos Texto.
3. Modifique el tamaño de este campo a 20.
4. Sitúe el cursor en la primera columna de la cuarta fila del panel superior, para definir otro campo.
5. Escriba el nombre Color, elija el tipo Texto para sus da-tos y modifique su tamaño a 20.
6. Sitúe el cursor en la quinta línea del panel superior, para definir un nuevo campo.

3.12.4. Definir un campo con regla y texto de validación

Ahora va a definir el campo Precio, cuyo contenido será el precio del alquiler del coche por día. Este campo, además de declararse de tipo Moneda, tendrá una regla de validación que impedirá introducir valores negativos.

1. Introduzca, como nombre del quinto campo, Precio y pulse <**Intro**>.

2. Despliegue la lista Tipo de datos y seleccione Moneda.
3. Introduzca, como descripción del campo, Este precio es por día.
4. Seleccione, para la propiedad Formato, el que muestra la figura 3.17.
5. Borre el valor 0 como valor predeterminado del campo.
6. Introduzca la regla y el texto de validación que muestra la figura 3.17. La regla impedirá almacenar cantidades menores o igual que cero, y el texto de validación informará de tal hecho cuando se intente introducir una cantidad no permitida.

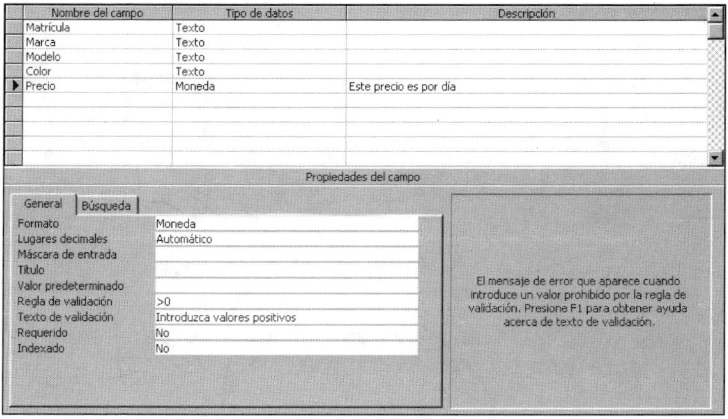

Figura 3.17

7. Sitúe el cursor en la sexta fila del panel superior, para definir un nuevo campo.

3.12.5. Definir un campo de tipo Numérico

Ahora va a definir el campo Kilómetros que contendrá los kilómetros de cada coche en el momento de ser alquilado. Realice los siguientes pasos para crearlo:

1. Introduzca Kilómetros, como nombre de este campo, y pulse <**Intro**>.
2. Despliegue la lista Tipo de datos y seleccione Numérico.
3. Seleccione a continuación la opción Estándar para la propiedad Formato.

4. Seleccione, para la propiedad Lugares decimales, el valor 0. Observe, en la figura 3.18, el aspecto de la ventana Diseño y las propiedades para este tipo de campo.

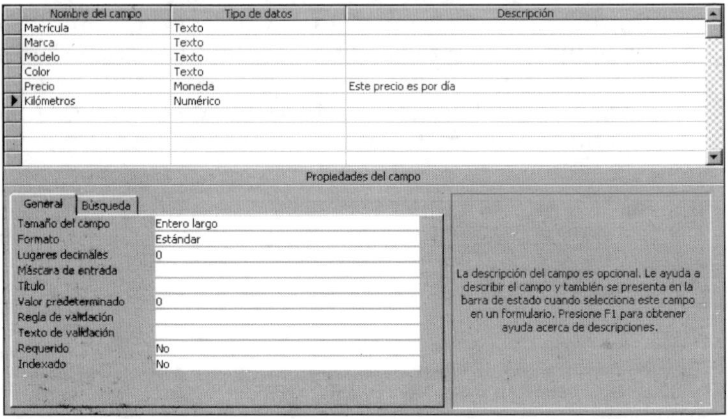

Figura 3.18

5. Sitúe el cursor en la siguiente fila vacía del panel superior, para definir un nuevo campo.

3.12.6. Definir un campo de tipo Memo

Ahora definirá el campo Extras, que contendrá las siglas de los accesorios de cada automóvil: **AA** (aire acondicionado), **EE** (elevalunas eléctrico), **CC** (cierre centralizado), **RC** (radio-casete), **CD** (cargador de discos compactos musicales), **ABS** (sistema de seguridad antibloqueo en la frenada), etc. Puesto que el contenido de este campo será muy diferente de unos registros a otros, lo mejor es definir sus datos del tipo Memo.

1. Introduzca Extras como nombre del campo.
2. Seleccione Memo de la lista de tipo de datos.
3. Como no es necesario modificar las propiedades que el programa activa por defecto para este tipo de datos, sitúe el cursor en una nueva fila del panel superior.

3.12.7. Definir un campo de tipo Sí/No

Existen campos cuyos datos sólo pueden tener dos valores: Sí (Activado) y No (Desactivado), que deben ser declarados de tipo Sí/No; éste es el caso del campo Alquilado. Este campo indicará si un coche está disponible, o no, para ser alquilado en el momento en que un cliente se interese por él.

1. Con el cursor en una nueva línea, escriba ¿Alquilado? como nombre para el campo, y pulse <**Intro**> para aceptarlo y situar el cursor en la columna Tipo de datos.
2. Seleccione, de la lista de tipos de datos, la opción Sí/No.
3. Introduzca, en el recuadro de la propiedad Valor predeterminado el valor No; de este modo, el programa introducirá, para todos los registros, dicho valor.
4. Sitúe el cursor en la siguiente línea vacía del panel superior.

> ***Información:*** *Los campos que almacenan datos de tipo* Sí/No, *tienen tamaño fijo. Lo mismo les ocurre a los campos que contienen datos de tipo* Memo, Fecha/Hora, Objeto OLE *y* Autonumérico.

3.12.8. Definir un campo de tipo Objeto OLE

El último campo que debe definir para la tabla Automóviles se llamará Fotografía, y como su nombre indica, contendrá una imagen de cada coche, por lo que sus datos habrá que definirlos de tipo Objeto OLE.

1. Escriba, como nombre del campo, Fotografía.
2. Seleccione, como tipo de datos, Objeto OLE. Como puede ver en el panel inferior, este tipo de campo sólo tiene dos propiedades generales.
3. Introduzca Imagen del coche como descripción del campo, y pulse <**Intro**> para aceptar la definición del campo.

3.12.9. Declarar una clave principal

Aunque ya están definidos todos los campos de la tabla, todavía nos queda un pequeño detalle: declarar una clave principal.

El programa permite no declarar ninguna clave principal, pero es muy conveniente hacerlo; por este motivo, si al guardar una tabla el programa detecta que no existe ningún campo declarado como clave, mostrará un cuadro de diálogo advirtiéndole de tal situación y ofreciéndole la posibilidad de declararlo automáticamente.

Una **clave principal** puede ser cualquier campo de la tabla que tenga unas características específicas: no podrán existir dos registros con el mismo contenido en este campo y, además, debe haberse creado un índice para él.

Información: *Microsoft Access permite definir varios campos como clave principal.*

A continuación va declarar el campo Matrícula como clave principal de la tabla. Para ello:

1. Haga clic sobre cualquier punto de la primera fila del panel superior, correspondiente al campo Matrícula.
2. Seleccione Edición / Clave principal o haga clic sobre el botón de la barra de herramientas.

El campo quedará señalado con un icono análogo al del botón utilizado para activarla. Observe, en la figura 3.19, la ventana Diseño con la definición de todos los campos de la tabla Automóviles.

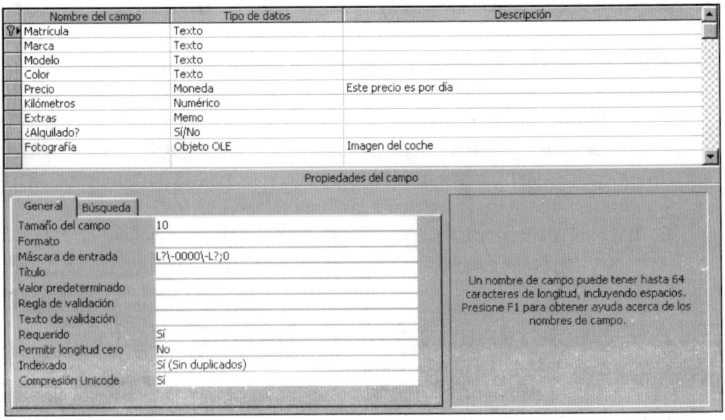

Figura 3.19

Nota: También es posible declarar un campo como clave principal seleccionando la opción Clave principal *del menú contextual asociado al campo. Recuerde que, para obtener dicho menú, debe pulsar el botón derecho del ratón sobre el objeto que, en este caso, es la fila correspondiente al campo* Matrícula.

3.13. Guardar y cerrar la tabla Automóviles

Una vez terminado el diseño de la tabla Automóviles, es necesario guardarla para poder acceder a su ventana Hoja de datos, y comenzar la introducción de datos, o para cerrar su ventana.

1. Seleccione Archivo / Guardar o haga clic sobre el botón ; como ya especificó el nombre Automóviles para la tabla, el programa guardará automáticamente las modificaciones.
2. Seleccione Archivo / Cerrar; volverá a tener activa la ventana de la base de datos, en la que aparecerán los iconos de las tablas creadas.

Información: *Los nombres de las tablas (o los de cualquier otro objeto de una base de datos) deben cumplir las mismas normas que los nombres de los campos:*

- *Pueden estar constituidos, cómo máximo, por 64 caracteres.*
- *No pueden comenzar por un carácter espacio en blanco.*
- *No se pueden utilizar los caracteres* **. ! ` [ ]***, ni los caracteres de control (valores ASCII desde 0 hasta 31).*

3.14. Crear, guardar y cerrar la tabla Contratos

La última tabla que va a crear en este capítulo se utilizará para gestionar todos los datos de los contratos que se formalizarán cuando un cliente alquile un automóvil. En ella se almacenarán el número de contrato, el DNI del cliente, la matrícula del coche alquilado, los kilómetros iniciales y finales del periodo de alquiler, así como las fechas inicial y final del contrato.

Observe, en la figura 3.20, la estructura de la base de datos que va a crear, y a continuación se indican algunas notas que debe tener en cuenta a la hora de definir los campos.

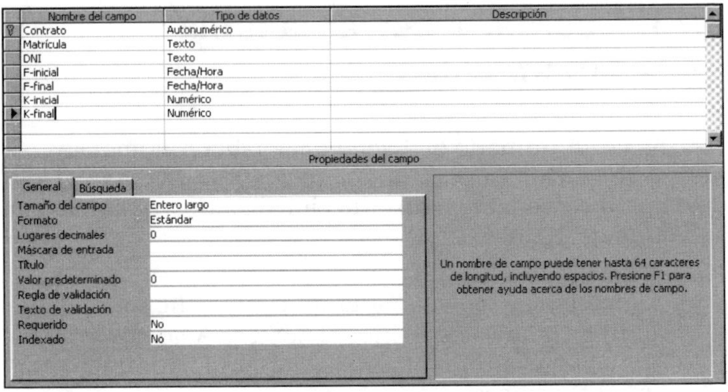

Figura 3.20

1. Haga doble clic sobre la opción Crear una tabla en vista diseño.
2. Defina el campo Contrato de tipo Autonumérico, y declárele como clave principal.
3. Defina el campo Matrícula de tipo Asistente para Búsquedas, tal y como hizo en el apartado 3.12.2; tenga en cuenta que los datos de este campo se tomarán del campo Matrícula de la tabla Automóviles. Cuando el Asistente le pida el nombre de la tabla para poder crear la relación, escriba Contratos.
4. Defina el campo DNI con datos del tipo Texto, de tamaño 8 y active las opciones Sí para la propiedad Requerido y Sí (Con duplicados) para la propiedad Indexado.
5. Defina el campo F-inicial con datos del tipo Fecha/Hora, seleccione Fecha mediana como formato y active la opción Sí para la propiedad Requerido.
6. Defina el campo F-final con datos de tipo Fecha/Hora, seleccione Fecha mediana como formato y active la opción No para la propiedad Requerido.

7. El campo K-inicial debe declararlo del tipo Numérico, con tamaño Entero largo, con formato Estándar y con lugares decimales 0; además debe activar la propiedad Requerido.
8. Defina el campo K-final con datos del tipo Numérico, con tamaño Entero largo, con formato Estándar y con lugares decimales 0; en este caso no debe activar la propiedad Requerido.

Nota: *El campo F-inicial se podría haber definido con el valor predeterminado* ***=Fecha()****; esta función haría que el campo tuviera, como dato inicial, la fecha actual. En nuestro caso no lo hemos hecho así, ya que entonces no podría introducir los datos que se van a indicar en el próximo capítulo para esta tabla y no le saldrían los mismos resultados en el resto de ejercicios del libro.*

Una vez que haya definido todos los campos de la tabla, realice los siguientes pasos para guardar su estructura y cerrar su ventana.

9. Seleccione Archivo / Guardar, o haga clic sobre el botón . Como ya le indicó el nombre de la tabla, el programa guardará automáticamente las modificaciones.
10. Seleccione Archivo / Cerrar; volverá a tener activa la ventana de la base de datos, en la que aparecerán los iconos de las tablas creadas (véase la figura 3.21).

Figura 3.21

3.15. Cerrar una base de datos

Una vez cerrados los distintos objetos, quedará activa la ventana de la base de datos. Si lo desea, puede cerrarla para trabajar con otra base de datos, o también puede salir del programa.

Existen diversas posibilidades para cerrar una base de datos:

a) Seleccionar Archivo / Cerrar.
b) Hacer clic sobre el botón ☒ de su ventana.
c) Hacer doble clic sobre el botón Menú de Control de su ventana.

4

Introducir y editar los datos de una tabla

4.1. Introducción

Una vez creada la base de datos y las tablas en las que se va a almacenar la información, lo siguiente que se debe hacer es introducir datos en ellas. Aunque esta operación en la vida real se realizaría día a día, en nuestro caso la lleva-remos a cabo en este capítulo.

Es importante que introduzca todos los datos que le proponga, ya que de este modo podrá realizar todos los ejercicios del libro y obtendrá los mismos resultados que aquí se indiquen.

También aprenderá a desplazar el cursor por una tabla y activar los distintos registros, a modificar cualquier dato, a borrar registros, a corregir la ortografía...

4.2. Abrir una base de datos

La primera operación que debe realizar cuando quiera trabajar con Microsoft Access es abrir una base de datos. Existen varios modos de abrir una base de datos, que se detallan en los siguientes apartados.

4.2.1. Al arrancar Microsoft Access

Como ya ha comprobado en el capítulo anterior, al arrancar Microsoft Access, aparece el cuadro de diálogo Microsoft Access (véase figura 3.2), desde el que puede abrir una base de datos guardada haciendo clic sobre su nombre y sobre el botón Aceptar.

4.2.2. Desde la ventana de Access

Una vez que está trabajando con el programa, existen muchas ocasiones en las que deberá abrir una base de datos, por ejemplo, si ha terminado de trabajar con una y necesita realizar alguna operación en otra.

A continuación va a realizar los pasos necesarios para abrir la base de datos Alquiler de automóviles desde la ventana de Access; si no estuviera trabajando con el programa, arránquelo y, cuando aparezca el cuadro de diálogo Microsoft Access, haga clic sobre su botón Cancelar. Si estuviera trabajando con Access y tuviera abierta una base de datos, ciérrela tal y como se indicó en el capítulo anterior.

1. Seleccione Archivo / Abrir o bien haga clic sobre el botón de la barra de herramientas. Aparecerá el cuadro de diálogo Abrir, que será análogo al que se observa en la figura 4.1.

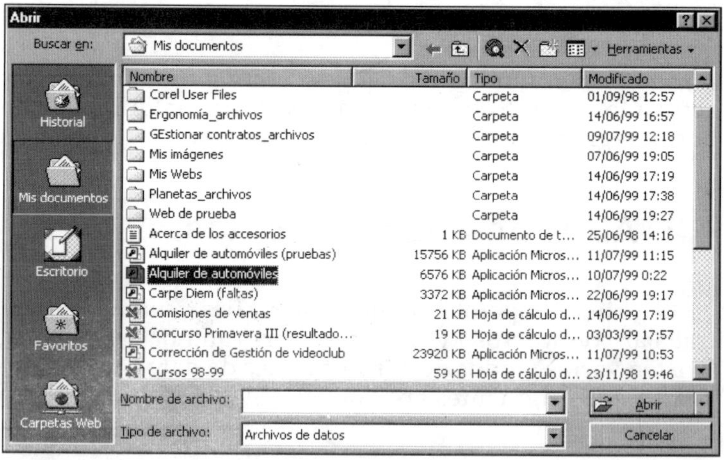

Figura 4.1

2. En este cuadro se muestra el contenido (carpetas y archivos) de la carpeta Mis Documentos. Para visualizar los

ficheros de otra carpeta, actívela previamente seleccionándola de la lista desplegable Buscar en:.

3. Haga clic sobre la base de datos Alquiler de automóviles, para resaltarla, y sobre el botón Abrir.

> *Nota: Si la base de datos que desea abrir es una de las cuatro últimas utilizadas, puede abrirla rápidamente seleccionándola de la parte inferior del menú* Archivo.

4.2.3. Desde el cuadro de diálogo Abrir documento de Office

Si tiene instalado Microsoft Office 2000, o si ha instalado Microsoft Access desde dicha suite, dispone de otra posibilidad para abrir una base de datos que no necesita que el programa esté arrancado.

Esta posibilidad se basa en la utilización de un cuadro de diálogo que permite abrir cualquier documento Office, aunque sus aplicaciones estén cerradas; al abrir un documento se ejecutará automáticamente la aplicación correspondiente.

1. Haga clic sobre el botón Inicio de la barra de tareas de Windows y seleccione Abrir documento de Office; aparecerá el cuadro de diálogo de la figura 4.2.

Por defecto, el cuadro de diálogo muestra todos los documentos creados con cualquier aplicación Office y que están almacenados en la carpeta Mis Documentos.

> ***Información:*** *Los documentos de Office tienen distintas extensiones e iconos que permiten identificar las aplicaciones con las que han sido creados. Las bases de datos creadas con Microsoft Access están guardadas en archivos de extensión* ***MDB*** *y su icono representativo es* .

Para visualizar los archivos de otra carpeta, hay activarla previamente; para ello se puede seleccionar de la lista desplegable Buscar en o bien utilizar los distintos botones existentes en el cuadro de diálogo.

2. Una vez que esté localizada la base de datos, bastará con hacer clic sobre ella, para seleccionarla, y sobre el botón Abrir.

Microsoft Access se ejecutará y la base de datos se abrirá automáticamente en su ventana.

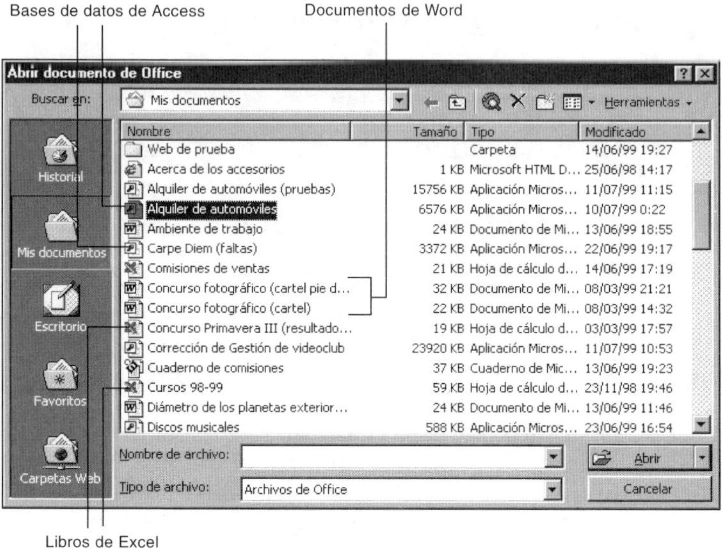

Figura 4.2

> ***Nota:*** *Otro modo de abrir una base de datos consiste en, una vez que se esté visualizando en la ventana del* Explorador de Windows *o en una* ventana de exploración, *hacer doble clic sobre ella.*

4.3. Abrir una tabla

Las operaciones básicas de una base de datos: añadir registros, modificar datos, ordenar registros, etc., se realizan en las tablas. Por lo tanto, una vez abierta la base de datos, debe abrir la tabla con la que desea trabajar.

1. Active, si no lo estuviera, la ficha Tablas de la ventana de la base de datos.
2. Haga clic sobre la tabla Clientes y sobre el botón . Aparecerá la ventana Hoja de datos que, debido a que

todavía no contiene datos, presenta un aspecto similar al de la figura 4.3.

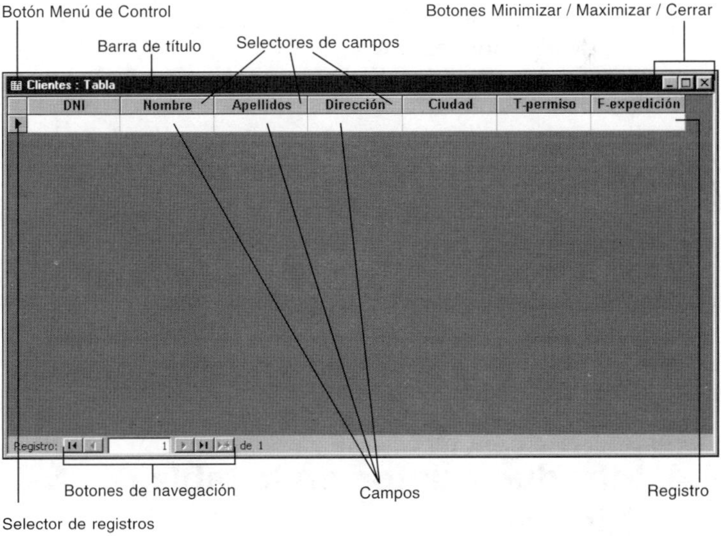

Figura 4.3

Truco: *Es posible abrir cualquier objeto de una base de datos, y por lo tanto una tabla, haciendo doble clic sobre su nombre.*

La ventana Hoja de datos tiene los elementos típicos de cualquier ventana y otros particulares, que se describen a continuación:

- *Barra de título*. Muestra el nombre de la tabla. A ambos lados de esta barra están los botones Menú de control (izquierda) y Minimizar / Maximizar / Cerrar (derecha).
- *Campos*. Cada uno de los campos de la tabla constituye una columna.
- *Registros*. Los datos de un mismo registro constituirán (ya que en estos momentos no existen) una fila de la tabla.
- *Selectores de campos*. Estos botones, que están situados en la cabecera de las columnas, permiten seleccionar los campos.

- *Selectores de registros*. Estos botones están situados en la columna del lado izquierdo de la ventana y permiten seleccionar registros. El programa los utilizará para mostrar unos símbolos que indicarán la situación especial de algunos registros.
- *Botones de navegación*. Estos botones permitirán activar los distintos registros.
- *Barras de desplazamiento*. Aparecerán sólo cuando la información de la tabla no se visualice totalmente en el área de trabajo.

> ***Nota:*** *Cuando la ventana* Hoja de datos *está activa, la barra de herramientas de la ventana de Access ofrece los botones correspondientes a las operaciones que se realizan con más frecuencia en una tabla: añadir registros, modificar datos, etc.*

4.4. Introducir datos en la tabla Clientes

Como ha comprobado, la tabla no contiene aún registros; por tanto, la primera tarea, quizás la más aburrida, consiste en la introducción de los datos.

En este caso, la tabla está preparada para la introducción de registros; en caso de que la tabla tuviera ya registros, debería hacer clic sobre el botón de la barra de herramientas, para situar el cursor en un registro vacío y poder así introducir nuevos datos.

El indicador del registro vacío de la tabla es , que corresponde al registro activo, que es aquél en el que se pueden realizar las operaciones en un momento determinado.

Ahora va a introducir datos en la tabla. El primer campo es el DNI del cliente que contendrá números de 8 dígitos, por lo que si el número del DNI no tiene 8 cifras, tendrá que introducir ceros a la izquierda hasta completarlas.

1. Haga clic sobre el botón Maximizar de la ventana de la tabla.
2. Con el cursor situado en el campo DNI, escriba 00740365, que es el DNI del primer cliente, y pulse <**Intro**>. El cursor quedará situado en el campo Nombre.

Al introducir datos en un registro, su indicador se modificará a , que significa que éste ha sido modificado y no se han grabado aún los cambios. Observe, que en la siguiente línea está el indicador , ya que en ella se puede introducir un nuevo registro.

3. Escriba Carlos Javier y pulse <**Intro**>, para introducir el nombre del cliente. El cursor quedará situado en el campo Apellidos.
4. Escriba López Carvajal y pulse <**Intro**>. El cursor estará situado en el campo Dirección.
5. Escriba Camino del Salmoral, 34 y pulse <**Intro**>. El cursor estará situado en el campo Ciudad. No se preocupe si al pulsar <**Intro**> para aceptar el dato no lo visualiza completo, el dato está perfectamente almacenado en la tabla; en el próximo capítulo aprenderá a aumentar el ancho de la columna.
6. Con el cursor en el campo Ciudad escriba Madrid y pul-se <**Intro**>; el cursor se situará en el campo T-permiso que almacena el tipo de permiso de conducir del cliente.
7. Escriba D y pulse <**Intro**>.
   Ya sólo queda introducir la fecha de expedición del permiso de conducir. Recuerde que este campo posee una máscara de entrada (dd / mm / aa), por lo que sólo debe escribir los números correspondientes al día, mes y año, y el programa escribirá el carácter / que los separa.
8. Escriba 210878 y pulse <**Intro**>. El programa habrá introducido el dato como 21/08/78 y lo mostrará en la celda con ese formato.

Con este dato, habrá completado el primer registro de la tabla y el cursor estará situado en el campo DNI de una nueva fila, en la que podrá introducir un nuevo registro. Los datos del registro anterior se habrán grabado en el disco por lo que su indicador de *modificado* habrá desaparecido.

9. Siga introduciendo los datos de los registros que muestra la figura 4.4, donde se ha modificado el ancho de algunas columnas para visualizar bien todos los datos.

4.4.1. Introducir nuevos registros ocultando los existentes

En algunas ocasiones puede interesar introducir nuevos registros sin que se visualicen los existentes en la tabla. Para ello, y una vez abierta la tabla, debe realizar los pasos que se indican a continuación:

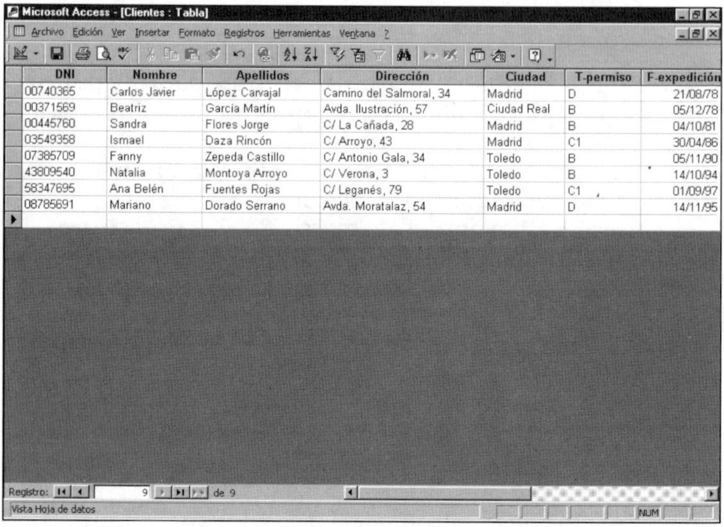

DNI	Nombre	Apellidos	Dirección	Ciudad	T-permiso	F-expedición
00740365	Carlos Javier	López Carvajal	Camino del Salmoral, 34	Madrid	D	21/08/78
00371569	Beatriz	García Martín	Avda. Ilustración, 57	Ciudad Real	B	05/12/78
00445760	Sandra	Flores Jorge	C/ La Cañada, 28	Madrid	B	04/10/81
03549358	Ismael	Daza Rincón	C/ Arroyo, 43	Madrid	C1	30/04/86
07385709	Fanny	Zepeda Castillo	C/ Antonio Gala, 34	Toledo	B	05/11/90
43809540	Natalia	Montoya Arroyo	C/ Verona, 3	Toledo	B	14/10/94
58347695	Ana Belén	Fuentes Rojas	C/ Leganés, 79	Toledo	C1	01/09/97
08785691	Mariano	Dorado Serrano	Avda. Moratalaz, 54	Madrid	D	14/11/95

Figura 4.4

1. Seleccione Registros / Entrada de datos. Los registros ya existentes quedarán en este momento ocultos y Microsoft Access mostrará a continuación la tabla vacía y preparada para la introducción de nuevos registros.
2. Introduzca los datos de los registros que se muestran en la figura 4.5.

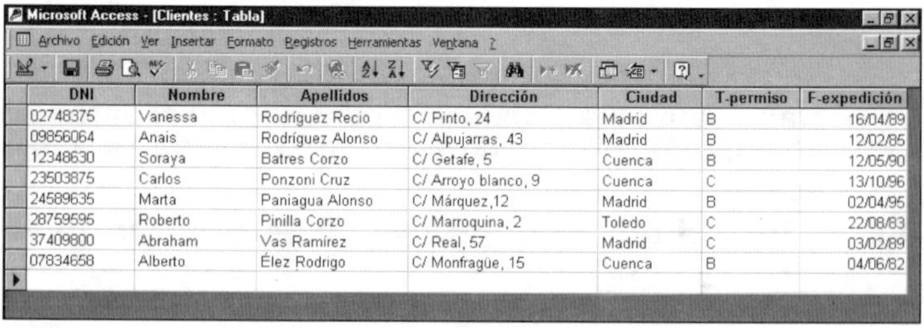

DNI	Nombre	Apellidos	Dirección	Ciudad	T-permiso	F-expedición
02748375	Vanessa	Rodríguez Recio	C/ Pinto, 24	Madrid	B	16/04/89
09856064	Anais	Rodríguez Alonso	C/ Alpujarras, 43	Madrid	B	12/02/85
12348630	Soraya	Batres Corzo	C/ Getafe, 5	Cuenca	B	12/05/90
23503875	Carlos	Ponzoni Cruz	C/ Arroyo blanco, 9	Cuenca	C	13/10/96
24589635	Marta	Paniagua Alonso	C/ Márquez,12	Madrid	B	02/04/95
28759595	Roberto	Pinilla Corzo	C/ Marroquina, 2	Toledo	C	22/08/83
37409800	Abraham	Vas Ramírez	C/ Real, 57	Madrid	C	03/02/89
07834658	Alberto	Élez Rodrigo	C/ Monfragüe, 15	Cuenca	B	04/06/82

Figura 4.5

3. Una vez que haya introducido los nuevos registros, seleccione Registros / Quitar filtro u orden; volverá a visualizar todos los registros de la tabla, tal y como muestra la figura 4.6. Observe que el programa ha ordenado los datos de la tabla por el campo declarado como clave primaria, DNI.

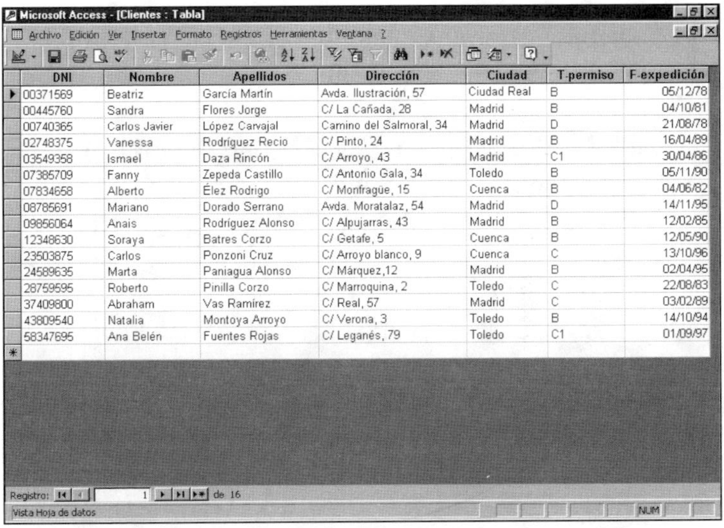

DNI	Nombre	Apellidos	Dirección	Ciudad	T-permiso	F-expedición
00371569	Beatriz	García Martín	Avda. Ilustración, 57	Ciudad Real	B	05/12/78
00445760	Sandra	Flores Jorge	C/ La Cañada, 28	Madrid	B	04/10/81
00740365	Carlos Javier	López Carvajal	Camino del Salmoral, 34	Madrid	D	21/08/78
02748375	Vanessa	Rodríguez Recio	C/ Pinto, 24	Madrid	B	16/04/89
03549358	Ismael	Daza Rincón	C/ Arroyo, 43	Madrid	C1	30/04/86
07385709	Fanny	Zepeda Castillo	C/ Antonio Gala, 34	Toledo	B	05/11/90
07834658	Alberto	Élez Rodrigo	C/ Monfragüe, 15	Cuenca	B	04/06/82
08785691	Mariano	Dorado Serrano	Avda. Moratalaz, 54	Madrid	D	14/11/95
09856064	Anais	Rodríguez Alonso	C/ Alpujarras, 43	Madrid	B	12/02/85
12348630	Soraya	Batres Corzo	C/ Getafe, 5	Cuenca	B	12/05/90
23503875	Carlos	Ponzoni Cruz	C/ Arroyo blanco, 9	Cuenca	C	13/10/96
24589635	Marta	Paniagua Alonso	C/ Márquez,12	Madrid	B	02/04/95
28759595	Roberto	Pinilla Corzo	C/ Marroquina, 2	Toledo	C	22/08/83
37409800	Abraham	Vas Ramírez	C/ Real, 57	Madrid	C	03/02/89
43809540	Natalia	Montoya Arroyo	C/ Verona, 3	Toledo	B	14/10/94
58347695	Ana Belén	Fuentes Rojas	C/ Leganés, 79	Toledo	C1	01/09/97

Figura 4.6

> ***Nota:*** *Puede añadir un nuevo registro simplemente pulsando* ***<Control-+>***

4.5. Autocorrección

Es muy posible que durante la introducción de los datos de la tabla haya cometido algún error de escritura, que posteriormente podrá arreglar utilizando las técnicas indicadas en el apartado 4.8. Pero ahora nos interesa una función de Access, que está actuando en un segundo plano, denominada **Autocorrección**, que corrige algunos errores tipográficos sin que nos demos cuenta.

Esta función es capaz de detectar algunas palabras que son incorrectas y corregirlas automáticamente. Además, puede usarse para que, al escribir una abreviatura, la expanda automáticamente y así quede introducido, como dato, el nombre completo.

A continuación va a activar el cuadro de diálogo de esta función, en el que observará las palabras incorrectas que en este momento detecta y corrige, y en el que podrá indicarle nuevas palabras para corregir.

1. Seleccione Herramientas / Autocorrección. Aparecerá el cuadro de diálogo de la figura 4.7.

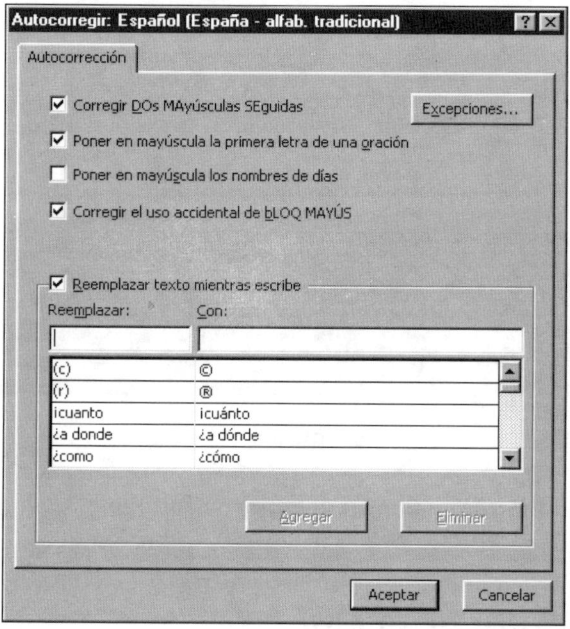

Figura 4.7

Observe, en la parte superior del cuadro, las correcciones generales que tiene activadas esta función; active y desactívelas según le interese.

Si lo que desea es que la función sea capaz de detectar una palabra incorrecta, o una abreviatura que utilice con frecuencia, y reemplazarla por la palabra correcta, o por su nombre extenso en el caso de abreviaturas, siga estos pasos:

2. Escriba, en el recuadro Reemplazar, la palabra incorrecta o la abreviatura.
3. Escriba, en el recuadro Con, la palabra correcta o el nombre completo correspondiente a la abreviatura.
4. Haga clic sobre el botón Agregar.

> ***Nota:*** *Si quisiera eliminar alguna de las palabras introducidas en la autocorrección, selecciónela de la lista y haga clic sobre el botón* Eliminar.

5. Haga clic sobre el botón Aceptar, para cerrar el cuadro de diálogo.

4.6. Desplazar el cursor por la tabla

Como ya ha podido comprobar durante la introducción de datos, al pulsar <**Intro**> para aceptar el dato escrito en un campo, el cursor se sitúa en el siguiente campo y, en el caso de estar situado en el último campo de un registro, pasará al primer campo del siguiente registro.

Cuando la tabla contiene datos, existen multitud de posibilidades de desplazar el cursor por ella, con el fin de activar algún registro. En la tabla 4.1 se recogen las principales combinaciones de teclas para desplazarse por una tabla.

Tabla 4.1

Combinación de teclas	*Desplazamiento*
<**Tab**> o <**Flecha dcha.**>	Sitúa el cursor en el siguiente campo.
<**Mayús-Tab**> o <**Flecha izda.**>	Sitúa el cursor en el campo anterior.
<**Flecha arriba**>	Sitúa el cursor en el campo activo del registro anterior.
<**Flecha abajo**>	Sitúa el cursor en el campo activo del siguiente registro.
<**Control-Flecha arriba**>	Sitúa el cursor en el campo activo del primer registro.

<Control-Flecha abajo>	Sitúa el cursor en el campo activo del último registro.
<Inicio>	Sitúa el cursor en el primer campo del registro activo.
<Fin>	Sitúa el cursor en el último campo del registro activo.
<AvPág>	Desplaza, hacia arriba, una ventana entera.
<RePág>	Desplaza, hacia abajo, una ventana entera.

En todos los desplazamientos detallados en la tabla 4.1, el dato del campo en el que se sitúa el cursor queda resaltado.

Además de los desplazamientos anteriores, Access dispone de unos botones de navegación, situados en la parte inferior izquierda de la ventana Hoja de datos, que permiten activar cualquier registro de la tabla. Observe, en la figura 4.8, dichos botones y el desplazamiento que provoca cada uno de ellos.

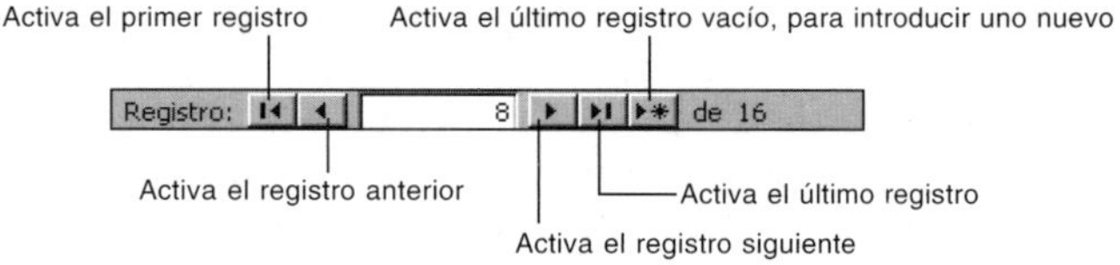

Figura 4.8

Como puede observar, entre los botones de navegación, el programa informa del registro activo y del número total de registros de la tabla; en la figura 4.8, Access indica que el registro activo es el 8 de un total de 16.

Microsoft Access también permite mover el cursor a un registro determinado mediante la opción Ir a del menú Edición; al situar al cursor sobre ella, aparecerá un menú como el de la figura 4.9, cuyas opciones indican qué registro se activará si se seleccionan.

> ***Información:*** *Otro método sencillo para situar el cursor en un campo determinado consiste en hacer clic sobre él. Si la celda no estuviera visible en la ventana, debería utilizar*

las barras de desplazamiento vertical u horizontal. Al contrario que en los desplazamientos mediante el teclado, en este caso el dato del campo no queda resaltado, sino que el cursor aparece parpadeando en él.

Figura 4.9

4.7. Cerrar una tabla

Aunque Access permite trabajar con varios objetos de la base de datos a la vez, conviene (sobre todo hasta coger soltura con el programa) cerrar las ventanas de los objetos con los que haya terminado de trabajar; de este modo volverá a visualizar la ventana de la base de datos, desde la que podrá abrir nuevos objetos.

Como ya sabe, el programa almacena automáticamente, en la tabla, el contenido de un registro al activar otro; aún así, aunque existiera algún registro cuyos datos no se hubieran almacenado, Access lo guardaría automáticamente al cerrar la tabla.

Si quiere cerrar una tabla puede elegir la forma de ha-cerlo entre uno cualquiera de los procedimientos que se muestran a continuación:

a) Seleccionar Archivo / Cerrar.
b) Hacer clic sobre el botón Cerrar de su ventana.
c) Hacer doble clic sobre el botón Menú de Control de su ventana.

1. Cierre la tabla Clientes. Si hubiera modificado algún aspecto del formato de la tabla, el programa le pregunta si desea guardarlo; en ese caso, haga clic sobre el botón Sí.

4.8. Modificar los datos en una tabla

Cuando se abre una tabla, Access presenta resaltado el contenido del primer campo perteneciente al primer registro. Además, si desplaza el cursor a otro campo mediante el teclado o los botones de navegación, el contenido de éste también quedará resaltado; en esa situación, al escribir cualquier dato, éste reemplazará al existente en el campo activo.

Suponga que se ha equivocado al escribir una ciudad y que debe reemplazar Ciudad Real por Toledo; por lo tanto, debe modificar el contenido del campo Ciudad.

1. Abra la tabla Clientes.
2. Haga clic sobre el botón de navegación correspondiente hasta activar el registro 1, que contiene el dato Ciudad Real.
3. Pulse <**Tab**> hasta situar el cursor en el campo Ciudad; el dato aparecerá resaltado.
4. Escriba Toledo y pulse <**Intro**>.
   El registro mostrará el indicador, lo que significa que se han realizado modificaciones y todavía no se han grabado.

> ***Información:*** *Si desea grabar los datos del registro activo sin necesidad de activar otro, seleccione* Registros / Guardar registro.

5. Pulse <**Flecha abajo**> para así activar el siguiente registro, y que de esta manera el programa grabe la modificación que ha sido realizada anteriormente.

En algunas ocasiones, la modificación que necesita realizar en un dato solamente afecta a una parte del mismo. Además, si el dato es extenso, parece lógico pensar en otra posibilidad para modificar ese dato que no sea la de tener que escribirlo entero de nuevo. Esto es posible gracias a que el programa permite editar el contenido de un campo, y modificar parte de él, mediante la tecla de edición <**F2**>. Una vez que está activado el *modo Edición*, puede utilizar las teclas que aparecen en la tabla 4.2.

Tabla 4.2

Combinación de teclas	*Acción*
<**Insert**>	Activa y desactiva el modo *Sobrescribir*, en el que los caracteres que se escriban sustituirán a los existentes en el dato.
<**Supr**>	Borra el carácter situado a la derecha del cursor.
<**Retroceso**>	Borra el carácter situado a la izquierda del cursor.
<**Flecha dcha.**>	Desplaza el cursor un carácter a la derecha.
<**Flecha izda.**>	Desplaza el cursor un carácter a la izquierda.
<**Control-Flecha dcha.**>	Desplaza el cursor una palabra a la derecha.
<**Control-Flecha izda.**>	Desplaza el cursor una palabra a la izquierda.
<**Inicio**>	Sitúa el cursor al comienzo de una línea de texto.
<**Fin**>	Sitúa el cursor al final de una línea de texto.
<**AvPág**>	Desplaza, hacia arriba, una ventana entera.
<**RePág**>	Desplaza, hacia abajo, una ventana entera.

A continuación va a editar el dato correspondiente a la dirección C/ Monfragüe, 15 para cambiar el número de la calle, 15, por 19.

6. Utilice las teclas de desplazamiento para activar el campo Dirección del registro 7 (correspondiente a esa dirección); su dato quedará resaltado.
7. Pulse <**F2**> para activar el modo Edición. El cursor aparecerá al final del dato, en la propia celda.
8. Pulse <**Flecha izda.**> hasta situar el cursor delante del número 15, pulse <**Supr**> para borrarlo y escriba 19. Pulse <**Intro**> para aceptar el nuevo dato en el campo.

9. Seleccione Registros / Guardar registro para almacenar los nuevos datos del registro. Access eliminará el indicador "modificado y no grabado" del registro.
10. Cierre la tabla Clientes.

Nota: Hay otro método más rápido para editar el dato de un campo visible; hacer clic sobre él. En este caso, el cursor se situará justo en el punto del dato en que se haya hecho clic.

4.9. Completar los datos de la tabla Marcas

Si recuerda, la tabla Marcas contiene el nombre de algunas marcas automovilísticas, pero falta introducir los datos del campo Web oficial. Los datos de este campo son del tipo Hipervínculo, ya que serán las direcciones URL de los servidores de Internet correspondientes a cada marca.

1. Con la ficha Tablas activa en la ventana de la base de datos, haga doble clic sobre la tabla Marcas; aparecerá su ventana Hoja de datos, con los registros ordenados alfabéticamente por la marca del coche.
2. Sitúe el cursor en el campo Web oficial del primer campo, escriba la dirección www.audi.de/ y pulse <**Flecha abajo**>. El cursor quedará situado en el campo Web oficial del segundo registro.
3. Introduzca el resto de direcciones URL que muestra la figura 4.10, en la que se ha aumentado el ancho de las columnas para visualizar sus datos completos. En el próximo capítulo se explica cómo hacerlo.
4. Seleccione Archivo / Cerrar. Si ha modificado algún aspecto del formato de la tabla, el programa le preguntará si desea guardarlo; en ese caso, haga clic en el botón Sí.

4.10. Introducir los datos de la tabla Automóviles

A continuación va a introducir información de los coches de alquiler en la tabla Automóviles. Puesto que la tabla no contiene datos, cuando la abra estará lista para la introducción de registros.

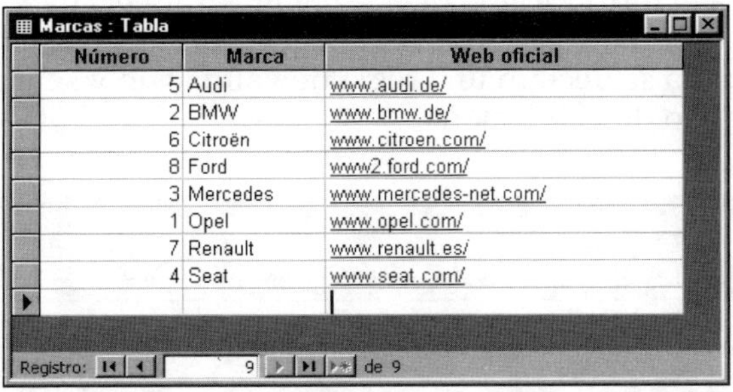

Marcas : Tabla

Número	Marca	Web oficial
5	Audi	www.audi.de/
2	BMW	www.bmw.de/
6	Citroën	www.citroen.com/
8	Ford	www2.ford.com/
3	Mercedes	www.mercedes-net.com/
1	Opel	www.opel.com/
7	Renault	www.renault.es/
4	Seat	www.seat.com/

Registro: 9 de 9

Figura 4.10

1. Abra la tabla Automóviles, haciendo doble clic sobre su nombre en la ficha Tablas de la base de datos.
2. Haga clic sobre el botón Maximizar de la ventana de la tabla. Compruebe que el cursor está situado en el campo Matrícula.

Este campo tiene asignada una máscara de entrada (L?\-0000\-L?), por lo que únicamente debe escribir las letras y los números de la matrícula, sin preocuparse de los guiones separadores. Lo que sí debe tener en cuenta, es que si la matrícula comienza con una sola letra, por ejemplo M, debe pulsar <**Barra espaciadora**> para dejar la segunda letra en blanco y poder escribir los números; lo mismo ocurrirá con las dos últimas letras de la matrícula.

3. Escriba M 5573UV, y pulse <**Intro**>. El programa mostrará la matrícula como M -5573-UV, y situará el cursor en el campo Marca.

Recuerde que el campo Marca tiene asignadas las marcas de los coches introducidas en la tabla Marcas, por lo que no tendrá que escribir los datos de este campo, sino únicamente seleccionar el que necesite de la lista que se despliega al hacer clic sobre el botón ▾.

4. Despliegue la lista de marcas, seleccione Seat y pulse <**Intro**>. El cursor quedará situado en el campo Modelo.
5. Escriba Arosa y pulse <**Intro**>; el cursor quedará situado en el campo Color.

6. Escriba Azul y pulse <**Intro**>. El cursor se situará en el campo Precio.
7. Escriba -6500 y pulse <**Intro**>. El programa no permitirá la introducción del dato y mostrará el cuadro informativo de la figura 4.11, ya que durante el diseño de la tabla se declaró una regla de validación y se indicó un texto de validación.

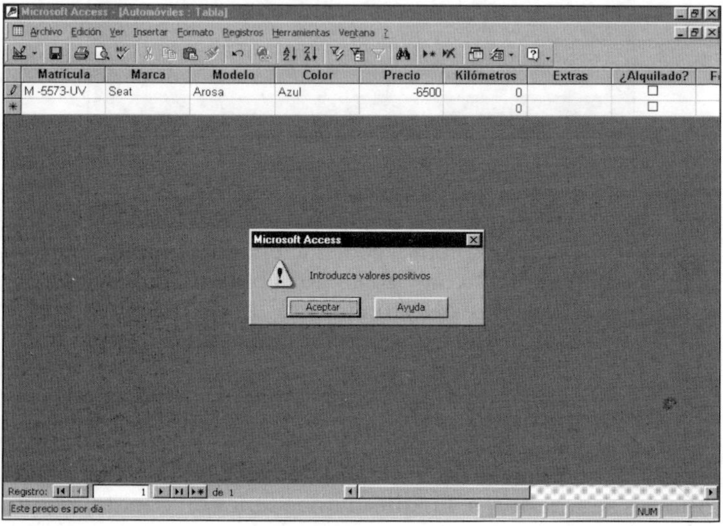

Figura 4.11

8. Haga clic sobre el botón Cerrar del cuadro de diálogo correspondiente al texto de validación
9. Borre el signo (**-**) del precio y pulse <**Intro**>; el programa aceptará el dato, y puesto que los datos de este campo estaban declarados de tipo Moneda, lo mostrará con la abreviatura monetaria.
10. Escriba, como dato del campo Kilómetros, el valor 28500 y pulse <**Intro**>; el cursor quedará situado en el campo Extras.

En el campo Extras se deben escribir las siglas de los extras del coche: **AA** (aire acondicionado), **EE** (elevalunas eléctrico), **CC** (cierre centralizado), **RC** (radio-casete), **CD** (cargador de discos compactos musicales) y **ABS** (sistema de seguridad antibloqueo en la frenada).

11. Escriba, AA, EE, CC, RD y luego pulse <**Intro**>; el cursor quedará situado en el penúltimo campo de la tabla, ¿Alquilado?

El campo ¿Alquilado?, como cualquier otro campo de tipo Sí / No, presenta una casilla de verificación. Si la casilla está desmarcada, opción por defecto, el contenido del campo es **No**. Si desea que el contenido del campo sea **Sí**, debe activar dicha casilla haciendo clic sobre ella o pulsando <**Barra espaciadora**>.

12. Pulse <**Barra espaciadora**>, para activar la casilla, e <**Intro**> para aceptar el valor **Sí**.

El cursor habrá quedado situado en el campo Fotografía, en el que hay que introducir el archivo, con su ruta de acceso, en el que está guardada la imagen del coche. Estas imágenes se pueden obtener del sitio Web al que se accede mediante la dirección URL de cada marca automovilística, que está almacenada en el campo Web oficial de la tabla Marcas. Recuerde que también puede obtener las imágenes del servidor de Anaya Multimedia en la sección "Complementos a nuestros libros", cuya dirección URL es http://www.anayamultimedia.es/atencion/comple.htm.

13. Con el cursor en el campo Fotografía, seleccione Insertar / Objeto; se activará el cuadro de diálogo Insertar objeto, en el que deberá activar la opción Crear desde archivo e indicar la ruta de acceso a la imagen.
14. Indique el nombre del archivo y su ruta de acceso, de forma análoga a la que muestra la figura 4.12, y haga clic sobre el botón Aceptar. Observe que, en nuestro caso, los archivos de las imágenes de coches están almacenados en la carpeta Coches situada en Mis documentos.

Los campos de tipo Objeto OLE no muestran su contenido en la tabla de datos, sólo indican el programa al que está asociado el tipo de objeto insertado. El contenido de estos campos sí se podrá ver en los *formularios* e *informes*, como comprobará en los capítulos correspondientes. De cualquier forma, si desea ver la imagen desde la tabla, puede hacer doble clic sobre el dato del campo Fotografía; se ejecutará la aplicación a la que está asociado y aparecerá la imagen.

Información: *Al situar el cursor en un campo, el programa muestra, en la línea de estado de la ventana de Access, la* *descripción que haya introducido para ese campo. En el caso del campo* Fotografía *el programa muestra la información* Imagen del coche.

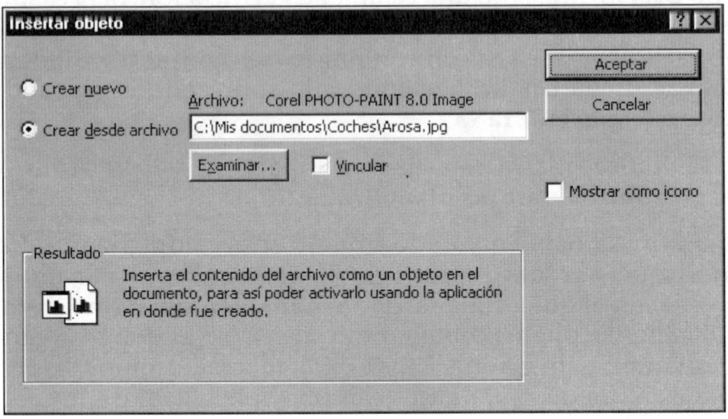

Figura 4.12

15. Pulse <**Intro**>, para aceptar el dato del campo Fotografía y situar el cursor en una fila vacía, en la que va in-troducir un nuevo registro.
16. Introduzca los datos que muestra la figura 4.13.

Información: *El símbolo (+) que aparece a la izquierda de cada registro, indica que esta tabla está relacionada con otra. En el apartado 5.13 del capítulo 5, hay una explicación más detallada de esta característica nueva en Access.*

17. Una vez introducidos todos los datos, cierre la ventana de la tabla Automóviles.

4.11. Introducir los datos de la tabla Contratos

Ahora debe introducir la información de la tabla Contratos, en la que estarán los datos necesarios para gestionar el alquiler de los automóviles.

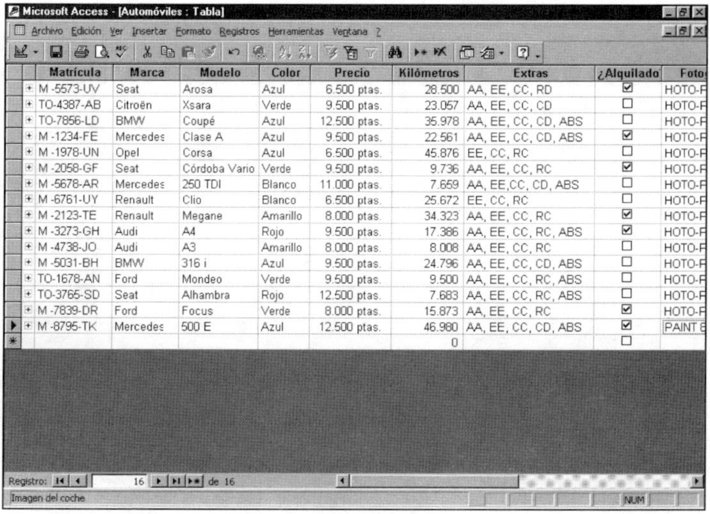

Matrícula	Marca	Modelo	Color	Precio	Kilómetros	Extras	¿Alquilado	Foto
M -5573-UV	Seat	Arosa	Azul	6.500 ptas.	28.500	AA, EE, CC, RD	☑	HOTO-F
TO-4387-AB	Citroën	Xsara	Verde	9.500 ptas.	23.057	AA, EE, CC, CD	☐	HOTO-F
TO-7856-LD	BMW	Coupé	Azul	12.500 ptas.	35.978	AA, EE, CC, CD, ABS	☐	HOTO-F
M -1234-FE	Mercedes	Clase A	Azul	9.500 ptas.	22.561	AA, EE, CC, CD, ABS	☑	HOTO-F
M -1978-UN	Opel	Corsa	Azul	6.500 ptas.	45.876	EE, CC, RC	☐	HOTO-F
M -2058-GF	Seat	Córdoba Vario	Verde	9.500 ptas.	9.736	AA, EE, CC, RC	☑	HOTO-F
M -5678-AR	Mercedes	250 TDI	Blanco	11.000 ptas.	7.659	AA, EE,CC, CD, ABS	☐	HOTO-F
M -6761-UY	Renault	Clio	Blanco	6.500 ptas.	25.672	EE, CC, RC	☐	HOTO-F
M -2123-TE	Renault	Megane	Amarillo	8.000 ptas.	34.323	AA, EE, CC, RC	☑	HOTO-F
M -3273-GH	Audi	A4	Rojo	9.500 ptas.	17.386	AA, EE, CC, RC, ABS	☑	HOTO-F
M -4738-JO	Audi	A3	Amarillo	8.000 ptas.	8.008	AA, EE, CC, RC	☐	HOTO-F
M -5031-BH	BMW	316 i	Azul	9.500 ptas.	24.796	AA, EE, CC, CD, ABS	☐	HOTO-F
TO-1678-AN	Ford	Mondeo	Verde	9.500 ptas.	9.500	AA, EE, CC, RC, ABS	☐	HOTO-F
TO-3765-SD	Seat	Alhambra	Rojo	12.500 ptas.	7.683	AA, EE, CC, RC, ABS	☐	HOTO-F
M -7839-DR	Ford	Focus	Verde	8.000 ptas.	15.873	AA, EE, CC, RC	☑	HOTO-F
M -8795-TK	Mercedes	500 E	Azul	12.500 ptas.	46.980	AA, EE, CC, CD, ABS	☑	PAINT
					0		☐	

Figura 4.13

1. Abra la tabla Contratos y luego haga clic sobre el botón Maximizar de su ventana.
2. Compruebe que el cursor está situado en el campo Contrato, cuyos datos se declararon de tipo Autonumérico, por lo que será el programa el que los introduzca.
3. Pulse después <**Intro**>, para situar el cursor en el campo Matrícula.

Los datos del campo Matrícula se pueden introducir seleccionándolos de su lista; recuerde que este campo se declaró de tipo Asistente para búsquedas para que ofreciera la posibilidad de introducir las matrículas existentes en la tabla Automóviles.

4. Despliegue la lista de matrículas, seleccione a continuación M –1234-FE y pulse <**Intro**>.
5. Escriba el DNI 08785691 y pulse <**Intro**>.
6. Siga introduciendo los datos que muestra la figura 4.14. Para ello, debe tener en cuenta que las fechas puede escribirlas en cualquiera de los formatos reconocidos por Access (16 Feb 97; 16/02/97; 16-02-97 o Feb 16 97), y éste las mostrará con el formato elegido: fecha mediana; también debe recordar que en los campos K-inicial y K-final no debe escribir los separadores de miles, ya que el programa los escribirá automáticamente.

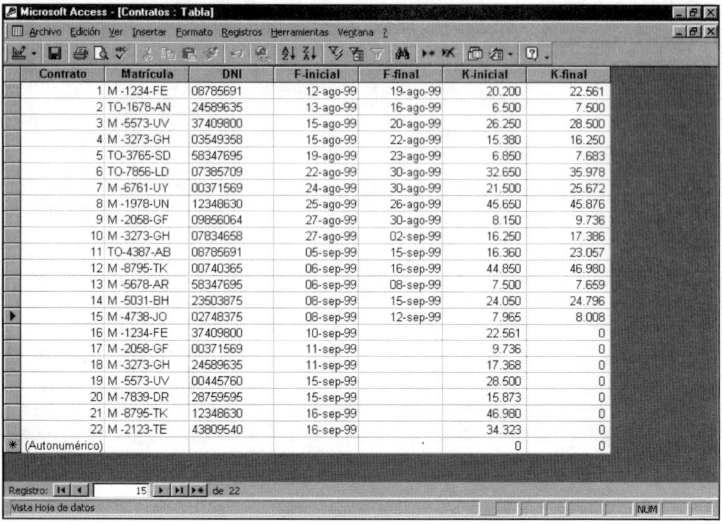

Contrato	Matrícula	DNI	F-inicial	F-final	K-inicial	K-final
1	M -1234-FE	08785691	12-ago-99	19-ago-99	20.200	22.561
2	TO-1678-AN	24589635	13-ago-99	16-ago-99	6.500	7.500
3	M -5573-UV	37409800	15-ago-99	20-ago-99	26.250	28.500
4	M -3273-GH	03549358	15-ago-99	22-ago-99	15.380	16.250
5	TO-3765-SD	58347695	19-ago-99	23-ago-99	6.850	7.683
6	TO-7856-LD	07385709	22-ago-99	30-ago-99	32.650	35.978
7	M -6761-UY	00371569	24-ago-99	30-ago-99	21.500	25.672
8	M -1978-UN	12348630	25-ago-99	26-ago-99	45.650	45.876
9	M -2058-GF	09856064	27-ago-99	30-ago-99	8.150	9.736
10	M -3273-GH	07834658	27-ago-99	02-sep-99	16.250	17.386
11	TO-4387-AB	08785691	05-sep-99	15-sep-99	16.360	23.057
12	M -8795-TK	00740365	06-sep-99	16-sep-99	44.850	46.980
13	M -5678-AR	58347695	06-sep-99	08-sep-99	7.500	7.659
14	M -5031-BH	23503875	08-sep-99	15-sep-99	24.050	24.796
15	M -4738-JO	02748375	08-sep-99	12-sep-99	7.965	8.008
16	M -1234-FE	37409800	10-sep-99		22.561	0
17	M -2058-GF	00371569	11-sep-99		9.736	0
18	M -3273-GH	24589635	11-sep-99		17.368	0
19	M -5573-UV	00445760	15-sep-99		28.500	0
20	M -7839-DR	28759595	15-sep-99		15.873	0
21	M -8795-TK	12348630	16-sep-99		46.980	0
22	M -2123-TE	43809540	16-sep-99		34.323	0
(Autonumérico)					0	0

Figura 4.14

Los registros sin datos en los campos F-final y K-final, corresponden a contratos que aún no han finalizado, es decir, que no han entregado el coche todavía.

7. Cierre la base de datos Contratos.

4.12. Ortografía

Access incorpora, además de las opciones de *Autocorrección* que reparan errores tipográficos automáticamente, un corrector ortográfico que permite corregir el contenido de los campos cuyos datos estén constituidos por texto, es decir, aquéllos declarados de tipo Texto o Memo.

1. Abra la tabla Clientes.
2. Active el primer campo del primer registro. Es conveniente situar el cursor en el primer registro, ya que el programa comienza la corrección ortográfica desde el registro activo.
3. Seleccione Herramientas / Ortografía o haga clic sobre el botón de la barra de herramientas. Aparecerá el cuadro de diálogo de la figura 4.15.

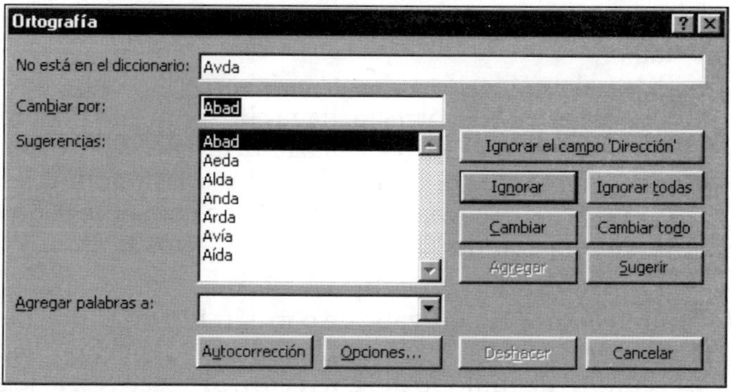

Figura 4.15

4. Termine la corrección ortográfica de los datos de la tabla, teniendo en cuenta las consideraciones que se detallan a continuación; no olvide cerrar la tabla al final del proceso.

Este corrector funciona comparando cada una de las palabras escritas en los datos del campo con las existentes en un diccionario propio; cuando no encuentra en dicho diccionario una palabra, el programa la considera errónea y la resalta. Sin embargo, este procedimiento tiene sus pequeños inconvenientes: puede considerar palabras correctas como erróneas por el hecho de no disponer de ellas en su diccionario; puede no detectar los errores de aquellas palabras que se escriben de distinta forma dependiendo de su significado ("tubo" y "tuvo"; "orca" y "horca"...), etc.

Cuando Access considera una palabra errónea, la muestra en el recuadro No está en el diccionario del cuadro de diálogo. En esta situación, debe operar de alguna de las siguientes formas:

- Si la palabra resaltada está escrita correctamente, conviene hacer clic sobre el botón Agregar para incorporarla al diccionario; de este modo, el programa la considerará, a partir de ese momento, como una palabra correcta. Tenga cuidado de no añadir palabras incorrectas al diccionario.
- Si la palabra es correcta pero no desea añadirla al diccionario, haga clic sobre el botón Ignorar todas, para que

el programa la ignore cuando vuelva a aparecer en la tabla.

- Si la palabra del documento es incorrecta y entre las sugerencias está la correcta, haga clic sobre ella y sobre el botón Cambiar. Ésta reemplazará a la palabra incorrecta.
- Si no desea que el corrector revise la ortografía de alguno de los campos de la tabla, haga clic sobre el botón Ignorar el campo 'Campo'.

Cuando el programa acabe de corregir la ortografía, mostrará un cuadro de diálogo informando de tal hecho y se cerrará el cuadro de diálogo del corrector. Si desea cerrarlo sin acabar la corrección, debe hacer clic sobre el botón Cancelar.

4.13. Operaciones con registros

Algunas operaciones que se hacen en las tablas pueden afectar a todos los datos de uno o de varios registros: copiar registros, mover un bloque de datos, eliminar registros, etc.

Si la operación que se va a realizar afecta a un solo registro, bastará con activarlo, situando el cursor en cualquiera de sus datos. Si por el contrario, la operación va a afectar a varios registros, éstos deben seleccionarse previamente.

4.13.1. Seleccionar datos, registros y campos

En una tabla no sólo es posible seleccionar registros, sino también datos, campos y registros.

Muchos de estos objetos pueden seleccionarse mediante las opciones del menú Edición, pero es muy frecuente utilizar otras técnicas, recogidas en la tabla 4.3.

Tabla 4.3

Objetos a seleccionar	*Método a emplear*
Un dato	Al desplazar el cursor a un campo, su dato queda seleccionado automáticamente; si esto no ocurriera, tendría activo el modo Edición, por lo que debería pulsar <**F2**> para desactivarlo.

Un registro	Hacer clic sobre su botón selector, situado a la izquierda de su fila.
Varios registros	Arrastrar el ratón sobre sus botones de selección. También puede hacer clic sobre el botón del primero y, manteniendo pulsada la tecla <**Mayús**>, sobre el del último.
Un campo	Hacer clic sobre su botón selector, situado en la cabecera de la columna.
Varios campos	Arrastrar el ratón sobre sus botones de selección, o hacer clic sobre el primero y el último, manteniendo pulsada la tecla <**Mayús**>.
Toda la tabla	Hacer clic sobre el botón *Selector de tabla*, situado en la esquina superior izquierda de la tabla.

4.13.2. Copiar y mover datos (registros)

Access permite usar las técnicas habituales de Windows para copiar o mover datos. Además, como se indicó en el capítulo 1, todas las aplicaciones Office 2000 incorporan un nuevo **Portapapeles** que permite disponer de hasta 12 elementos diferentes para pegar el que interese en cada momento.

Esta técnica se puede emplear para mover o copiar tanto datos individuales, como registros o campos completos. Para ello pueden utilizarse las opciones Cortar, Copiar y Pegar del menú Edición, o los correspondientes botones de la barra de herramientas.

Si está acostumbrado a copiar o mover información en un procesador de textos, se dará cuenta que Access presenta muchas más limitaciones a la hora de pegar la información del Portapapeles; algunas de éstas son:

- Dependiendo del número de datos copiados o cortados, y de dónde se quieran pegar, el programa podrá o no realizar la acción; por ejemplo, si copia un registro completo e intenta pegar los datos en un campo, Access no permitirá copiarlos.
- No se pueden duplicar registros de una tabla si existe algún campo que tenga la propiedad de índice Sí (Sin duplicados).

- No se pueden pegar datos en un campo si no son compatibles; por ejemplo, textos en un campo declarado numérico.
- Si el campo en el que se van a pegar los datos tiene declarada alguna regla de validación, no se pegarán aquellos que la incumplan.
- Si los datos pegados son más extensos que el tamaño del campo, éstos quedarán trucados.

1. Abra la tabla Marcas.
2. Haga clic sobre el botón selector del registro correspondiente a la marca BMW, para seleccionarlo.
3. Seleccione Edición / Copiar, o haga clic sobre el botón ; se enviará una copia de todos los datos del registro al Portapapeles.
4. Haga clic sobre el botón selector de la última fila vacía de la tabla.
5. Seleccione Edición / Pegar, o haga clic sobre el botón ; se pegarán los datos del registro anterior (véase la figura 4.16).

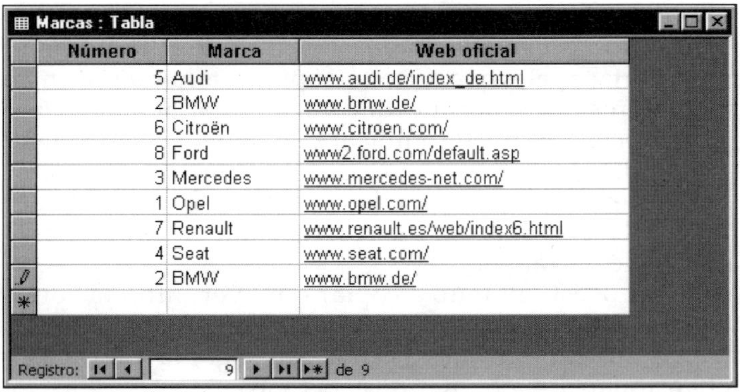
Marcas : Tabla

Número	Marca	Web oficial
5	Audi	www.audi.de/index_de.html
2	BMW	www.bmw.de/
6	Citroën	www.citroen.com/
8	Ford	www2.ford.com/default.asp
3	Mercedes	www.mercedes-net.com/
1	Opel	www.opel.com/
7	Renault	www.renault.es/web/index6.html
4	Seat	www.seat.com/
2	BMW	www.bmw.de/

Registro: 9 de 9

Figura 4.16

4.13.3. Eliminar un registro

El proceso que es necesario para borrar un registro de la tabla es muy sencillo: bastará simplemente con activar el registro que desee borrar y después seleccionar Edición / Eliminar registro.

A continuación va a eliminar el registro copiado en el apartado anterior:

1. Active el último registro de la tabla (registro copiado), por ejemplo haciendo clic sobre uno de sus datos.
2. Seleccione Edición / Eliminar registro o haga clic sobre el botón para eliminar el registro. Como la eliminación de registros es un proceso irreversible, Access muestra el cuadro de diálogo de la figura 4.17, pidiendo confirmación.

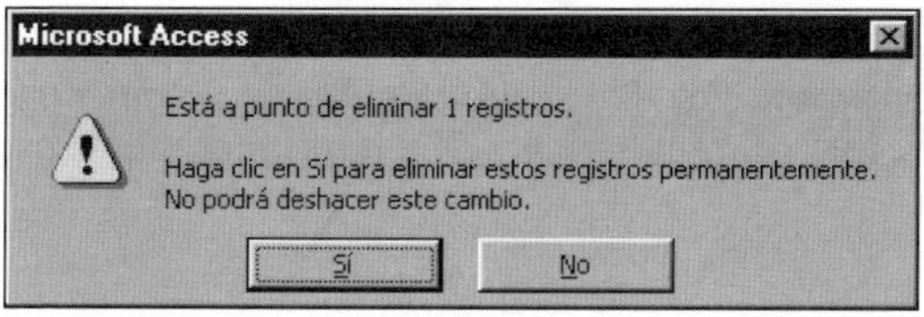

Figura 4.17

3. Haga clic sobre el botón **Sí**.
4. Cierre la tabla Marcas.

También es posible eliminar, en una misma operación, varios registros contiguos; bastará con seleccionarlos previamente.

> ***Truco****: Una vez seleccionadas las filas de los registros, pueden eliminarse rápidamente pulsando* ***<Supr>****. Si se quiere eliminar el registro activo, lo más rápido es pulsar* ***<Control- ->***

4.14. Deshacer un error

Existen ocasiones en las cuales el resultado de una operación no es el esperado; en esos casos, sería útil disponer de una herramienta que permitiera deshacer dicha operación. En la tabla 4.4 se indican algunas posibilidades para deshacer errores.

Tabla 4.4

Acción	*Permite...*
Pulsar <Esc>	Anular el último valor introducido en un campo o el dato que se está introduciendo en ese momento.
Hacer clic sobre el botón	Deshacer el último cambio en la tabla completa: ordenaciones, cambios de fuente, etc.
Seleccionar *Edición / Deshacer acción*	Deshacer la última operación realizada.

***Información**: Existen algunas operaciones que no pueden deshacerse, como por ejemplo la eliminación de registros.*

5

Mantenimiento de tablas. Relaciones

5.1. Introducción

En este capítulo aprenderá a realizar una serie de acciones encaminadas al mantenimiento de las tablas de una base de datos: cambiarlas de nombre, copiarlas, borrarlas, cambiar su aspecto...

También aprenderá a relacionar las tablas de una base de datos, de modo que se comporten todas ellas como una sola. Este hecho le dará la posibilidad de activar algunas de las características de integridad referencial ofrecidas por Access, con las que el programa se encargará, automáticamente, de controlar que el sistema de tablas interrelacionadas pueda funcionar correctamente.

5.2. Información de la base de datos

Existe, en el menú Archivo, una opción de menú que le muestra las propiedades generales de la base de datos activa, y le informa de los objetos que tiene creados en ella: tablas, consultas, informes... Para acceder a esa información debe realizar los siguientes pasos:

1. Abra, si no lo estuviera ya, la base de datos Alquiler de automóviles.
2. Seleccione Archivo / Propiedades de la base de datos. Se activará el cuadro de diálogo Propiedades de Alquiler de automóviles, que mostrará una de sus fichas abierta.

3. Haga clic sobre la solapa de la ficha Contenido, el cuadro tendrá el aspecto que muestra la figura 5.1

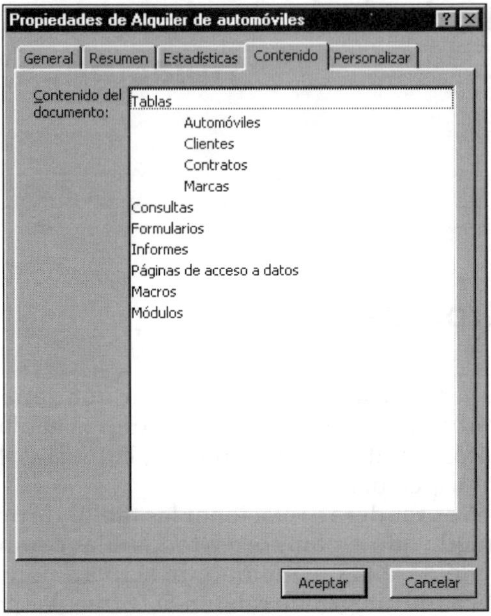

Figura 5.1

Como puede comprobar en la figura, una de las posibilidades que ofrece este cuadro de diálogo es obtener información de los objetos existentes en la base de datos; en nuestro caso sólo tenemos tablas, pero si vuelve a activarlo al final del libro, comprobará la multitud de objetos de la base de datos que se van a crear.

4. Haga clic sobre la solapa de la ficha Resumen; en ella encontrará información variada: autor, administrador, gestor... de la base de datos.
5. Una vez comprobados los datos, y modificados aquéllos que le interesen, haga clic sobre el botón Aceptar para cerrar el cuadro de diálogo.

Nota: *Otro modo rápido con el que se puede obtener el cuadro de diálogo* Propiedades de... *consiste en seleccionar* *la opción* Propiedades de la base de datos *del menú contextual de la barra de título de la ventana de la base de datos.*

También puede resultar muy interesante tener impresa información de la base de datos, sobre todo aquélla que se refiere a la estructura de sus distintos objetos, principalmente la de las tablas; de este modo podrá consultarla, en cualquier momento, sin tener que abrir la base de datos.

6. Seleccione Herramientas / Analizar / Documentador. Se ejecutará el Asistente que, tras examinar la base de datos, mostrará el cuadro de diálogo de la figura 5.2. Este Asistente no se instala por defecto, por lo que es posible que el programa le pregunte si desea instalarlo, en cuyo caso tendrá que indicar que sí.

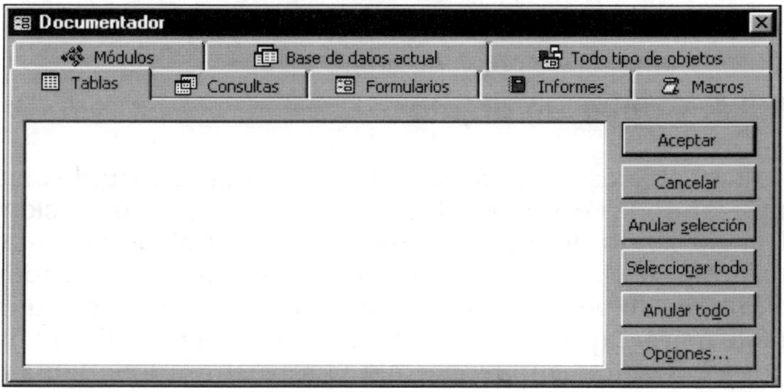

Figura 5.2

Las fichas de este cuadro de diálogo permiten seleccionar los distintos objetos de la base de datos. Una vez que han sido elegidos los objetos, deberá hacer clic sobre el botón Aceptar para que el programa genere las múltiples páginas del informe y active su presentación preliminar. Si lo hiciera, podría imprimirlo y, posteriormente, cerrar su ventana haciendo clic sobre el botón ☒.

7. Haga finalmente clic sobre el botón Cancelar, para cerrar el cuadro de diálogo sin generar el informe.

5.3. Mantenimiento de la base de datos

Uno de los aspectos relacionados con el mantenimiento de una base de datos es el que afecta a sus objetos (tablas, consultas...); en algunas ocasiones necesitará eliminar algún informe que no vaya a utilizar más, otras veces tendrá que modificar el nombre de alguna tabla, otras le interesará copiar una consulta, etc.

Todas estas operaciones se pueden realizar mediante las opciones correspondientes de los menús Archivo y Edición, pero resulta más sencillo y rápido utilizar el menú contextual asociado a cada objeto.

> ***Información:*** *Todas las operaciones que va a realizar en los siguientes subapartados se pueden aplicar sobre cualquier objeto de la base de datos; el motivo de hacer los ejercicios con tablas es que, por ahora, no existen otros objetos en esta base de datos.*

5.3.1. Copiar un objeto

Los objetos de una base de datos pueden duplicarse utilizando las opciones Copiar y Pegar del menú Edición. Dependiendo del tipo de objeto que sea (tabla, consulta, formulario...), el programa ofrecerá distintas posibilidades a la hora de pegarlo; por ejemplo, a la hora de pegar una tabla, para duplicarla, el programa ofrece la posibilidad de que el nuevo objeto tenga sólo la estructura de la tabla o también los datos.

Esta posibilidad se utiliza, con cierta frecuencia, para duplicar consultas; posteriormente se modifica su diseño y se crean otras nuevas.

A continuación va a copiar la tabla Contratos, para poder disponer de dos tablas, y así simularemos el hecho de que la empresa tenga varias sucursales de alquiler y necesite mandar los datos a una Central.

1. Active la ficha Tablas.
2. Pulse el botón derecho del ratón sobre la tabla Contratos. Obtendrá su menú contextual, que será análogo al de la figura 5.3.

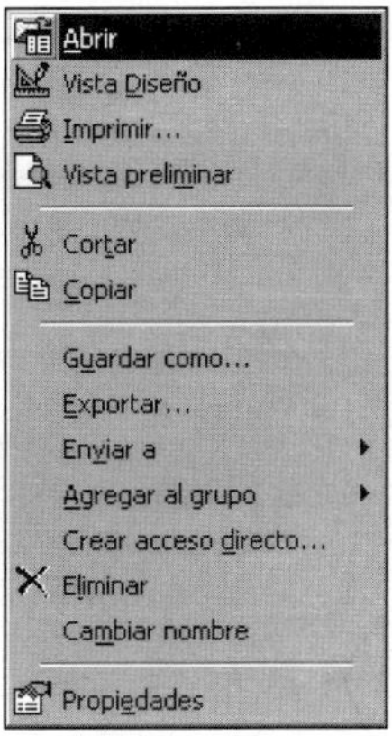

Figura 5.3

3. Seleccione la opción Copiar, o haga clic sobre el botón ; aunque aparentemente no ocurra nada, el programa enviará una copia de la tabla al Portapapeles.
4. Haga clic sobre el botón o seleccione la opción Pegar del menú contextual de la ventana de la base de datos; el programa mostrará el cuadro de diálogo que aparece en la figura 5.4.

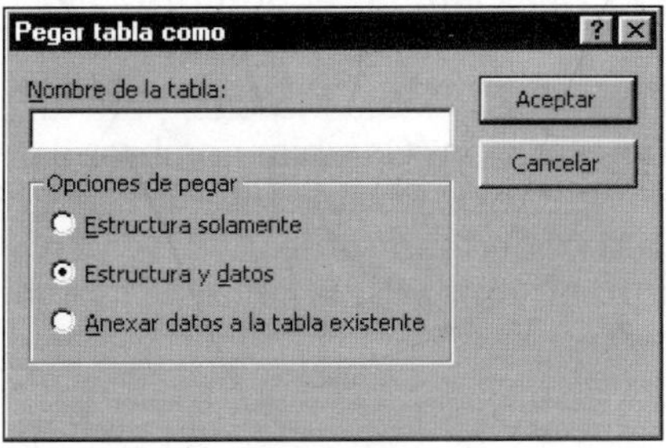

Figura 5.4

5. Escriba el nombre de la nueva tabla, Contratos de la sucursal 2, active la opción Estructura solamente y haga clic sobre el botón Aceptar.
6. Abra la nueva tabla, haciendo doble clic sobre ella, y compruebe que tiene los mismos campos que la tabla Contratos.

7. Introduzca los datos que muestra la figura 5.5.

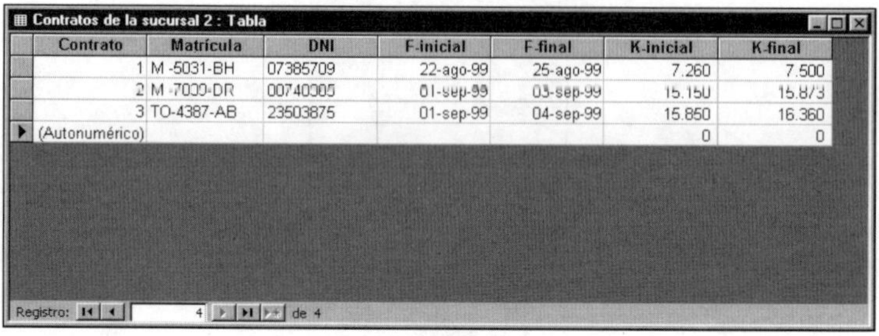

Contrato	Matrícula	DNI	F-inicial	F-final	K-inicial	K-final
1	M -5031-BH	07385709	22-ago-99	25-ago-99	7.260	7.500
2	M -7000-DR	00740005	01-sep-99	03-sep-99	15.150	15.873
3	TO-4387-AB	23503875	01-sep-99	04-sep-99	15.850	16.360
(Autonumérico)					0	0

Figura 5.5

8. Cierre la ventana de la tabla, aceptando los posibles cambios realizados en su formato.

5.3.2. Cambiar el nombre de un objeto

Otra operación que se suele realizar con los objetos de una base de datos es renombrarlos; de este modo puede, en cualquier momento, cambiar el nombre de cualquiera de ellos para que exprese mejor cuál es su misión.

En este caso va a cambiar el nombre de la tabla Marcas.

1. Haga clic sobre la tabla Marcas, para activarla.
2. Seleccione Edición / Cambiar nombre; el programa mostrará el nombre de la tabla resaltado y situará el cursor en él para poderlo modificar.
3. Modifique el nombre de la tabla a Marcas de automóviles y pulse **<Intro>**.

> ***Nota:*** *Puede modificar el nombre del objeto que esté seleccionado, pulsando* ***<F2>***.

5.3.3. Borrar un objeto

Cuando necesite eliminar un objeto de la base de datos, actívelo haciendo clic sobre él, y opte por uno cualquiera de los siguientes métodos:

a) Seleccionar Edición / Eliminar.
b) Desplegar su menú contextual y a continuación seleccionar Eliminar.
c) Pulsar <**Supr**>.

5.4. Importar o vincular tablas

En múltiples ocasiones necesitará gestionar datos pertenecientes a otros programas con Microsoft Access. Para ello, el programa le ofrece dos opciones diferentes: *importar o vincular datos.*

En ambos casos, el programa incorporará la información a una base de datos, y podrá comenzar a gestionarlos; sin embargo, existen algunas diferencias muy importantes que se detallan en la tabla 5.1.

Tabla 5.1

Importar datos	*Vincular datos*
El programa creará una nueva tabla con una copia de los datos importados, que serán completamente independientes de los originales; de este modo, las modificaciones que se realicen en los datos importados no afectarán a los datos originales.	Cuando se vincula una tabla en Access, el programa no duplica la información original, sino que crea un vínculo con ella, de modo que la gestión se realiza en los datos originales. En este caso, las modificaciones que se realicen quedarán reflejadas en los datos originales.

5.4.1. Importar datos

Microsoft Access es capaz de reconocer, y convertir, multitud de formatos de datos de modo que pueda crear con ellos una nueva tabla en la base de datos. Los pasos que debe realizar para importar datos son:

1. Seleccione Archivo / Obtener datos externos / Importar; aparecerá el cuadro de diálogo de la figura 5.6, en el que debe indicar el archivo que contiene los datos que desea importar a la base de datos.

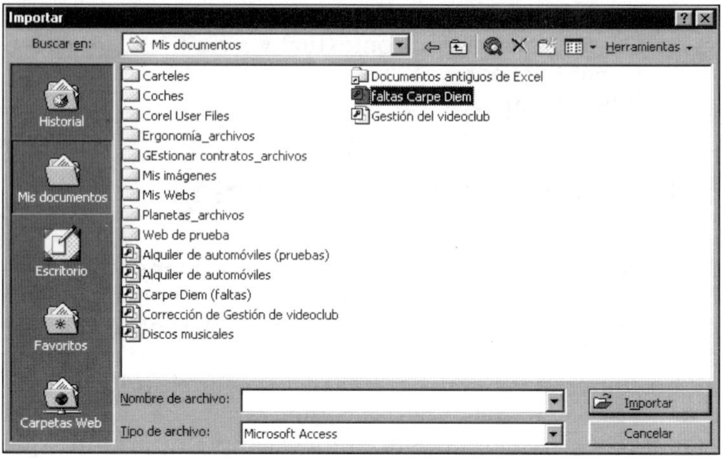

Figura 5.6

2. Por defecto, el programa sólo muestra las bases de datos de Access; para visualizar otro tipo de archivos, y así importar sus datos, deberá seleccionarlo de la lista Tipo de archivo.
3. Una vez seleccionado el archivo, bastará con hacer clic sobre el botón Importar. Se activará un Asistente que le guiará durante esta tarea, cuyo resultado final será la creación de una nueva tabla en la base de datos activa, con los datos importados.

Información: *La lista* Tipo de archivo *muestra los tipos de archivos que pueden importarse. Existe la posibilidad de instalar más filtros de conversión, de modo que el programa sea capaz de importar más tipos de archivos.*

5.4.2. Vincular datos

Al igual que para importar datos, Access reconoce y convierte multitud de formatos de datos, de modo que es capaz de gestionarlos desde una base de datos. Como se ha indicado en la tabla 5.1, los datos vinculados no existen como tales en la base de datos, sino que Access está usando datos externos.

Aunque la gestión de una tabla vinculada se realiza como si ésta fuera de la propia base de datos, su estructura no podrá ser modificada.

Los pasos que debe realizar para vincular datos en una tabla son muy similares a los de importar datos:

1. Seleccionar Archivo / Obtener datos externos / Vincular tablas; aparecerá un cuadro de diálogo similar al de la figura 5.6.
2. Seleccionar el tipo de archivo desde el que va a vincular los datos, de la lista Tipo de archivo.
3. Resaltar el archivo que contiene los datos, y hacer clic sobre el botón Vincular.
4. Seguir los pasos del Asistente, hasta completar el proceso, cuyo resultado será la creación de una nueva tabla.

> ***Información:*** *Las tablas vinculadas tienen un icono identificador que las diferencia de las tablas propias de la base de datos:*
>
> *Tabla de una base de datos* 
>
> *Tabla vinculada* 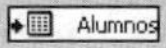
>

5.5. Exportar tablas

Cuando necesite manipular con otra aplicación los datos almacenados en una tabla, deberá exportarlos con el formato adecuado; si no lo hace, lo más probable es que la aplicación destino no pueda trabajar con ellos. Aunque ahora va a realizar un ejercicio en el que va a exportar los datos de la tabla Marcas de automóviles; no piense que sólo es posible exportar los datos de una tabla, en realidad se puede exportar cualquier objeto de la base de datos.

1. Haga clic sobre la tabla Marcas de automóviles, para seleccionarla.
2. Seleccione Archivo / Exportar; aparecerá un cuadro de diálogo análogo al de la figura 5.7.
3. Seleccione, de la lista desplegable Guardar como tipo, la opción Formato RTF. Este formato corresponde a un archivo de texto enriquecido, por lo que podrá manipularlo con un procesador de textos o con el accesorio WordPad incluido en Windows.

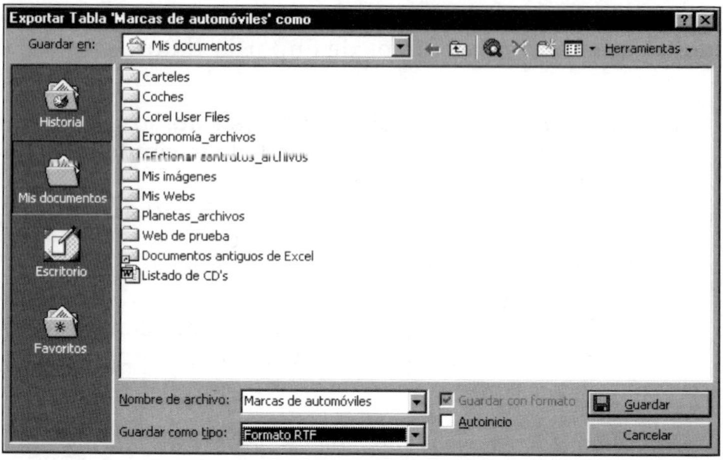

Figura 5.7

4. Compruebe que la carpeta activa es Mis documentos e introduzca, como nombre del archivo destino, Marcas de automóviles.
5. Haga clic sobre el botón Guardar. El programa habrá copiado todos los datos de la tabla en el archivo RTF correspondiente.
6. Si desea comprobar el aspecto del archivo creado, ejecute el accesorio WordPad y abra el documento Marcas de automóviles.rtf existente en la carpeta Mis documentos.

5.6. Relacionar tablas

Si recuerda, Microsoft Access se definía como un programa gestor de base de datos relacionales; es decir, puede establecer relaciones entre las distintas tablas de una base de datos, de modo que se comporten todas ellas como una sola.

Esta posibilidad de relacionar tablas presenta numerosas e importantes ventajas, entre las que destacan:

- En cada tabla se almacenan unos determinados datos, que no tienen por qué repetirse en las tablas, excepto los del campo común necesario para relacionarlas.

- Aumento de la velocidad de trabajo; al no tener datos repetidos en distintas tablas, el proceso de introducción resulta más rápido y menos aburrido.
- Ahorro de espacio en el disco en el que se guarde la base de datos, ya que no se almacenan datos repetidos.
- Facilidad para mantener los datos actualizados. Sólo tendrá que modificar el dato en una tabla.
- Posibilidad de activar opciones de integridad referencial. Éstas son, sin duda , las ventajas más importantes de la relación de tablas. Una vez activadas estas opciones, el programa se encargará de su buen funcionamiento impidiendo, por ejemplo, borrar un registro de una tabla que esté relacionado con registros de otra tabla.

Access permite definir tres tipos diferentes de relaciones entre tablas; cada una de ellas tiene unas características que condicionarán el comportamiento final de la base de datos. Por este motivo, es importante seleccionar correctamente el tipo de relación.

Los tipos de relación son:

- *Relación uno a uno.* Un único registro de la tabla principal se relaciona con uno solo de la tabla relacionada. Este tipo de relación se daría entre dos tablas que almacenaran datos complementarios de los clientes; un registro de la tabla principal sólo podría estar relacionado con otro registro de la tabla secundaria, el del mismo cliente.
- *Relación uno a varios.* Un único registro de la tabla principal se puede relacionar con varios de la tabla relacionada. Esta relación se dará entre las tablas Clientes y Contratos, ya que un mismo cliente (un registro de la tabla principal) podrá tener varios contratos de alquiler (varios registros de la tabla relacionada).
- *Relación varios a varios.* En este caso, un registro de la tabla principal se relaciona con muchos de la tabla relacionada y además, un registro de la tabla relacionada puede estar relacionado, a la vez, con muchos registros de la tabla principal. En realidad, esta relación no existe como tal, sino que surge como resultado de dos relaciones del tipo uno a varios, y sólo se puede dar si existe una tercera tabla que actúe de enlace entre las otras dos. Este es el caso de las tablas Clientes y Automóviles, y la tabla de enlace es Contratos.

La relación entre dos tablas es única y se establece a través de un campo común a ambas. Aunque no es necesario que el campo tenga el mismo nombre, sí es aconsejable, ya que es una manera de evitar posibles errores a la hora de crear las relaciones.

Cuando se establezca una relación entre tablas, una de ellas actuará como *tabla primaria*, y la otra como *tabla relacionada*. Es obligatorio que, en la tabla primaria, el campo común esté definido como clave principal.

Si se creara una relación entre dos tablas ya relacionadas, la nueva relación sustituiría a la anterior puesto que, como ya se ha indicado anteriormente, no puede existir más de una relación entre dos tablas. Lo que sí puede ocurrir es que una tabla esté relacionada con varias tablas distintas al mismo tiempo.

5.7. Integridad referencial

Cuando se han definido relaciones entre las tablas, es posible activar, de forma independiente para cada relación, una serie de opciones muy importantes, denominadas genéricamente *opciones de integridad referencial*, que se detallan a continuación.

- Exigir integridad referencial; si se activa esta opción, el programa impedirá introducir nuevos registros en la tabla relacionada, si su dato en el campo común no tiene correspondencia con otros registros de la tabla principal. Además, no permitirá borrar un registro de la tabla principal si tiene relación con algunos de la tabla relacionada.
- Actualizar en cascada los campos relacionados; esta opción permite que, al modificar un dato del campo clave primaria de la tabla principal, el programa actualice, en cascada, los datos del campo común en la tabla relacionada; de esta forma se mantendrá la relación de los registros.
- Eliminar en cascada con los campos relacionados; al ac-tivar esta opción se consigue que, al borrar un registro de la tabla primaria, el programa borre también en la tabla relacionada todos los registros que estén relacionados con él.

5.8. Ventana de Relaciones

Todas las operaciones dependientes de la relación de tablas (crear, modificar, eliminar...) se realizan en una ventana denominada Relaciones. A esta ventana se puede acceder de dos modos diferentes:

a) Seleccionando Herramientas / Relaciones.
b) Haciendo clic sobre el botón perteneciente a la barra de herramientas.

1. Abra la ventana Relaciones, empleando alguno de los métodos indicados anteriormente.
2. Haga clic sobre el botón, para que el programa muestre todas las relaciones existentes entre las tablas de la base de datos (véase la figura 5.8). Estas relaciones las creó el programa automáticamente al definir campos del tipo Asistente para búsquedas.

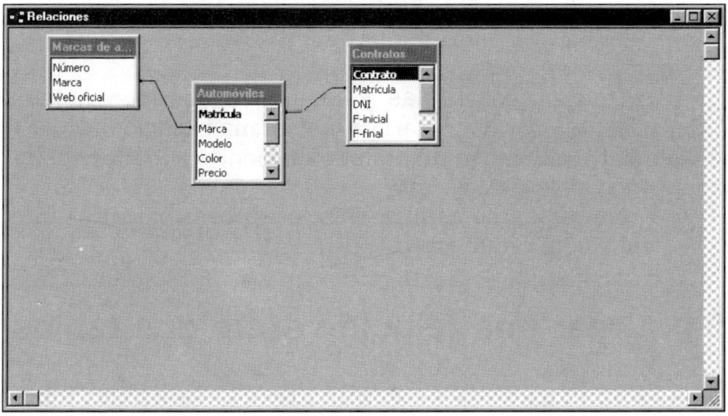

Figura 5.8

> ***Nota:*** *El botón muestra las relaciones directas de la tabla que está seleccionada. Para seleccionar una tabla bastará con hacer clic sobre su barra de título.*

Las líneas que unen las tablas Contratos y Automóviles y las tablas Automóviles y Marcas de automóviles representan las relaciones existentes entre ellas.

A continuación va a agregar el resto de las tablas a la ventana Relaciones, para poder crear posteriormente las relaciones restantes.

3. Haga clic sobre el botón [icono], para activar el cuadro de diálogo Mostrar tabla (véase la figura 5.9).

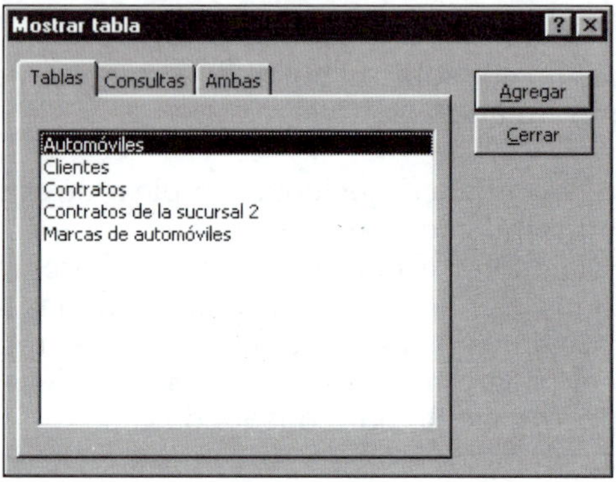

Figura 5.9

4. Active la ficha Tablas, y haga doble clic sobre la tabla Clientes para agregarla a la ventana Relaciones.
5. Cierre el cuadro de diálogo, haciendo clic sobre el botón Cerrar.
6. Coloque las tablas, arrastrándolas por su barra de título, tal y como muestra la figura 5.10.

5.9. Crear una relación entre dos tablas

A continuación va a crear una relación entre las tablas Contratos y Clientes, operación que debe realizar en la ventana Relaciones.

Para crear una relación entre dos tablas basta con arrastrar el campo común de la tabla principal al campo común de la tabla relacionada. Al hacerlo, el programa representará la relación mediante una línea que unirá los dos campos utilizados y mostrará las características de dicha relación en un cuadro de diálogo. Dependiendo de la definición de las tablas relacionadas, Access determinará el tipo de relación del siguiente modo:

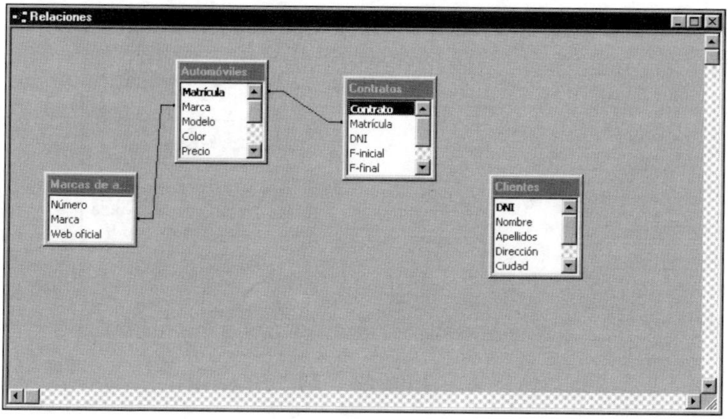

Figura 5.10

- Si el campo común en ambas tablas está definido como clave primaria, o tiene un índice único, Access creará una relación Uno a uno.
- Si el campo común sólo está definido como clave primaria, o tiene un índice único, en una de las tablas, Access creará una relación Uno a varios.
- Si el campo común no está definido como clave primaria, o no tiene un índice único en ninguna de las tablas, Access indicará que la relación es Indeterminada.

1. Active, si no lo estuviera ya, la ventana Relaciones y coloque las ventanas de los campos de las tablas en posiciones similares a las que muestra la figura 5.10, para visualizar mejor la relación que va a crear.
2. Haga clic sobre el campo DNI de la tabla Contratos, y arrástrelo hasta el campo DNI de la tabla Clientes. Aparece el cuadro de diálogo Modificar relaciones con las características de la relación que se va a crear (figura 5.11). Observe que la relación creada es del tipo uno a varios, ya que un registro de la tabla Clientes (tabla principal) estará relacionado con varios registros de la tabla Contratos (tabla relacionada).
3. Active todas las opciones, comenzando por Exigir integridad referencial para habilitar las otras dos.
4. Haga clic sobre el botón Crear. Se cerrará el cuadro de diálogo y el programa identificará la relación como Uno a varios.

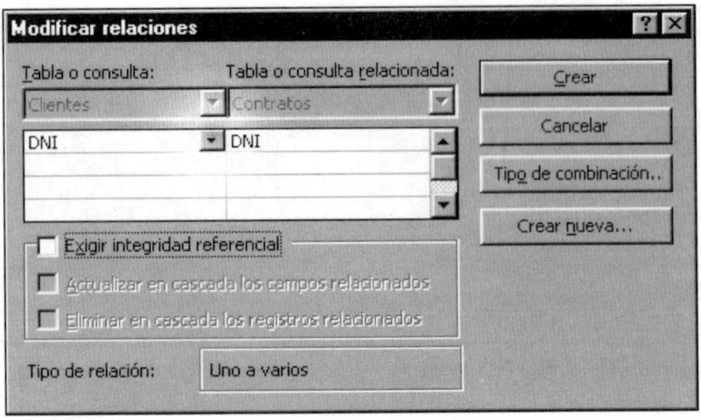

Figura 5.11

5.10. Modificar una relación

A continuación va a modificar las características de las relaciones que ha creado el programa automáticamente entre las tablas Contratos y Automóviles, y las tablas Automóviles y Marcas de automóviles, para activar las opciones de integridad referencial.

1. Active, si no lo estuviera, la ventana Relaciones.
2. Haga clic sobre la línea que representa la relación entre las tablas Contratos y Automóviles; ésta debe quedar resaltada.
3. Seleccione Relaciones / Modificar relación; aparecerá el cuadro de diálogo Modificar relaciones, en el que puede comprobar que esta relación también es del tipo Uno a varios.
4. Active las opciones Exigir integridad referencial, Actualizar en cascada los campos relacionados y Eliminar en cascada los campos relacionados.
5. Haga clic sobre el botón Aceptar. Se cerrará el cuadro de diálogo y, en la ventana Relaciones, podrá comprobar que ahora la línea que une ambas tablas sí indica que la relación es uno a varios.
6. Haga clic sobre la línea que representa la relación entre las tablas Automóviles y Marcas de automóviles, y seleccione Relaciones / Modificar relación. En este caso, ninguno de los campos relacionados está definido como clave principal, ni tienen índices únicos, por lo que la

relación entre ellos es indeterminada, y no se podrán activar las opciones de integridad referencial.

7. Haga clic sobre el botón Aceptar sin activar ninguna opción. Observe en la figura 5.12. las relaciones existentes entre las tablas.

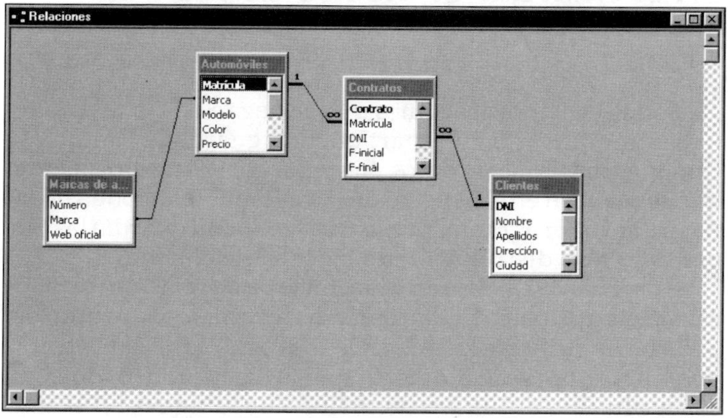

Figura 5.12

> ***Información:*** *Cuando dos tablas tienen una relación indeterminada, no se puede definir la integridad referencial, por lo que no existen garantías de que los registros sean únicos en ninguna de las tablas, ni se producirá la actualización y/o eliminación de los registros en cascada.*

5.11. Eliminar una relación

Si quisiera eliminar la relación entre dos tablas, debería:

a. Abrir la ventana Relaciones, por ejemplo haciendo clic sobre el botón ⊞.
b. Hacer clic sobre la línea que representa la relación, para resaltarla.
c. Seleccionar Edición / Eliminar, o pulsar <**Supr**>.
d. Confirmar la eliminación, haciendo clic sobre el botón Sí del cuadro de diálogo que el programa mostrará.

Nota: Si pulsa el botón derecho del ratón sobre la línea que identifica una relación, obtendrá su menú contextual con las opciones para poderla modificar o eliminar.

5.12. Guardar el diseño de las relaciones

Todas las modificaciones que se hagan en las relaciones (crear, modificar o eliminar) quedan guardadas automáticamente en la base de datos. Si embargo, las modificaciones que se realicen en el aspecto de la ventana Relaciones no las recordará el programa, por lo que conviene guardarlas (sobre todo si la distribución de las tablas es buena).

Para guardar el diseño de la ventana de relaciones puede seleccionar Archivo / Guardar, o hacer clic sobre el botón de la barra de herramientas. De todos modos, si al cerrar la ventana, el programa detecta que no se ha guardado el diseño, ofrecerá el cuadro de diálogo de la figura 5.13, en el que bastaría con hacer clic sobre el botón Sí para guardarlo.

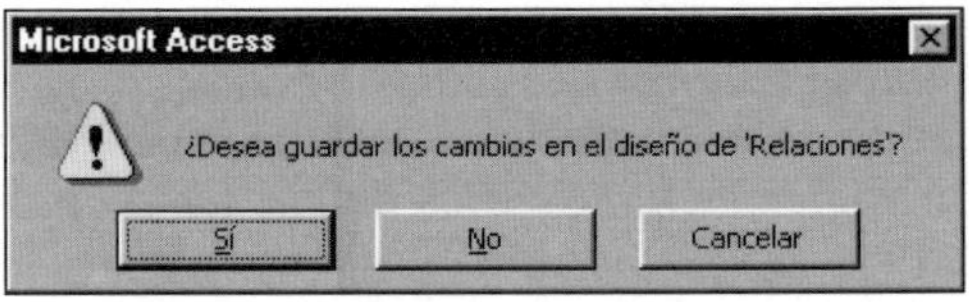

Figura 5.13

1. Cierre la ventana Relaciones, guardando su diseño.

Nota: *El botón borra el diseño de la ventana* Relaciones, *dejándola vacía. Sin embargo, no elimina las tablas de la base de datos ni las relaciones existentes entre ellas.*

5.13. Hojas de datos secundarias

La ventana Hoja de datos de las tablas que estén relacionadas, y que actúen como tabla principal, presenta una nueva característica, tal y como se indicó en el capítulo 4. Lo mejor para comprender esta propiedad es abrir alguna de las tablas de la base de datos que actúe como Principal, por ejemplo, la tabla Clientes.

1. Abra la ventana Hoja de datos de la tabla Clientes.

Si observa la figura 5.14, comprobará que cada uno de los registros de esta tabla presenta un botón a su izquierda; al hacer clic sobre uno de estos botones, aparecerán todos los registros de la tabla relacionada que estén ligados con el de la tabla principal. En la figura 5.14 se visualizan los registros de la tabla Contratos que están relacionados con los clientes Beatriz García Martín y Mariano Dorado Serrano.

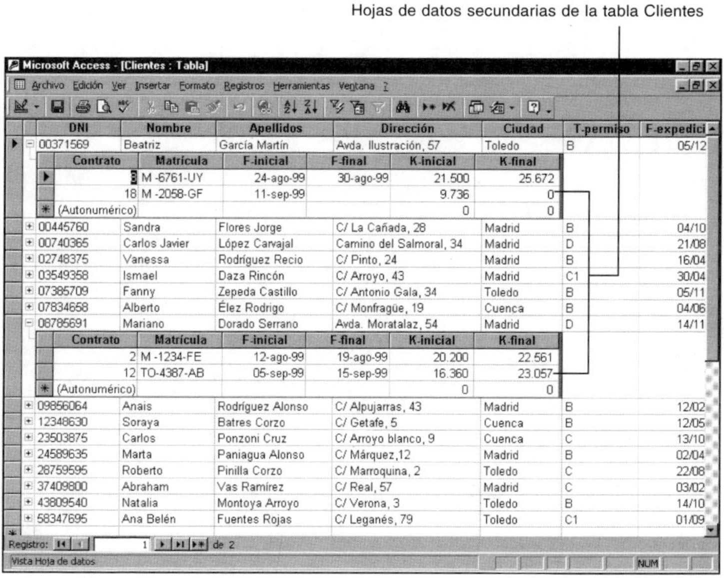

Figura 5.14

2. Cierre la tabla Clientes.
3. Cierre la ventana de la base de datos.

6 Ver, buscar, filtrar e imprimir datos

6.1. Introducción

En este capítulo aprenderá a modificar diferentes aspectos de la ventana Hoja de datos, de modo que mejore su visualización. Entre éstos destacan: modificar el tipo de letra de los datos, modificar el ancho de las columnas, cambiar la altura de las filas, ocultar columnas y ordenar los registros.

Además, estudiará otros aspectos relacionados con las tablas, como son la posibilidad de buscar datos dentro de ella y permitir la visualización de sólo algunos registros que tengan datos comunes.

Por último, estudiará cómo imprimir una parte o la totalidad de los datos contenidos en las tablas.

6.2. Modificar el formato de la tabla

Microsoft Access ofrece herramientas que permiten modificar el formato de una tabla, tanto de los datos como de las propias celdas de la tabla. De este modo, se puede mejorar su aspecto y aprovecharlo para obtener la impresión de la tabla con un diseño más agradable.

Si se tiene activa la ventana Hoja de datos de una tabla, Access muestra automáticamente la barra de herramientas Hoja de datos de la tabla, enla que ofrece las herramientas para gestionar la información. Pero ésta no es la única barra disponible; las otras barras de herramientas que pueden activarse para una tabla son Portapapeles, Web y Formato (Hoja de datos).

> ***Información:** Recuerde que puede activar cualquier barra simplemente seleccionándola de la lista de la opción* Barras de herramientas *del menú* Ver, *o del menú contextual de la barra visible.*

Observe a continuación, en la figura 6.1, el aspecto que presenta la barra de herramientas Formato (Hoja de datos), cuyos botones permiten modificar el formato correspondiente a la tabla.

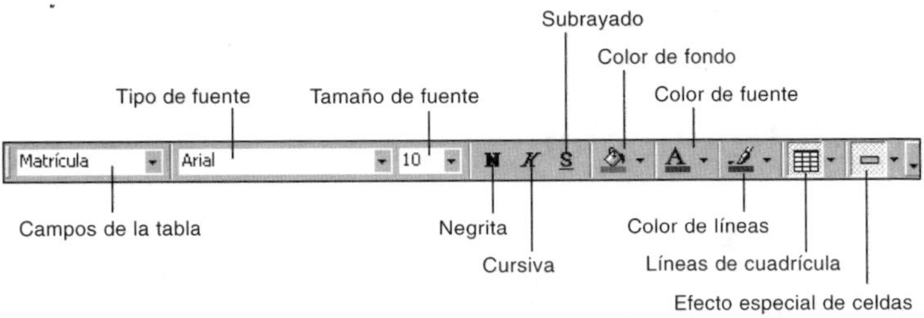

Figura 6.1

6.2.1 Modificar la fuente de los datos

Access incorpora una gran variedad de fuentes (tipos de letra) que nos permiten modificar el tipo de letra de los datos de una tabla.

1. Abra la tabla Clientes y maximice su ventana.
2. Seleccione Formato / Fuente.... Obtendrá el cuadro de diálogo de la figura 6.2.

Observe que, además de seleccionar un tipo de letra determinado (*Fuente*), es posible indicar un estilo, tamaño, color, e incluso puede activar el efecto subrayado. En el cuadro Ejemplo observará el aspecto de la fuente seleccionada.

3. Seleccione la fuente Book Antiqua, tamaño 11 y haga clic sobre el botón Aceptar. Si no dispusiera de dicha fuente, seleccione otra que sea de su agrado. Observe que el programa ha ajustado la altura de las filas automáticamente al tamaño de la fuente seleccionada.

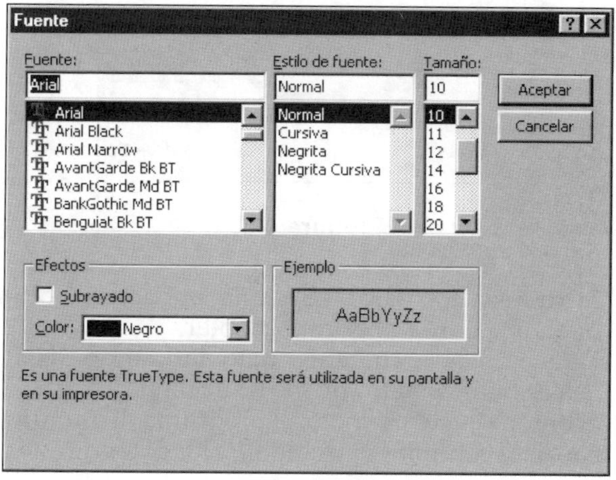

Figura 6.2

6.2.2. Modificar el ancho de las columnas

Es posible modificar el ancho de la columna correspondiente a un campo para visualizar mejor su contenido; también puede reducirse el de otras con el fin de visualizar más campos en la ventana.

Esta modificación del ancho de la columna del campo no debe confundirse con la modificación del tamaño del campo. El ancho de la columna no permitirá introducir datos más extensos en el campo (cosa que sí sucedería al aumentar el tamaño del campo), sino que sólo permitirá visualizar los datos ya introducidos.

A continuación va a modificar el ancho del campo Dirección, con el fin de visualizar completas las direcciones de los clientes.

1. Haga clic sobre cualquier dato del campo Dirección, para activar dicho campo.
2. Seleccione Formato / Ancho de columna. Aparecerá el cuadro de diálogo de la figura 6.3.

Además de poder asignar un valor para el ancho de la columna (recuadro Ancho de columna) o asignar el valor predeterminado por el programa (opción Ancho estándar), el programa puede calcular el ancho de la columna en función del contenido del campo.

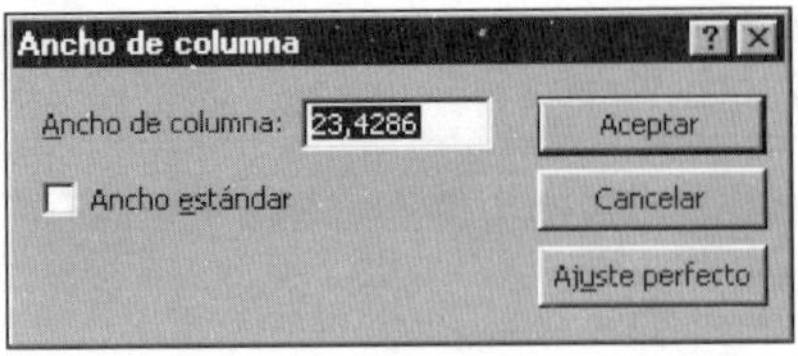

Figura 6.3

3. Introduzca el valor 25 como ancho de columna y haga clic sobre el botón Aceptar.
4. Haga clic sobre cualquier dato del campo DNI.
5. Seleccione Formato / Ancho de columna y haga clic sobre el botón Ajuste perfecto; el programa disminuirá el ancho de la columna, ajustándolo a los datos de este campo.

> *Nota: Puede modificar el ancho de una columna situando el puntero del ratón sobre el borde derecho de su botón de selección (éste adoptará la forma de una doble flecha horizontal) y arrastrándolo, hacia la derecha o la izquierda, hasta conseguir el tamaño deseado.*

6. Maximice la ventana y modifique el ancho del resto de las columnas, hasta que se visualicen tal y como muestra la figura 6.4.

6.2.3. Modificar la altura de las filas

Aunque el programa modifica la altura de las filas automáticamente dependiendo del tamaño y el tipo de fuente, puede que en algunas ocasiones le interese modificarla manualmente.

Para ello debería seleccionar Formato / Alto de fila, y obtener así un cuadro de diálogo análogo al de la figura 6.3, en el que podría indicar el valor deseado para la altura de las filas.

> *Nota: Puede modificar la altura de las filas situando el puntero del ratón sobre uno de los bordes del botón de selección de cualquier fila (éste adoptará la forma de una doble flecha vertical) y arrastrándolo hasta conseguir la altura deseada.*

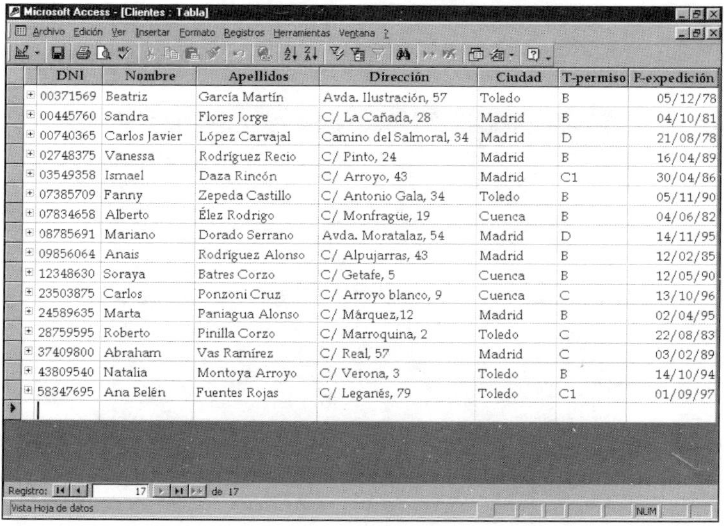

DNI	Nombre	Apellidos	Dirección	Ciudad	T-permiso	F-expedición
00371569	Beatriz	García Martín	Avda. Ilustración, 57	Toledo	B	05/12/78
00445760	Sandra	Flores Jorge	C/ La Cañada, 28	Madrid	B	04/10/81
00740365	Carlos Javier	López Carvajal	Camino del Salmoral, 34	Madrid	D	21/08/78
02748375	Vanessa	Rodríguez Recio	C/ Pinto, 24	Madrid	B	16/04/89
03549358	Ismael	Daza Rincón	C/ Arroyo, 43	Madrid	C1	30/04/86
07385709	Fanny	Zepeda Castillo	C/ Antonio Gala, 34	Toledo	B	05/11/90
07834658	Alberto	Élez Rodrigo	C/ Monfragüe, 19	Cuenca	B	04/06/82
08785691	Mariano	Dorado Serrano	Avda. Moratalaz, 54	Madrid	D	14/11/95
09856064	Anais	Rodríguez Alonso	C/ Alpujarras, 43	Madrid	B	12/02/85
12348630	Soraya	Batres Corzo	C/ Getafe, 5	Cuenca	B	12/05/90
23503875	Carlos	Ponzoni Cruz	C/ Arroyo blanco, 9	Cuenca	C	13/10/96
24589635	Marta	Paniagua Alonso	C/ Márquez,12	Madrid	B	02/04/95
28759595	Roberto	Pinilla Corzo	C/ Marroquina, 2	Toledo	C	22/08/83
37409800	Abraham	Vas Ramírez	C/ Real, 57	Madrid	C	03/02/89
43809540	Natalia	Montoya Arroyo	C/ Verona, 3	Toledo	B	14/10/94
58347695	Ana Belén	Fuentes Rojas	C/ Leganés, 79	Toledo	C1	01/09/97

Figura 6.4

6.2.4. Cambiar el aspecto de las celdas

Otras características que se pueden modificar para mejorar el aspecto global de la tabla son el efecto de las celdas, y el estilo de los bordes y las líneas de la cuadrícula. Para ello haga lo siguiente:

1. Seleccione Formato / Hoja de datos. Aparecerá el cuadro de diálogo Formato de hoja de datos.
2. Active el efecto de celda que muestra el cuadro de diálogo de la figura 6.5.
3. Haga clic sobre el botón Aceptar. Observe, en la figura 6.6, el aspecto de la tabla tras modificar el aspecto de las celdas y la fuente de los datos.

6.3. Guardar las modificaciones de formato

Los cambios realizados en los datos de una tabla se guardan automáticamente, tal y como se explicó en el capítulo 4, al activar otro registro o al cerrar la tabla. Esto no ocurre con las modificaciones que se realizan en el diseño de la tabla, por lo que deben guardarse.

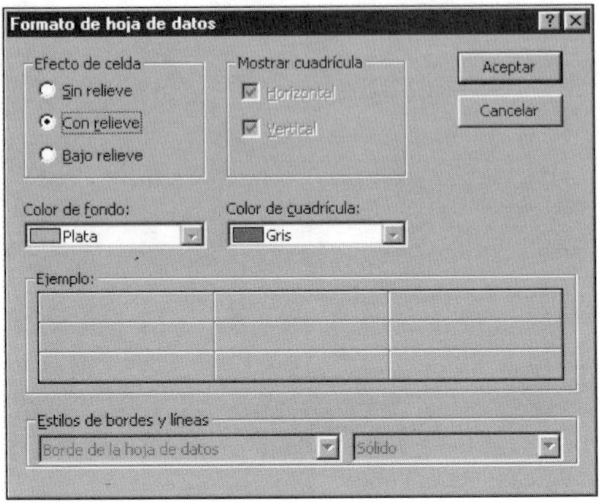

Figura 6.5

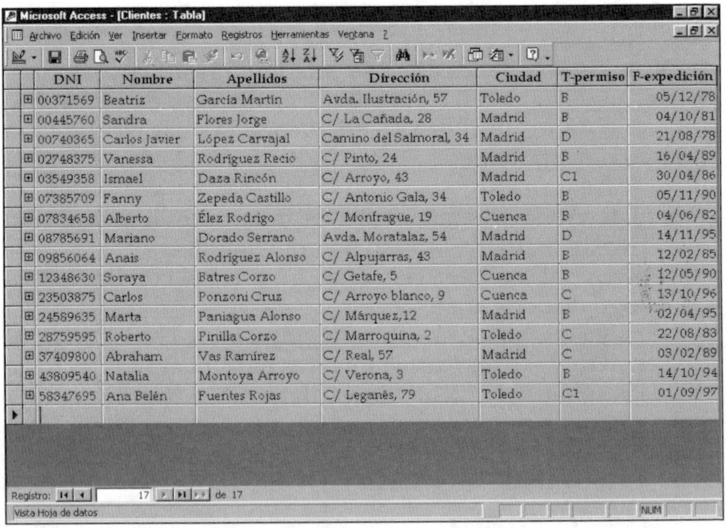

DNI	Nombre	Apellidos	Dirección	Ciudad	T-permiso	F-expedición
00371569	Beatriz	García Martín	Avda. Ilustración, 57	Toledo	B	05/12/78
00445760	Sandra	Flores Jorge	C/ La Cañada, 28	Madrid	B	04/10/81
00740365	Carlos Javier	López Carvajal	Camino del Salmoral, 34	Madrid	D	21/08/78
02748375	Vanessa	Rodríguez Recio	C/ Pinto, 24	Madrid	B	16/04/89
03549358	Ismael	Daza Rincón	C/ Arroyo, 43	Madrid	C1	30/04/86
07385709	Fanny	Zepeda Castillo	C/ Antonio Gala, 34	Toledo	B	05/11/90
07834658	Alberto	Élez Rodrigo	C/ Monfragüe, 19	Cuenca	B	04/06/82
08785691	Mariano	Dorado Serrano	Avda. Moratalaz, 54	Madrid	D	14/11/95
09856064	Anais	Rodríguez Alonso	C/ Alpujarras, 43	Madrid	B	12/02/85
12348630	Soraya	Batres Corzo	C/ Getafe, 5	Cuenca	B	12/05/90
23503875	Carlos	Ponzoni Cruz	C/ Arroyo blanco, 9	Cuenca	C	13/10/96
24589635	Marta	Paniagua Alonso	C/ Márquez,12	Madrid	B	02/04/95
28759595	Roberto	Pinilla Corzo	C/ Marroquina, 2	Toledo	C	22/08/83
37409800	Abraham	Vas Ramírez	C/ Real, 57	Madrid	C	03/02/89
43809540	Natalia	Montoya Arroyo	C/ Verona, 3	Toledo	B	14/10/94
58347695	Ana Belén	Fuentes Rojas	C/ Leganés, 79	Toledo	C1	01/09/97

Figura 6.6

Para guardar estas modificaciones tiene dos posibilidades distintas:

a) Guardar en primer lugar las modificaciones seleccionando Archivo / Guardar o haciendo clic sobre el botón de la barra de herramientas, y posteriormente cerrar la ventana de la tabla.
b) Cerrar la ventana de la tabla y, cuando el programa muestre el cuadro de diálogo de la figura 6.7, hacer clic sobre el botón Sí.

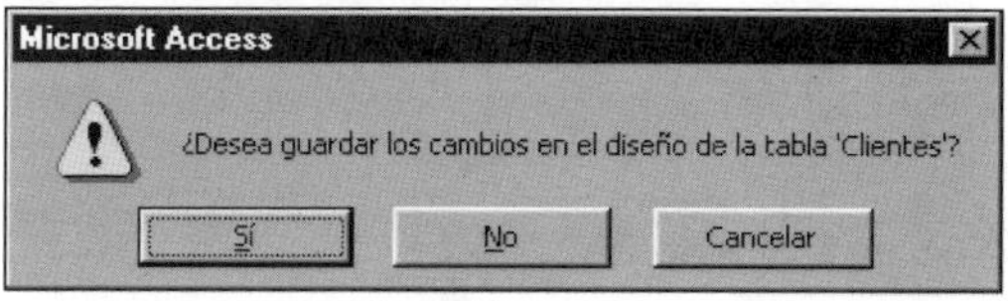

Figura 6.7

1. Cierre la tabla Clientes guardando las modificaciones en su diseño.

6.4. Ocultar campos y volver a visualizarlos

En algún momento puede interesarle ocultar el contenido de uno o varios campos, para evitar que otra persona pueda visualizar determinados datos o que éstos aparezcan en la impresión de la tabla.

A continuación va a ocultar las columnas de los campos Fotografía y ¿Alquilado?.

1. Abra la tabla Automóviles haciendo doble clic sobre su nombre.
2. Ajuste el ancho de las columnas de los campos en función de su contenido.
3. Haga clic sobre cualquier celda correspondiente al campo Fotografía, o sobre su botón identificador.
4. Seleccione Formato / Ocultar columnas. La columna se ocultará automáticamente.
5. Repita la operación con el campo ¿Alquilado? aunque, en este caso, debe seleccionar el campo haciendo clic sobre su botón identificador, ya que si hiciera clic sobre una celda de este campo, activaría / desactivaría la casi-

lla de verificación. El aspecto de la tabla será el que muestra la figura 6.8.

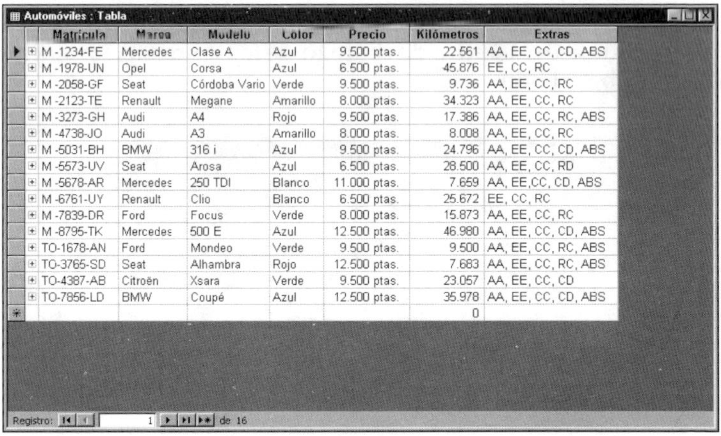

Automóviles : Tabla

Matrícula	Marca	Modelo	Color	Precio	Kilómetros	Extras
M -1234-FE	Mercedes	Clase A	Azul	9.500 ptas.	22.561	AA, EE, CC, CD, ABS
M -1978-UN	Opel	Corsa	Azul	6.500 ptas.	45.876	EE, CC, RC
M -2058-GF	Seat	Córdoba Vario	Verde	9.500 ptas.	9.736	AA, EE, CC, RC
M -2123-TE	Renault	Megane	Amarillo	8.000 ptas.	34.323	AA, EE, CC, RC
M -3273-GH	Audi	A4	Rojo	9.500 ptas.	17.386	AA, EE, CC, RC, ABS
M -4738-JO	Audi	A3	Amarillo	8.000 ptas.	8.008	AA, EE, CC, RC
M -5031-BH	BMW	316 i	Azul	9.500 ptas.	24.796	AA, EE, CC, CD, ABS
M -5573-UV	Seat	Arosa	Azul	6.500 ptas.	28.500	AA, EE, CC, RD
M -5678-AR	Mercedes	250 TDI	Blanco	11.000 ptas.	7.659	AA, EE,CC, CD, ABS
M -6761-UY	Renault	Clio	Blanco	6.500 ptas.	25.672	EE, CC, RC
M -7839-DR	Ford	Focus	Verde	8.000 ptas.	15.873	AA, EE, CC, RC
M -8795-TK	Mercedes	500 E	Azul	12.500 ptas.	46.980	AA, EE, CC, CD, ABS
TO-1678-AN	Ford	Mondeo	Verde	9.500 ptas.	9.500	AA, EE, CC, RC, ABS
TO-3765-SD	Seat	Alhambra	Rojo	12.500 ptas.	7.683	AA, EE, CC, RC, ABS
TO-4387-AB	Citroën	Xsara	Verde	9.500 ptas.	23.057	AA, EE, CC, CD
TO-7856-LD	BMW	Coupé	Azul	12.500 ptas.	35.978	AA, EE, CC, CD, ABS
					0	

Registro: 1 de 16

Figura 6.8

Para volver a visualizar los datos de los campos ocultos, y poder trabajar con ellos, haga lo siguiente:

6. Seleccione Formato / Mostrar columnas. Aparecerá el cuadro de diálogo de la figura 6.9.

Este cuadro de diálogo muestra los nombres de los campos de la tabla junto a una casilla de verificación. Los campos visibles presentan su casilla activada, mientras que los ocultos la presentan desactivada.

7. Active las casillas de los campos Fotografía y ¿Alquilado?, y haga clic sobre el botón Cerrar. Volverá a visualizar dichos campos en la tabla.
8. Cierre la tabla Automóviles guardando las modificaciones en su diseño.

> ***Información:*** *El cuadro de diálogo* Mostrar columnas *también puede ser utilizado para ocultar columnas; bastaría con desactivar las casillas de los campos que deseara ocultar.*

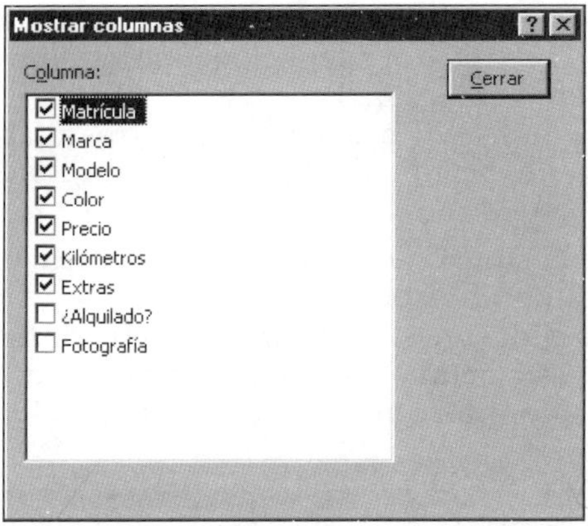

Figura 6.9

6.5. Mover campos

Es posible modificar la colocación de los campos en la tabla sin alterar los datos que contienen. Los pasos a seguir serían:

a. Seleccionar la columna correspondiente al campo que desea mover, haciendo clic sobre su botón identificador.
b. Arrastrar la columna, por su botón identificador, al lugar deseado.

6.6. Ordenar los registros

Al abrir una tabla, Access muestra los registros ordenados según el contenido del campo declarado como *clave pri-maria*. También podrían aparecer en otro orden distinto si, una vez realizada una ordenación, se guardaran los cambios realizados en el diseño de la tabla.

6.6.1. Ordenación por un solo campo

Microsoft Access permite modificar el orden de los registros de varios modos. El más rápido consiste en ordenarlos en función del contenido de los registros en un solo campo.

Para ello bastará con indicar el campo (situando el cursor en él) y elegir el tipo de ordenación: Ascendente (0..9..A...Z) o Descendente (Z...A..9..0).

Como ejemplo, va a ordenar los registros alfabéticamente por la fecha de expedición del permiso de conducir.

1. Abra la tabla Clientes y haga clic sobre cualquier dato del campo F-expedición.
2. Haga clic sobre el botón , de la barra de herramientas, para realizar una ordenación descendente. Los registros se distribuirán como muestra la figura 6.10.

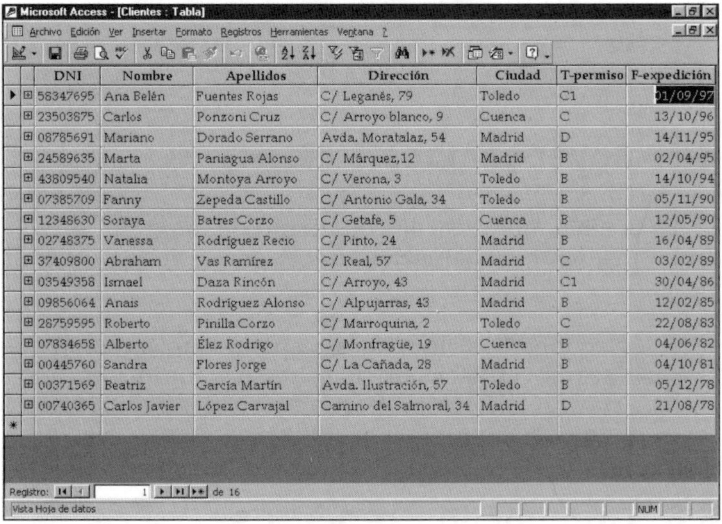

DNI	Nombre	Apellidos	Dirección	Ciudad	T-permiso	F-expedición
58347695	Ana Belén	Fuentes Rojas	C/ Leganés, 79	Toledo	C1	01/09/97
23503875	Carlos	Ponzoni Cruz	C/ Arroyo blanco, 9	Cuenca	C	13/10/96
08785691	Mariano	Dorado Serrano	Avda. Moratalaz, 54	Madrid	D	14/11/95
24589635	Marta	Paniagua Alonso	C/ Márquez,12	Madrid	B	02/04/95
43809540	Natalia	Montoya Arroyo	C/ Verona, 3	Toledo	B	14/10/94
07385709	Fanny	Zepeda Castillo	C/ Antonio Gala, 34	Toledo	B	05/11/90
12348630	Soraya	Batres Corzo	C/ Getafe, 5	Cuenca	B	12/05/90
02748375	Vanessa	Rodríguez Recio	C/ Pinto, 24	Madrid	B	16/04/89
37409800	Abraham	Vas Ramírez	C/ Real, 57	Madrid	C	03/02/89
03549358	Ismael	Daza Rincón	C/ Arroyo, 43	Madrid	C1	30/04/86
09856064	Anais	Rodríguez Alonso	C/ Alpujarras, 43	Madrid	B	12/02/85
28759595	Roberto	Pinilla Corzo	C/ Marroquina, 2	Toledo	C	22/08/83
07834658	Alberto	Élez Rodrigo	C/ Monfragüe, 19	Cuenca	B	04/06/82
00445760	Sandra	Flores Jorge	C/ La Cañada, 28	Madrid	B	04/10/81
00371569	Beatriz	García Martín	Avda. Ilustración, 57	Toledo	B	05/12/78
00740365	Carlos Javier	López Carvajal	Camino del Salmoral, 34	Madrid	D	21/08/78

Figura 6.10

Información: Para realizar una ordenación ascendente basta con hacer clic sobre el botón de la barra de herramientas. También puede seleccionar el tipo de ordenación deseada, de la opción Ordenar *del menú* Registros.

6.6.2. Ordenación por varios campos

Access también permite ordenar los registros de una tabla por varios campos, sin embargo, obliga a que éstos sean contiguos; esto no es ningún problema, porque tal y como ha visto, mover campos es fácil y rápido.

Al usar varios campos, el programa ordenará los registros según su contenido en el campo situado más a la izquierda de los indicados para la ordenación. Cuando varios registros tengan el mismo dato en ese campo, el programa los colocará en función del siguiente campo (hacia la derecha) de los utilizados para la ordenación, y así sucesivamente.

A continuación va a ordenar los registros por los campos Ciudad y Apellidos:

1. Seleccione el campo Ciudad haciendo clic sobre su botón identificador.
2. Sitúelo entre los campos Nombre y Apellidos.
3. Cancele la selección del campo Ciudad haciendo clic sobre cualquier punto de la tabla.
4. Seleccione los campos Ciudad y Apellidos arrastrando el ratón por sus botones identificadores.
5. Haga clic sobre el botón ; los registros aparecerán ordenados por ciudad y, dentro de la misma ciudad, por orden alfabético de sus apellidos. El aspecto de la tabla será el que muestra la figura 6.11.

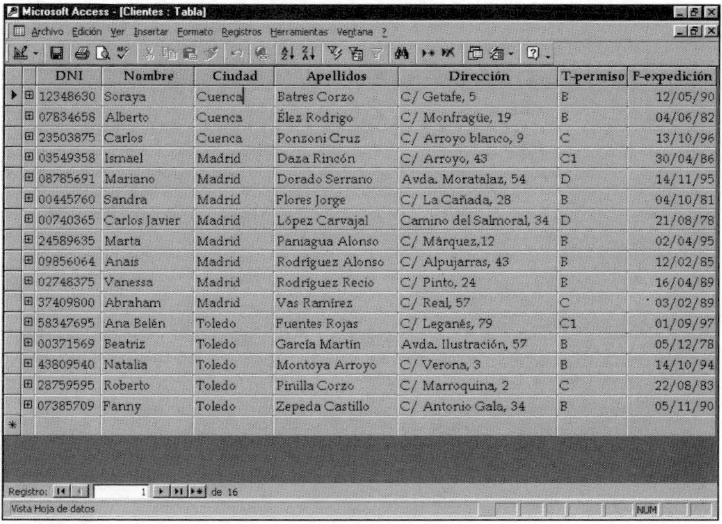

DNI	Nombre	Ciudad	Apellidos	Dirección	T-permiso	F-expedición
12348630	Soraya	Cuenca	Batres Corzo	C/ Getafe, 5	B	12/05/90
07834658	Alberto	Cuenca	Élez Rodrigo	C/ Monfragüe, 19	B	04/06/82
23503875	Carlos	Cuenca	Ponzoni Cruz	C/ Arroyo blanco, 9	C	13/10/96
03549358	Ismael	Madrid	Daza Rincón	C/ Arroyo, 43	C1	30/04/86
08785691	Mariano	Madrid	Dorado Serrano	Avda. Moratalaz, 54	D	14/11/95
00445760	Sandra	Madrid	Flores Jorge	C/ La Cañada, 28	B	04/10/81
00740365	Carlos Javier	Madrid	López Carvajal	Camino del Salmoral, 34	D	21/08/78
24589635	Marta	Madrid	Paniagua Alonso	C/ Márquez,12	B	02/04/95
09856064	Anais	Madrid	Rodríguez Alonso	C/ Alpujarras, 43	B	12/02/85
02748375	Vanessa	Madrid	Rodríguez Recio	C/ Pinto, 24	B	16/04/89
37409800	Abraham	Madrid	Vas Ramírez	C/ Real, 57	C	03/02/89
58347695	Ana Belén	Toledo	Fuentes Rojas	C/ Leganés, 79	C1	01/09/97
00371569	Beatriz	Toledo	García Martín	Avda. Ilustración, 57	B	05/12/78
43809540	Natalia	Toledo	Montoya Arroyo	C/ Verona, 3	B	14/10/94
28759595	Roberto	Toledo	Pinilla Corzo	C/ Marroquina, 2	C	22/08/83
07385709	Fanny	Toledo	Zepeda Castillo	C/ Antonio Gala, 34	B	05/11/90

Figura 6.11

6. Mueva de nuevo el campo Ciudad a su posición original, a continuación del campo Dirección.
7. Cierre la tabla guardando las modificaciones.

6.7. Inmovilizar y liberar columnas

Cuando no es posible visualizar todas las columnas de una tabla, bien porque hay muchos campos, bien porque el ancho de sus columnas es grande, puede utilizarse la barra de desplazamiento horizontal para ver sus datos.

En ocasiones, interesa que algunas de las columnas de la tabla estén siempre visibles, de modo que puedan verse las restantes sin que éstas desaparezcan de la ventana; esto se consigue inmovilizando dichas columnas.

1. Abra la tabla Automóviles.
2. Haga clic sobre el botón identificador de la columna Modelo.
3. Seleccione Formato / Inmovilizar columnas; la columna se situará a la izquierda de la ventana Hoja de datos.
4. Use la barra de desplazamiento horizontal para ver las otras columnas, y compruebe que la columna Modelo permanece inmóvil en su posición (véase la figura 6.12).

Automóviles : Tabla

Modelo	Color	Precio	Kilómetros	Extras	¿Alquilado?	Fotografía
Clase A	Azul	9.500 ptas.	22.561	AA, EE, CC, CD, ABS	☑	HOTO-PAINT 8.0
Corsa	Azul	6.500 ptas.	45.876	EE, CC, RC	☐	HOTO-PAINT 8.0
Córdoba Vario	Verde	9.500 ptas.	9.736	AA, EE, CC, RC	☑	HOTO-PAINT 8.0
Megane	Amarillo	8.000 ptas.	34.323	AA, EE, CC, RC	☑	HOTO-PAINT 8.0
A4	Rojo	9.500 ptas.	17.386	AA, EE, CC, RC, ABS	☑	HOTO-PAINT 8.0
A3	Amarillo	8.000 ptas.	8.008	AA, EE, CC, RC	☐	HOTO-PAINT 8.0
316 i	Azul	9.500 ptas.	24.796	AA, EE, CC, CD, ABS	☐	HOTO-PAINT 8.0
Arosa	Azul	6.500 ptas.	28.500	AA, EE, CC, RD	☑	HOTO-PAINT 8.0
250 TDI	Blanco	11.000 ptas.	7.659	AA, EE,CC, CD, ABS	☐	HOTO-PAINT 8.0
Clio	Blanco	6.500 ptas.	25.672	EE, CC, RC	☐	HOTO-PAINT 8.0
Focus	Verde	8.000 ptas.	15.873	AA, EE, CC, RC	☑	HOTO-PAINT 8.0
500 E	Azul	12.500 ptas.	46.980	AA, EE, CC, CD, ABS	☑	HOTO-PAINT 8.0
Mondeo	Verde	9.500 ptas.	9.500	AA, EE, CC, RC, ABS	☐	HOTO-PAINT 8.0
Alhambra	Rojo	12.500 ptas.	7.683	AA, EE, CC, RC, ABS	☐	HOTO-PAINT 8.0
Xsara	Verde	9.500 ptas.	23.057	AA, EE, CC, CD	☐	HOTO-PAINT 8.0
Coupé	Azul	12.500 ptas.	35.978	AA, EE, CC, CD, ABS	☐	HOTO-PAINT 8.0
*			0		☐	

Registro: 1 de 16

Figura 6.12

Información: *Si quiere inmovilizar varias columnas, selecciónelas arrastrando el ratón sobre sus botones de identificación; si las columnas no están contiguas, deberá moverlas previamente.*

A continuación va a liberar la columna inmovilizada para que vuelva a comportarse del modo habitual.

5. Seleccione Formato / Liberar todas las columnas.

La columna inmovilizada, Modelo, seguirá situada a la izquierda de la ventana, aunque si utiliza la barra de desplazamiento comprobará que ya no está fija, sino que desaparece por la izquierda. Si desea volver a situar la columna en su posición inicial, muévala tal y como se explicó en el apartado 6.5.

6. Mueva la columna Modelo a su posición inicial (a la derecha de Marca) y cierre la tabla.

6.8. Vista preliminar de una impresión

Si desea imprimir los datos de una tabla, es conveniente que compruebe previamente el aspecto que tendrá el resultado de la impresión. Así podrá modificar pequeños detalles e incluso corregir posibles errores.

1. Abra la tabla Clientes.
2. Seleccione Archivo / Vista preliminar o haga clic sobre el botón de la barra de herramientas. Access le mostrará la primera página tal y como se obtendría si se imprimiera (véase figura 6.13).
3. Haga clic sobre el botón para aumentar el valor del zoom y poder leer el contenido de la página.

Compruebe que Access ha añadido, en cada página, un encabezado constituido por el nombre de la tabla (centrado) y la fecha de impresión (alineada a la derecha), y un pie con la numeración de cada página (centrado).

Nota: *Es posible aumentar y disminuir el valor del zoom de visualización haciendo clic sobre cualquier parte de la* *página. También puede seleccionar un valor concreto de la lista desplegable del botón* Ajustar.

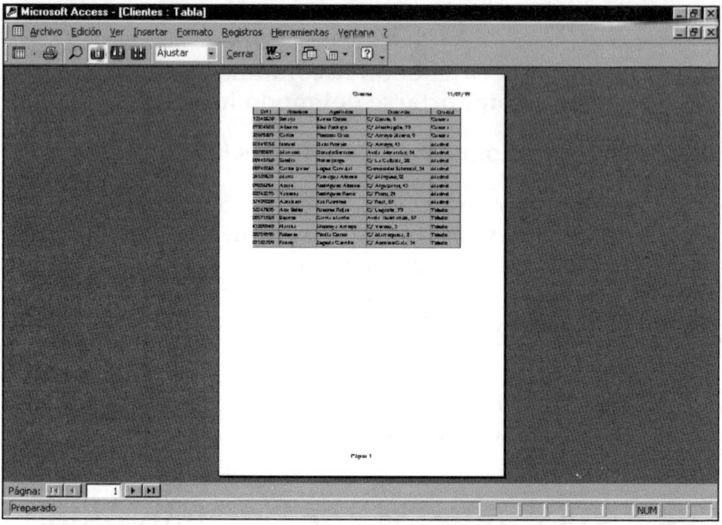

Figura 6.13

Para visualizar las restantes páginas puede utilizar los botones de navegación situados en la parte inferior izquierda. También puede activar la visualización de varias páginas al mismo tiempo utilizando para ello los botones correspondientes de la barra de herramientas. Desde la ventana Vista preliminar puede imprimir los datos haciendo clic sobre el botón , pero en este caso no lo hará. A continuación va a desactivar el efecto de las celdas por lo que, si lo desea, puede imprimir sus datos con el aspecto que tienen ahora. La única razón para desactivar dicho efecto es que se mejora la visualización de las figuras de este libro; si decidiera dejarlo activo, recuerde que el aspecto de su ventana resultará diferente al que muestran algunas figuras del libro.

4. Haga clic sobre el botón Cerrar, situado en la barra de herramientas; volverá a tener activa la ventana Hoja de datos.
5. Seleccione Formato / Hoja de datos, active la opción Sin relieve en el cuadro de diálogo, y haga clic en Aceptar. La tabla se mostrará sin ningún efecto en las celdas.

6.9. Configurar las páginas de impresión

Si observa la figura 6.13, comprobará que no se visualizan todos los campos de la tabla en la misma hoja y, sin embargo, queda mucho espacio libre en la página, lo que hace pensar en la posibilidad de cambiar la orientación del papel. Éste y otros aspectos se pueden modificar en la opción Configurar página del menú Archivo.

A continuación va a modificar la orientación correspondiente a la página para lograr obtener la tabla completa en una sola página:

1. Haga clic en sobre el botón de la barra de herra-mientas.
2. Seleccione Archivo / Configurar página, aparecerá el cuadro de diálogo del mismo nombre, que consta de dos fichas.
3. Haga clic sobre la solapa de la ficha Página, active la opción Horizontal y haga clic sobre el botón Aceptar. El resultado será similar al de la figura 6.14.

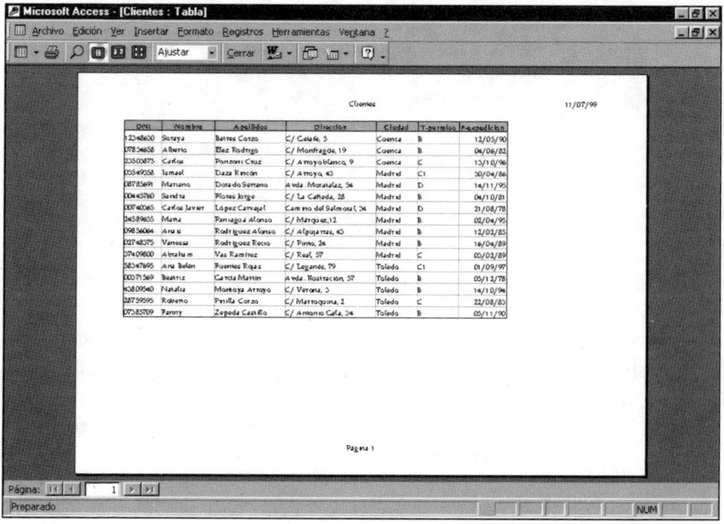

Figura 6.14

6.10. Impresión de los datos de una tabla

Después de realizar todas las modificaciones deseadas en la tabla, normalmente le interesará imprimirla. El re-sultado dependerá del aspecto de la tabla (fuente, ancho de las columnas, efecto de las celdas, etc.) y de las columnas que se hayan ocultado.

La impresión de los datos puede realizarse desde la misma ventana Hoja de datos o desde la ventana Vista preliminar. Sea cual sea la ventana activa, el proceso es el mismo. Encienda su impresora y realice los siguientes pasos:

1. Seleccione Archivo / Imprimir. Access mostrará el cuadro de diálogo Imprimir (véase figura 6.15).

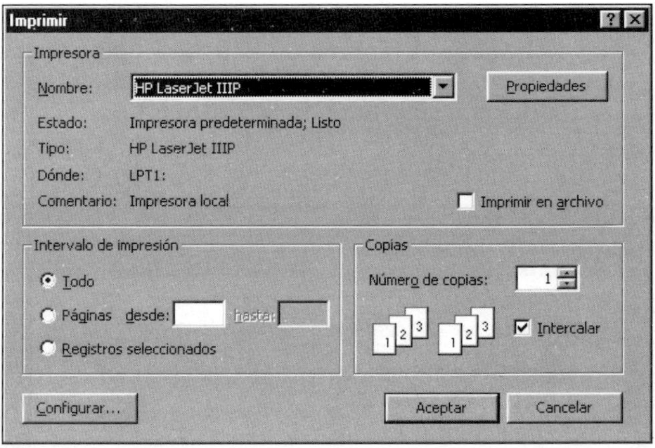

Figura 6.15

En este cuadro puede indicar la impresión de todos los datos de la tabla, de los registros seleccionados previamente o, en caso de que existan varias páginas, la impresión de sólo algunas de ellas; además puede indicar el número de copias que desea obtener.

2. Compruebe que está activa la opción Todo, y haga clic sobre el botón Aceptar.
3. Cierre la tabla Clientes.

Nota: Es posible realizar la impresión de forma rápida haciendo clic sobre el botón de la barra de herramientas. En ese caso, se imprimirán todos los datos de la tabla sin que aparezca el cuadro de diálogo Imprimir.

6.11. Buscar información en una tabla

Una característica importante de un gestor de bases de datos es que permite buscar un dato determinado dentro de cualquier tabla.

Este proceso tiene sentido en la búsqueda de un registro concreto del que se conozca uno de sus datos, ya que si lo que se necesita es localizar todos los registros con un dato común, interesará realizar un **filtro**, concepto que se estudiará posteriormente.

A continuación va a localizar un vehículo a través de su matrícula.

1. Abra la tabla Contratos.
2. Seleccione Edición / Buscar o haga clic sobre el botón . Aparecerá el cuadro de diálogo Buscar y reemplazar con la ficha Buscar activa.
3. Haga clic sobre el botón Más para desplegar todas las opciones del cuadro de diálogo; el aspecto será el que muestra la figura 6.16.

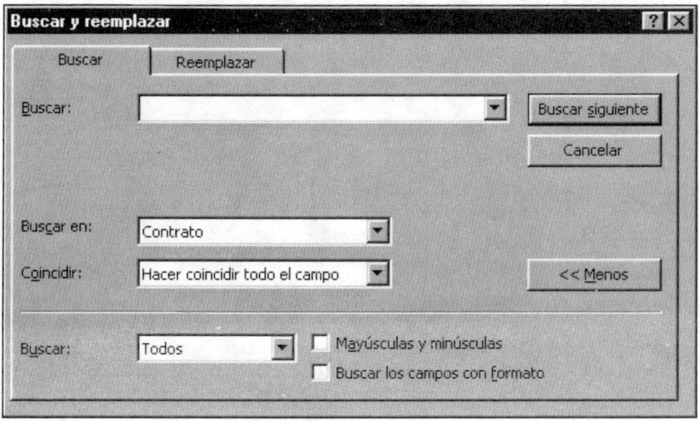

Figura 6.16

Las opciones del cuadro de diálogo de la figura 6.16 nos permiten:

- buscar sólo en el campo activo, que es el que aparece por defecto en el recuadro Buscar en.
- no distinguir entre los caracteres en mayúsculas y en minúsculas, ya que esta opción está desactivada.
- realizar la búsqueda en todos los registros, ya que la opción del recuadro Buscar es Todos. Las otras opciones del recuadro permiten buscar en los siguientes registros a partir del activo o en los anteriores.
- localizar sólo los datos que sean exactamente iguales al escrito, ya que la opción del recuadro Coincidir es Hacer coincidir todo el campo.

4. Escriba, en el recuadro Buscar, el dato que desea localizar: TO-4387-AB.
5. Seleccione Contratos: Tabla de la lista desplegable del cuadro Buscar en, para que el programa busque en todos los campos de la tabla.
6. Haga clic sobre el botón Buscar siguiente. El programa localizará el dato y lo resaltará, como en la figura 6.17.

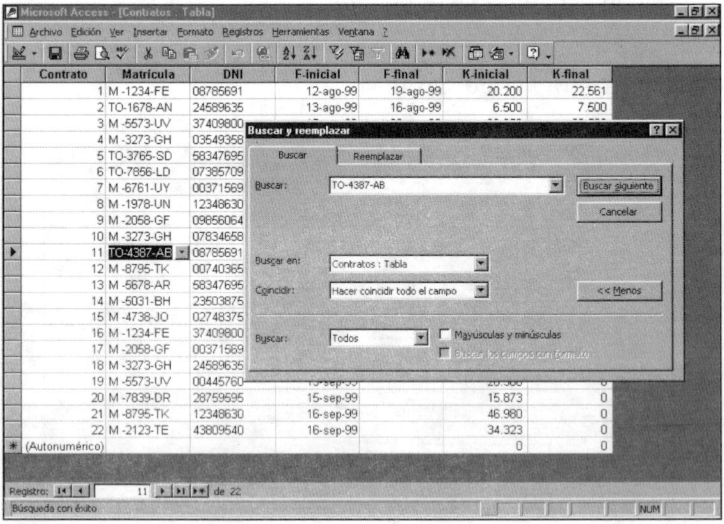

Figura 6.17

Si deseara buscar un posible segundo dato idéntico al anterior, debería hacer clic de nuevo sobre el botón Buscar siguiente; si el programa no pudiera localizar más datos, mostraría un cuadro de diálogo informándole de tal hecho.

7. Haga clic sobre el botón Cancelar, para terminar la búsqueda de registros.

6.12. Reemplazar datos de una tabla

Además de buscar un determinado dato, Access permite reemplazarlo automáticamente por otro. Esta sustitución de datos se gestiona desde el cuadro de diálogo que se ac-tiva mediante la opción Reemplazar del menú Edición. En realidad, la búsqueda y el cambio de texto se realiza en el mismo cuadro de diálogo, aunque en distintas fichas, por lo que una vez abierto éste, se podrá activar la que se necesite haciendo clic sobre su solapa.

Imagine que ha cometido un error en los contratos, ya que el día 15 de agosto fue fiesta, y la agencia estaba cerrada; por tanto, debe sustituir dicha fecha por 16 de agosto.

1. Seleccione Edición / Reemplazar. Aparecerá el cuadro de diálogo con la ficha Reemplazar activa, en el que estará aún la palabra anteriormente buscada; si apareciese expandido, haga clic sobre el botón .
2. Escriba, en el recuadro de la opción Buscar, la fecha que desea reemplazar: 15-ago-99.
3. Escriba, en el recuadro de la opción Reemplazar por, la fecha que reemplazará a la anterior: 16-ago-99.
4. Haga clic sobre el botón Buscar siguiente; el programa localizará y resaltará la fecha.
5. Haga clic sobre el botón Reemplazar; el programa sustituirá la fecha y buscará la siguiente, tal y como muestra la figura 6.18.
6. Siga realizando los pasos anteriores hasta sustituir todas las fechas erróneas. Cuando al hacer clic sobre el botón Buscar siguiente el programa no encuentre más fechas, mostrará un cuadro de diálogo indicándoselo.
7. Haga clic sobre el botón Aceptar. Si deseara sustituir cualquier otro dato, sólo tendría que escribirlo y realizar los pasos anteriores.

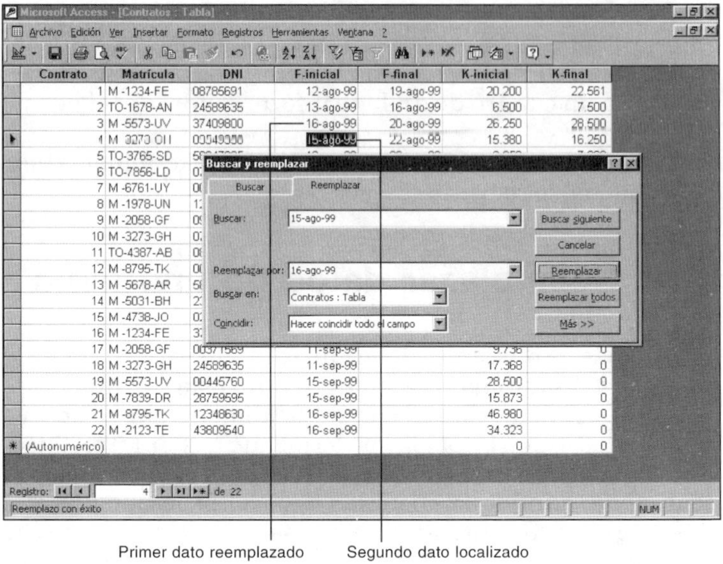

Figura 6.18

8. Haga clic sobre el botón Cancelar, para cerrar el cuadro de diálogo.
9. Cierre la tabla Contratos guardando los cambios.

> ***Nota:*** *Si hubiera querido reemplazar todas las palabras iguales existentes en el documento, lo podría haber hecho automáticamente mediante el botón* Reemplazar todos.

6.13. Filtros

Un filtro es una restricción que se realiza en una tabla para visualizar sólo un conjunto de registros. Éstos deben tener, en un mismo campo, un dato común o una parte de él.

Los filtros pueden emplearse con diferentes finalidades: saber cuáles son los registros que tienen un mismo dato, trabajar con un conjunto de registros, imprimir los registros que tengan un dato común, etc..

Existen varios tipos de filtros, tal y como se detalla en la tabla 6.1.

Tabla 6.1

Filtros	*Funcionalidad*
Por selección	Permiten filtrar registros con sólo indicar un dato de la tabla, o seleccionar parte de él.
Por formulario	Permiten filtrar registros mediante la introducción de los datos necesarios en una ventana de formulario, similar a *Hoja de datos*.
Excluyendo la selección	Permiten filtrar registros actuando al contrario que los *filtros por selección*, puesto que excluirán los datos seleccionados.
Avanzados	Permiten filtrar los registros mediante los criterios que se definan en una ventana especial.

6.13.1. Filtros por selección

Los filtros por selección se crean muy fácilmente: basta con indicar, en el campo correspondiente, el dato que deben tener los registros que se quiere filtrar y, seguidamente, activar el filtro. El resultado será la visualización de sólo aquellos registros que contengan dicho dato.

A continuación va a seleccionar a los automóviles de color azul.

1. Abra la tabla Automóviles.
2. Haga clic a continuación sobre una celda del campo Color cuyo dato sea Azul. Este es el modo de indicar al programa el dato y el campo por el que se desea filtrar los registros.
3. Haga clic sobre el botón de la barra de herramientas, para activar el filtro. El resultado será la visualización de sólo los registros de la figura 6.19. También podría haber aplicado el filtro seleccionando Registros / Filtro / Filtro por selección.
4. Haga clic sobre el botón de la barra de herramientas, para eliminar el efecto del filtro y volver a visualizar todos los registros.

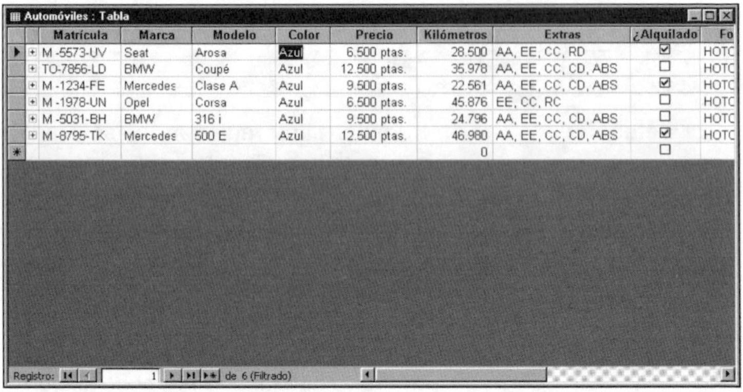

Automóviles : Tabla

Matrícula	Marca	Modelo	Color	Precio	Kilómetros	Extras	¿Alquilado	Fo
M -5573-UV	Seat	Arosa	Azul	6.500 ptas.	28.500	AA, EE, CC, RD	☑	HOTC
TO-7856-LD	BMW	Coupé	Azul	12.500 ptas.	35.978	AA, EE, CC, CD, ABS	☐	HOTC
M -1234-FE	Mercedes	Clase A	Azul	9.500 ptas.	22.561	AA, EE, CC, CD, ABS	☑	HOTC
M -1978-UN	Opel	Corsa	Azul	6.500 ptas.	45.876	EE, CC, RC	☐	HOTC
M -5031-BH	BMW	316 i	Azul	9.500 ptas.	24.796	AA, EE, CC, CD, ABS	☐	HOTC
M -8795-TK	Mercedes	500 E	Azul	12.500 ptas.	46.980	AA, EE, CC, CD, ABS	☑	HOTC
*					0		☐	

Registro: 1 de 6 (Filtrado)

Figura 6.19

> *Nota: También puede eliminar el filtro utilizando la opción* Registros / Quitar filtro u orden; *recuerde que si usa esta opción, el programa volverá a ordenar los registros por el campo clave* (Matrícula).

Imagine que desea obtener una lista de los automóviles matriculados en Toledo. Aunque en el próximo capítulo aprenderá a crear **consultas** (objetos que permiten obtener en una ventana particular los registros que cumplen una determinada condición), también podría visualizar los registros deseados mediante un filtro y, luego, imprimir el resultado como una tabla cualquiera. Para ello:

5. Seleccione, de cualquier dato del campo Matrícula, los caracteres TO; bastará con que arrastre el ratón sobre dichos caracteres.
6. Haga clic sobre el botón para aplicar el filtro. El resultado será la visualización de los automóviles de Toledo (véase figura 6.20).
7. Haga clic sobre el botón para imprimir los registros filtrados.
8. Haga clic sobre el botón para volver a visualizar todos los registros.

6.13.2. Filtros excluyendo la selección

Imagínese que en este momento lo que necesita realmente es obtener el listado de todos aquellos vehículos cuyo color no sea verde; lo más sencillo sería crear un filtro del tipo **excluyendo la selección**.

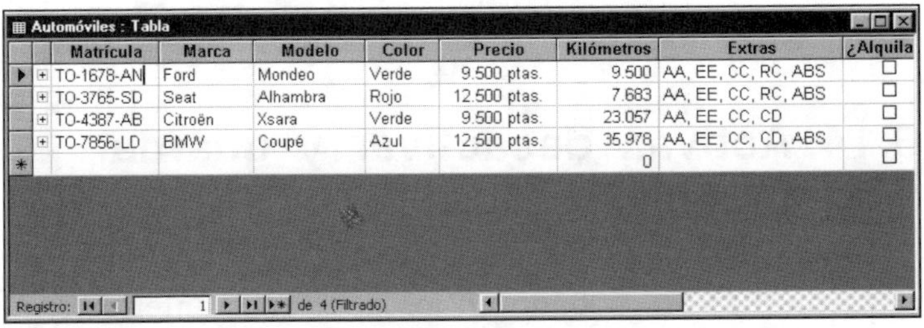

Automóviles : Tabla

	Matrícula	Marca	Modelo	Color	Precio	Kilómetros	Extras	¿Alquila
▶	TO-1678-AN	Ford	Mondeo	Verde	9.500 ptas.	9.500	AA, EE, CC, RC, ABS	☐
	TO-3765-SD	Seat	Alhambra	Rojo	12.500 ptas.	7.683	AA, EE, CC, RC, ABS	☐
	TO-4387-AB	Citroën	Xsara	Verde	9.500 ptas.	23.057	AA, EE, CC, CD	☐
	TO-7856-LD	BMW	Coupé	Azul	12.500 ptas.	35.978	AA, EE, CC, CD, ABS	☐
*						0		☐

Registro: 1 de 4 (Filtrado)

Figura 6.20

1. Haga clic sobre una celda del campo Color cuyo dato sea Verde.
2. Seleccione las opciones Registros / Filtro / Filtro excluyendo la selección. El resultado será la obtención de todos los vehículos de color distinto al verde (véase figura 6.21).

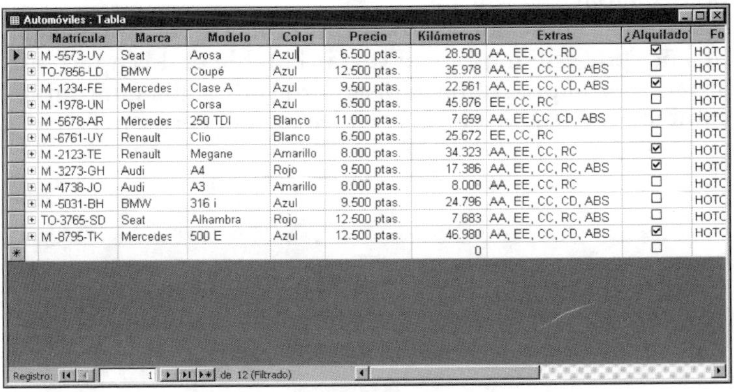

Automóviles : Tabla

	Matrícula	Marca	Modelo	Color	Precio	Kilómetros	Extras	¿Alquilado	Fo
▶	M -5573-UV	Seat	Arosa	Azul	6.500 ptas.	28.500	AA, EE, CC, RD	☑	HOTC
	TO-7856-LD	BMW	Coupé	Azul	12.500 ptas.	35.978	AA, EE, CC, CD, ABS	☐	HOTC
	M -1234-FE	Mercedes	Clase A	Azul	9.500 ptas.	22.561	AA, EE, CC, CD, ABS	☑	HOTC
	M -1978-UN	Opel	Corsa	Azul	6.500 ptas.	45.876	EE, CC, RC	☐	HOTC
	M -5678-AR	Mercedes	250 TDI	Blanco	11.000 ptas.	7.659	AA, EE,CC, CD, ABS	☐	HOTC
	M -6761-UY	Renault	Clio	Blanco	6.500 ptas.	25.672	EE, CC, RC	☐	HOTC
	M -2123-TE	Renault	Megane	Amarillo	8.000 ptas.	34.323	AA, EE, CC, RC	☑	HOTC
	M -3273-GH	Audi	A4	Rojo	9.500 ptas.	17.386	AA, EE, CC, RC, ABS	☑	HOTC
	M -4738-JO	Audi	A3	Amarillo	8.000 ptas.	8.000	AA, EE, CC, RC	☐	HOTC
	M -5031-BH	BMW	316 i	Azul	9.500 ptas.	24.796	AA, EE, CC, CD, ABS	☐	HOTC
	TO-3765-SD	Seat	Alhambra	Rojo	12.500 ptas.	7.683	AA, EE, CC, RC, ABS	☐	HOTC
	M -8795-TK	Mercedes	500 E	Azul	12.500 ptas.	46.980	AA, EE, CC, CD, ABS	☑	HOTC
*						0		☐	

Registro: 1 de 12 (Filtrado)

Figura 6.21

3. Si lo desea, imprima los registros filtrados.
4. Haga clic sobre el botón para visualizar todos los registros.
5. Cierre finalmente la tabla Automóviles, guardando las modificaciones.

Información: *Los filtros se suelen utilizar para imprimir de forma rápida un conjunto de registros de la tabla. Sólo hay que crear el filtro adecuado y, una vez que visualice los registros que necesita, hacer clic sobre el botón* .

6.14. Activar, desactivar y guardar un filtro

Como ha comprobado en los apartados anteriores, al crear un filtro, éste queda activo, por lo que no se visualizan todos los registros de la tabla. Además, como sólo puede existir un filtro por tabla, consulta o formulario, al crear uno se elimina el anterior.

Para desactivar el filtro activo y visualizar de nuevo todos los registros, puede utilizar el botón de la barra de herramientas; este mismo botón permite volver a activarlo. La opción Quitar filtro u ordenar del menú Registros, además de desactivar el filtro, eliminaría la ordenación de los registros, por lo que éstos volverían a colocarse según el campo principal.

Si desea guardar el filtro de una tabla, deberá guardar su diseño; por este motivo, al cerrar la tabla en los apartados anteriores, el programa le preguntó si deseaba guardar los cambios realizados en el diseño, a lo cual contestó sí.

7

Consultas de selección

7.1. Introducción

Entre las acciones que aprendió a realizar en el capítulo anterior estaba la de buscar datos en una tabla y, como consecuencia de ello, a localizar registros conociendo uno de sus datos. Además, comprobó la funcionalidad de los filtros para visualizar un conjunto de registros que tuvieran alguna característica común.

Sin embargo, Microsoft Access dispone de otro tipo de objetos de la base de datos, *consultas*, que permiten seleccionar el conjunto de registros que cumplan una determinada condición o criterio, y limitar el número de campos a visualizar.

7.2. Consultas

Como fácilmente puede imaginar, el hecho de trabajar con una tabla resulta algunas veces un poco tedioso y lento, sobre todo si las tablas tienen un número muy elevado de registros.

Microsoft Access ofrece una herramienta (objeto) que permite seleccionar un conjunto de registros con los que trabajar en un momento determinado y, además, limitar el número de campos sobre los que operar; así, es posible centrar el trabajo en los registros y campos adecuados.

Tanto el aspecto como la funcionalidad de la ventana de una consulta es similar a la de una tabla (sobre todo en las *consultas de selección*), con la única diferencia de que en ellas no se visualizarán todos los datos almacenados en la tabla. Las consultas no almacenan datos, sino que permiten trabajar con los datos almacenados en tablas, por lo que todas las modificaciones que se realicen en los datos seleccionados por las consultas, quedarán automáticamente grabadas en las tablas correspondientes.

Existen varios tipos de consultas, tal y como comprobará a lo largo de éste y del próximo capítulo, que se pueden agrupar en las siguientes:

- **Consultas de selección**; aquéllas que permiten seleccionar campos y registros de una o varias tablas. Estas consultas también permiten calcular datos a partir de los almacenados en la tabla, bien de forma individual para cada registro (*consultas con campos calculados*) bien de forma global para un conjunto de ellos (*consultas de resumen*).
- **Consultas de acción**; aquéllas que permiten realizar, automáticamente, operaciones concretas con los datos de una tabla. Dependiendo de la acción que realicen, se definen como *consultas de creación de tablas, consultas de actualización, consultas de eliminación, consultas de datos anexados*, etc.

7.3. Modos de crear una consulta

Básicamente, existen dos modos de crear una consulta: con o sin ayuda del Asistente.

Si no se utiliza el Asistente, la creación de una consulta se debe realizar en su ventana de diseño. Si la consulta es de selección, caso más sencillo, habrá que especificar los campos que se desea visualizar, introducir el criterio que permite seleccionar los registros, activar una posible ordenación para los registros, etc. Todas estas características constituirán el *diseño de la consulta*.

Lógicamente, la creación con ayuda del Asistente resulta mucho más sencilla, puesto que éste pedirá, a través de cuadros de diálogo, toda la información que sea necesaria para crear el diseño de la consulta. Access ofrece diversos Asistentes para consultas, cuya función se recoge en la tabla 7.1.

Tabla 7.1

Asistente para	*Funcionalidad*
Consultas sencillas	Crea consultas de selección, que pueden ser de *detalle* (obtención de los datos de cada registro) o de *resumen* (obtención de sumas, porcentajes, recuentos... para un conjunto de registros).
Consultas de referencias cruzadas	Crea una tabla en la que se resume la información de una o varias tablas.
Consultas de buscar duplicados	Permite buscar registros duplicados en una tabla.
Consultas de buscar no coincidentes	Busca registros de una tabla que no tenga registros relacionados en otra.

Existen varios modos de comenzar a crear una consulta, que se detallan a continuación:

a) Mediante las opciones existentes en la ficha Consultas de la ventana de la base de datos (véase la figura 7.1).

Figura 7.1

b) Mediante el cuadro de diálogo Nueva consulta (véase figura 7.2), que se obtiene al seleccionar Insertar / Consulta o al hacer clic sobre el botón visible en la ventana de la base de datos cuando está activa la ficha **Consulta**.

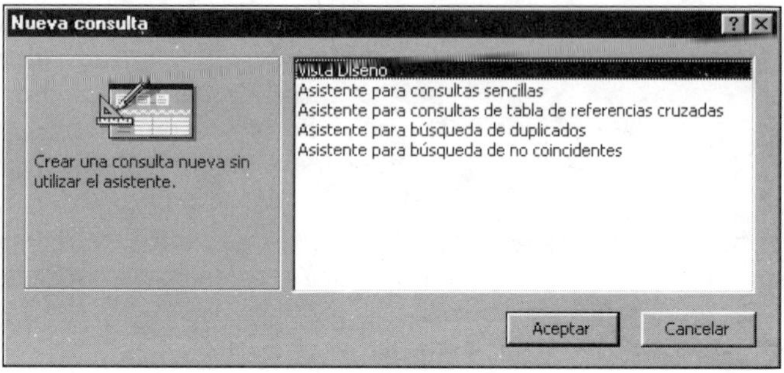

Figura 7.2

Información: Otro modo de comenzar la creación de una consulta, o cualquier otro tipo de objeto de una base de datos, consiste en seleccionarlo de la lista desplegable del botón **Nuevo objeto** *de la barra de herramientas (véase la figura 7.3).*

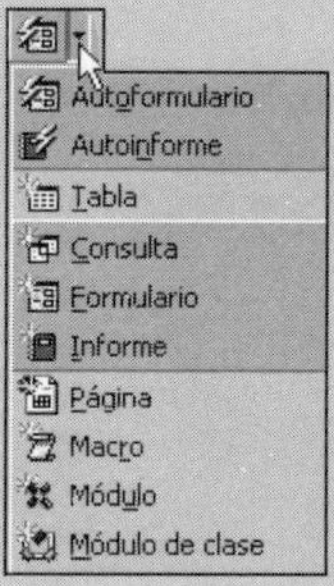

Figura 7.3

7.4. Crear una consulta de selección mediante el Asistente

A continuación va a crear una consulta de selección sencilla, con ayuda del Asistente, la cual le permitirá tener una primera toma de contacto con este tipo de objeto y comprender su funcionamiento.

1. Active la ficha **Consultas** de la ventana de la base de datos; su aspecto será como el de al figura 7.1.
2. Haga doble clic sobre la opción **Crear una consulta utilizando el asistente.** Se cargará el Asistente en memoria y aparecerá su primer cuadro de diálogo, análogo al de la figura 7.4, en el que debe indicar la tabla en la que va a realizar la consulta, así como los campos que desea visualizar en ella.
3. Haga clic sobre el botón que despliega la lista de la opción **Tablas/Consultas** y seleccione la tabla **Clientes.** Los campos de esta tabla se visualizarán en el recuadro **Campos disponibles.**
4. Haga clic sobre el campo **Nombre** y sobre el botón >, para seleccionar este campo.
5. Haga clic sobre el campo **Apellidos** y sobre el botón >, para añadirlo a la consulta.
6. Añada, del mismo modo, los campos **DNI**, **Dirección** y **Ciudad.** El cuadro de diálogo, análogo al de la figura 7.4, muestra qué campos están incluidos en la consulta y cuáles no.

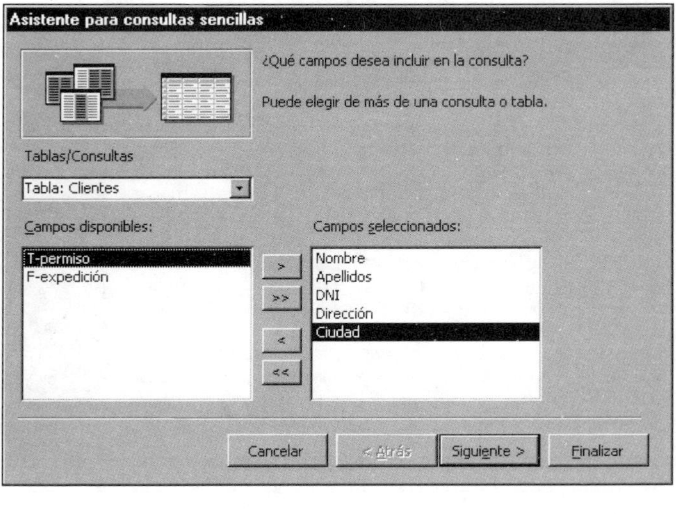

Figura 7.4

El orden en el que se han añadido los campos a la consulta determinará cómo se visualizarán al activarla.

Información: *Si deseara eliminar un campo de la consulta, debería seleccionarlo y hacer clic sobre el botón <. Los iconos >> y << permiten, respectivamente, añadir o eliminar todos los campos.*

7. Haga clic sobre el botón Siguiente. Aparecerá el próximo cuadro de diálogo, en el que podrá introducir el nombre de la consulta y la ventana que desea visualizar.

Nota: *Si entre los campos seleccionados para la consulta hubiera alguno de tipo numérico, el Asistente mostraría, al realizar el paso 7, otro cuadro de diálogo que permitiría elegir entre realizar una consulta de detalle o de resumen.*

8. Escriba, Clientes de Toledo, como nombre de la consulta. Posteriormente verá porqué le asignamos ese nombre.
9. Compruebe que está activa la opción Abrir la consulta para ver información y haga clic sobre el botón Finalizar. El Asistente creará la consulta, guardará su diseño y mostrará su resultado en una ventana como la de la figura 7.5.

Clientes de Toledo : Consulta de selección

Nombre	Apellidos	DNI	Dirección	Ciudad
Beatriz	García Martín	00371569	Avda. Ilustración, 57	Toledo
Sandra	Flores Jorge	00445760	C/ La Cañada, 28	Madrid
Carlos Javier	López Carvajal	00740365	Camino del Salmoral, 34	Madrid
Vanessa	Rodríguez Recio	02748375	C/ Pinto, 24	Madrid
Ismael	Daza Rincón	03549358	C/ Arroyo, 43	Madrid
Fanny	Zepeda Castillo	07385709	C/ Antonio Gala, 34	Toledo
Alberto	Élez Rodrigo	07834658	C/ Monfragüe, 19	Cuenca
Mariano	Dorado Serrano	08785691	Avda. Moratalaz, 54	Madrid
Anais	Rodríguez Alonso	09856064	C/ Alpujarras, 43	Madrid
Soraya	Batres Corzo	12348630	C/ Getafe, 5	Cuenca
Carlos	Ponzoni Cruz	23503875	C/ Arroyo blanco, 9	Cuenca
Marta	Paniagua Alonso	24589635	C/ Márquez,12	Madrid
Roberto	Pinilla Corzo	28759595	C/ Marroquina, 2	Toledo
Abraham	Vas Ramírez	37409800	C/ Real, 57	Madrid
Natalia	Montoya Arroyo	43809540	C/ Verona, 3	Toledo
Ana Belén	Fuentes Rojas	58347695	C/ Leganés, 79	Toledo

Registro: 1 de 16

Figura 7.5

Compruebe que en la ventana de la consulta, de aspecto similar al de una tabla, se visualizan todos los registros pero sólo aquellos campos seleccionados durante su creación.

7.5. Modificar el diseño de una consulta

Desde la ventana de la consulta se puede activar la ventana de diseño, en la que es posible realizar modificaciones en su definición. Para ello, debe seleccionar Ver / Vista Diseño o hacer clic sobre el botón de la barra de herramientas.

1. Haga clic sobre el botón. Aparecerá la ventana Diseño, análoga a la figura 7.6, aunque puede que su ventana esté maximizada.

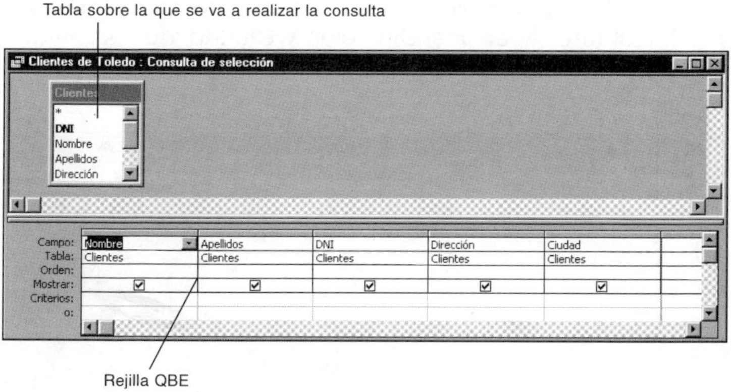

Figura 7.6

La ventana Diseño de la consulta está dividida en dos partes. La parte superior muestra la ventana de los campos de la tabla sobre la que se está realizando la consulta. En la parte inferior aparece una cuadrícula (*rejilla QBE*), en la que se visualizan, distribuidos por columnas, los campos utilizados en la consulta. Para que un campo se visualice en la consulta, además de encontrarse en la rejilla QBE, debe tener activa la casilla de visualización Mostrar.

Cada una de las líneas de esta rejilla permite indicar ciertas características de las consultas: qué campos se visualizarán, activar una posible ordenación de los registros, los criterios para seleccionar registros, etc.

El movimiento del cursor por las distintas partes de la ventana de diseño se puede realizar con el ratón (haciendo clic sobre el punto deseado), o bien con las teclas <**Tab**>, <**Mayús-Tab**> y <**Teclas de movimiento**>, para desplazar el cursor dentro de un panel, y <**F6**> para desplazarlo entre los paneles.

2. Desactive la visualización del campo DNI, haciendo clic sobre su casilla de verificación.
3. Haga clic sobre la celda correspondiente al campo Ciudad y a la fila Criterios, y escriba **Toledo**. Posteriormente comprenderá perfectamente la operación que está realizando; por ahora, basta con indicar que esto permitirá visualizar sólo los clientes de Toledo.
4. Haga clic sobre el botón de la barra de herramientas, para activar la visualización de la hoja de datos. Comprobará que sólo se visualizan los datos de los campos Nombre, Apellidos, Dirección y Ciudad, de los clientes que viven en la ciudad de Toledo (véase figura 7.7).

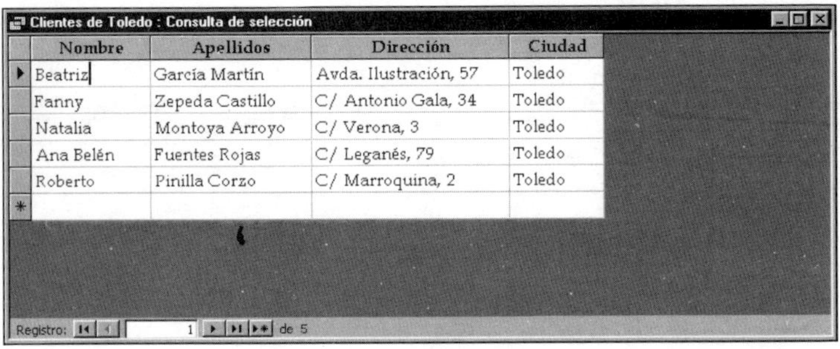
Clientes de Toledo : Consulta de selección

Nombre	Apellidos	Dirección	Ciudad
Beatriz	García Martín	Avda. Ilustración, 57	Toledo
Fanny	Zepeda Castillo	C/ Antonio Gala, 34	Toledo
Natalia	Montoya Arroyo	C/ Verona, 3	Toledo
Ana Belén	Fuentes Rojas	C/ Leganés, 79	Toledo
Roberto	Pinilla Corzo	C/ Marroquina, 2	Toledo

Registro: 1 de 5

Figura 7.7

7.6. Guardar una consulta

Cuando se hace una consulta desde cero, que no ha sido nuestro caso, o cuando se modifica una ya creada, debe guardarse el diseño de la consulta antes de cerrar su ventana.

Las consultas pueden guardarse desde la ventana Diseño o desde la ventana Hoja de datos. Lo que se guarda de una consulta no son los datos que muestra, sino su diseño. Ése es el motivo por el que una consulta guardada, al activarla de nuevo, no tiene por qué mostrar siempre el mismo resultado, ya que se podrían haber añadido nuevos registros que cumplieran la condición o podrían haberse eliminado o modificado otros, lo que provocaría que aparecieran, o desaparecieran, del resultado.

1. Seleccione Archivo / Guardar. Access guardará la consulta sin pedir un nombre para ella, ya que éste se especificó durante su creación con el Asistente.

> ***Nota:*** *Puede guardar una consulta rápidamente haciendo clic sobre el botón 💾 de la barra de herramientas.*

7.7. Cerrar la ventana de una consulta

Como ha comprobado, las consultas, como cualquier objeto de una base de datos, tienen dos ventanas que pueden conmutarse rápidamente mediante los botones de la barra de herramientas o mediante las opciones del menú Ver.

En el caso de las consultas, sus ventanas son Diseño y Hoja de datos; ambas pueden maximizarse, minimizarse, cerrarse, etc. Estas operaciones se pueden realizar, indistintamente, sobre cualquiera de las ventanas, ya que en realidad afectarán a las dos.

1. Seleccione Archivo / Cerrar; volverá a visualizar la ventana de la base de datos, cuya ficha Consulta mostrará la anteriormente creada.

> ***Información:*** *Si el programa detectase modificaciones en el diseño de la consulta que se quiere cerrar, mostraría un cuadro de diálogo indicándoselo.*

7.8. Crear una consulta en la ventana Diseño

Anteriormente creó una consulta con ayuda del Asistente; ahora creará otra consulta directamente en la ventana

Diseño; para ello tendrá que incluir los campos cuyos datos desee visualizar y los criterios que le permitan seleccionar los registros.

1. Active, si no lo estuviera, la ficha Consultas de la ventana de la base de datos, haciendo clic sobre su botón.
2. Haga doble clic sobre la opción Crear una consulta en vista Diseño. Aparecerá el cuadro de diálogo Mostrar tabla (véase figura 7.8) en el que debe seleccionar la tabla o consulta sobre la que actuará la consulta que va a crear.

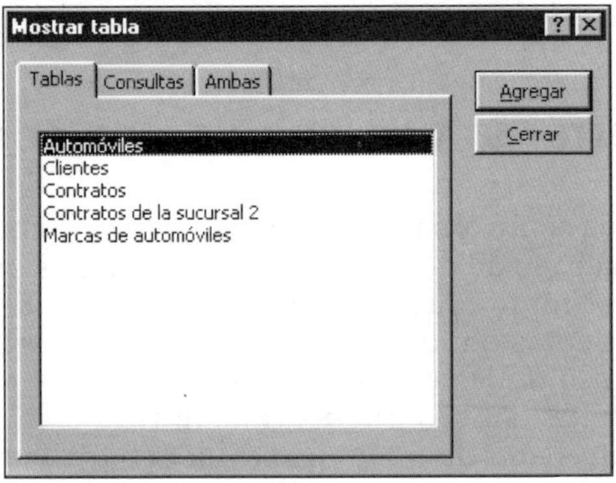

Figura 7.8

> ***Nota**: Una consulta puede actuar también sobre los datos seleccionados por otra.*

3. Active, si no lo estuviera, la ficha Tablas, y haga clic sobre la tabla Automóviles y sobre el botón Agregar.
4. Haga clic sobre el botón Cerrar. Se visualizará la ventana de diseño de la consulta, prácticamente vacía, ya que sólo contiene, en el panel superior, la ventana de los campos de la tabla sobre la que actuará la consulta.

7.8.1. Agregar campos a la consulta

Al crear una consulta, lo primero que debe hacer es incluir los campos necesarios en la rejilla de la parte inferior;

no sólo los que desea visualizar como resultado de la consulta, sino también aquéllos que necesite para otros fines como ordenaciones, selección de registros, etc.

Para incluir un campo en la rejilla QBE tiene varias posibilidades: la primera consiste en hacer doble clic sobre el campo en la ventana de campos, con lo que se agregará a la rejilla; otra opción consiste en hacer clic sobre una celda vacía de la fila Campo de la rejilla QBE y sobre su botón ▾, con lo que podrá seleccionar el campo de su lista desplegable.

En la mayoría de los casos interesará añadir todos los campos a la rejilla y desactivar la visualización de los que no se desee obtener en el resultado; de este modo, cualquiera de ellos podrá utilizarse para realizar ordenaciones, para seleccionar registros, etc. A continuación va a utilizar otro método, distinto a los indicados anteriormente, para añadir todos los campos a la rejilla QBE:

1. Haga doble clic sobre la barra de título de la ventana de campos de la tabla Automóviles; todos los campos quedarán seleccionados.
2. Arrastre los campos seleccionados hasta la primera celda de la fila Campo de la rejilla QBE. Se añadirán todos los campos a la rejilla, aunque es posible que no pueda visualizarlos todos debido a su elevado número (véase la figura 7.9). Si desea verlos todos, utilice la barra de desplazamiento horizontal o amplíe el tamaño de la ventana Diseño.

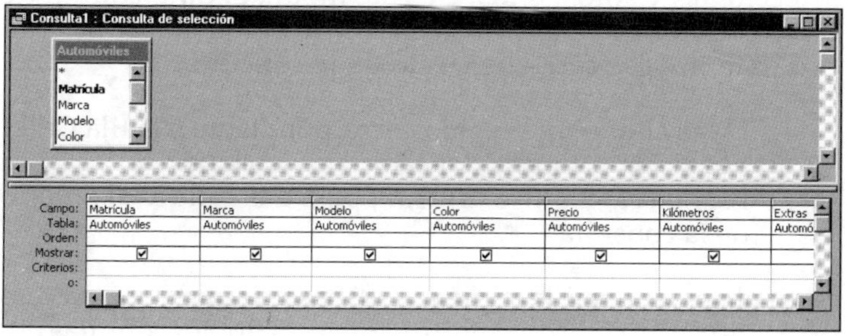

Figura 7.9

Siempre que se añade un campo a la rejilla, Access activa automáticamente su visualización en el resultado de la consulta (la casilla de verificación de la fila Mostrar queda activada).

3. Haga clic sobre las casillas de visualización de los campos Precio y Fotografía, para desactivarlas.

7.8.2. Introducir criterios para seleccionar registros

Como ya sabe, una de las finalidades más importantes de las consultas es la selección de un grupo de registros que cumplan una determinada condición. De este modo, las consultas pueden dar respuesta a preguntas como: ¿qué coches hay de la marca Opel?, ¿qué clientes viven en Madrid o Toledo?, ¿qué contratos se han firmado el día 19 de agosto de 1999?, etc.

La selección de registros se realiza mediante la introducción de un *criterio* (condición) en la rejilla QBE, que deberá escribirse obligatoriamente en alguna de las celdas de la fila Criterios.

Si recuerda, en la consulta creada con la ayuda del Asistente introdujo, en la celda Criterios del campo Ciudad, la palabra Toledo, que permitió seleccionar los clientes que vivían en dicha ciudad.

A continuación va a introducir el criterio para seleccionar los automóviles que están disponibles, es decir, que en este momento no están alquilados. El criterio o condición es una característica común a todos los registros que se quiere seleccionar, y sólo a ellos. De este modo, el dato común de estos coches se encuentra en el campo ¿Alquilado? y es No; por lo tanto, ése será el criterio de la consulta.

1. Haga clic sobre la celda correspondiente a la fila Criterios y a la columna del campo ¿Alquilado?.
2. Escriba No y pulse <**Intro**>, para dar validez al criterio de la consulta.

Si observa la rejilla (figura 7.10), comprobará que Access no ha introducido el dato entre caracteres dobles comillas ("), cosa que sí hizo en la consulta anterior, ya que aquel criterio hacía referencia a un campo de tipo Texto. En la tabla 7.2 se indica cómo han de escribirse los datos, en función del tipo de campo, y los caracteres (delimitadores) que el programa añadirá automáticamente.

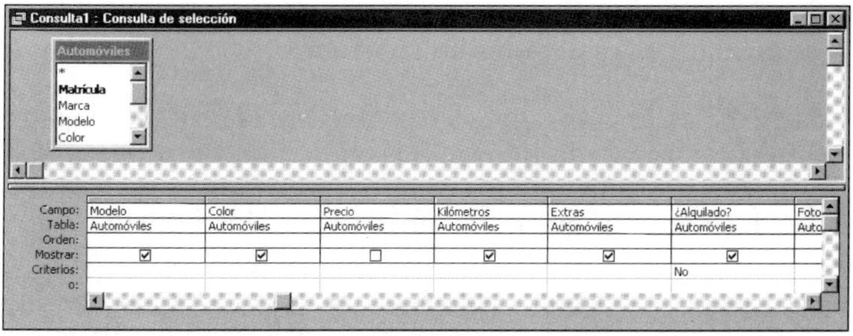

Figura 7.10

Tabla 7.2

Tipo de datos	*Deben escribirse..., y sus delimitadores son*
Texto	El dato puede escribirse tal cual está introducido en la tabla, pero el programa lo mostrará encerrado entre comillas.
Numérico	El número debe introducirse con su correspondiente separador decimal (si tuviera).
Fecha/hora	Debe escribirse la fecha en uno de los si guientes formatos: **31 Ago 62**; **31/08/62**; **31-08-62**;**Ago 31 62**.
Moneda	El dato se introduce como en los campos de tipo Numérico, sin los caracteres correspondientes al símbolo monetario.
Autonumérico	Igual que los campos de tipo Numérico.
Sí/No	En este caso, sólo pueden introducirse dos criterios, pero de varias formas cada uno: **Sí** o **Activado,** para seleccionar los registros cuyo contenido en el campo sea Sí, y **No** o **Desactivado** para seleccionar los contrarios.

Información: *En los campos de tipo* Memo, Hipervínculo *y* Objeto OLE *no se pueden introducir criterios.*

7.8.3. Visualizar el resultado de una consulta

Es posible visualizar el resultado de la consulta en cualquier momento de su creación, de manera que pueda ir comprobando el efecto que producen, en el resultado final, las modificaciones realizadas en su diseño.

1. Haga clic sobre el botón . Activará la ventana Hoja de datos (véase la figura 7.11) en la que comprobará que sólo se visualizan los campos indicados en el diseño y los registros que cumplen el criterio introducido.

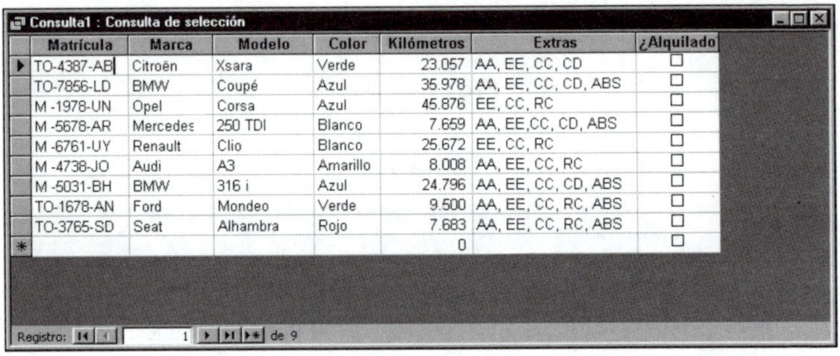
Consulta1 : Consulta de selección

	Matrícula	Marca	Modelo	Color	Kilómetros	Extras	¿Alquilado
▶	TO-4387-AB	Citroën	Xsara	Verde	23.057	AA, EE, CC, CD	☐
	TO-7856-LD	BMW	Coupé	Azul	35.978	AA, EE, CC, CD, ABS	☐
	M -1978-UN	Opel	Corsa	Azul	45.876	EE, CC, RC	☐
	M -5678-AR	Mercedes	250 TDI	Blanco	7.659	AA, EE,CC, CD, ABS	☐
	M -6761-UY	Renault	Clio	Blanco	25.672	EE, CC, RC	☐
	M -4738-JO	Audi	A3	Amarillo	8.008	AA, EE, CC, RC	☐
	M -5031-BH	BMW	316 i	Azul	24.796	AA, EE, CC, CD, ABS	☐
	TO-1678-AN	Ford	Mondeo	Verde	9.500	AA, EE, CC, RC, ABS	☐
	TO-3765-SD	Seat	Alhambra	Rojo	7.683	AA, EE, CC, RC, ABS	☐
*					0		☐

Registro: 1 de 9

Figura 7.11

El procedimiento realizado por Access para seleccionar los registros es la comparación del dato de cada registro, en el campo especificado, con el criterio introducido; si existe coincidencia presentará el registro en la tabla de datos de la consulta. La rejilla QBE de la ventana Diseño recibe su nombre de la abreviatura de **Q**uery **B**y **E**xample (Consulta por ejemplo).

2. Haga clic sobre el botón , para volver a activar la ventana Diseño.

7.8.4. Ordenar los registros

Como habrá comprobado en el resultado de la consulta anterior, los registros aparecen colocados en el mismo orden que en la tabla. Aunque es posible ordenar el resultado de una consulta del mismo modo que en una tabla (seleccionando Registros / Ordenar o utilizando los botones correspondientes de la barra de herramientas), Access le permite especificar una ordenación, en la propia ventana de diseño, para los registros que se vayan a seleccionar. Tan sólo debe indicar el tipo de ordenación, en la celda Orden del campo por el que se va a realizar la ordenación, tal y como va a hacer a continuación:

1. Haga clic sobre la celda Orden del campo Kilómetros. Aparecerá el botón que permite desplegar la lista de opciones.
2. Haga clic sobre el botón, para desplegar la lista con los tipos de ordenación, y seleccione la opción Ascendente.
3. Haga clic sobre el botón de la barra de herramientas. Obtendrá los coches no alquilados ordenados en orden creciente de kilometraje (véase figura 7.12).

Consulta1 : Consulta de selección

	Matrícula	Marca	Modelo	Color	Kilómetros	Extras	¿Alquilado
▶	M -5678-AR	Mercedes	250 TDI	Blanco	7.659	AA, EE,CC, CD, ABS	☐
	TO-3765-SD	Seat	Alhambra	Rojo	7.683	AA, EE, CC, RC, ABS	☐
	M -4738-JO	Audi	A3	Amarillo	8.008	AA, EE, CC, RC	☐
	TO-1678-AN	Ford	Mondeo	Verde	9.500	AA, EE, CC, RC, ABS	☐
	TO-4387-AB	Citroën	Xsara	Verde	23.057	AA, EE, CC, CD	☐
	M -5031-BH	BMW	316 i	Azul	24.796	AA, EE, CC, CD, ABS	☐
	M -6761-UY	Renault	Clio	Blanco	25.672	EE, CC, RC	☐
	TO-7856-LD	BMW	Coupé	Azul	35.978	AA, EE, CC, CD, ABS	☐
	M -1978-UN	Opel	Corsa	Azul	45.876	EE, CC, RC	☐
*					0		☐

Registro: 1 de 9

Figura 7.12

7.8.5. Guardar y cerrar una consulta

Las consultas pueden guardarse desde la ventana Diseño o desde la ventana Hoja de datos.

1. Seleccione Archivo / Guardar. Access mostrará el cuadro de diálogo Guardar como (véase la figura 7.13) en el que debe escribir el nombre de la consulta.

Figura 7.13

2. Escriba Coches disponibles para alquilar, y haga clic sobre el botón Aceptar.
3. Una vez guardada la consulta, seleccione Archivo / Cerrar, para cerrar su ventana; volverá a visualizar la ventana de la base de datos.

7.9. Crear una consulta modificando el diseño de otra

A continuación va a modificar el diseño de la consulta anterior, Coches disponibles para alquilar, para crear otra que le permitirá averiguar los coches de color azul. Para ello debe abrir la ventana Diseño de la consulta, acción que realizará desde la propia ventana de la base de datos.

1. Haga clic sobre la consulta Coches disponibles para alquilar, para seleccionarla.
2. Haga clic sobre el botón de la ventana de la base de datos, para acceder a la ventana Diseño de la consulta.
3. Borre la condición No del campo ¿Alquilado?.
4. Escriba, en la celda Criterios del campo Color, el criterio Azul.
5. Haga clic sobre el botón para visualizar el resultado de la consulta, que debe ser análogo al de la figura 7.14.

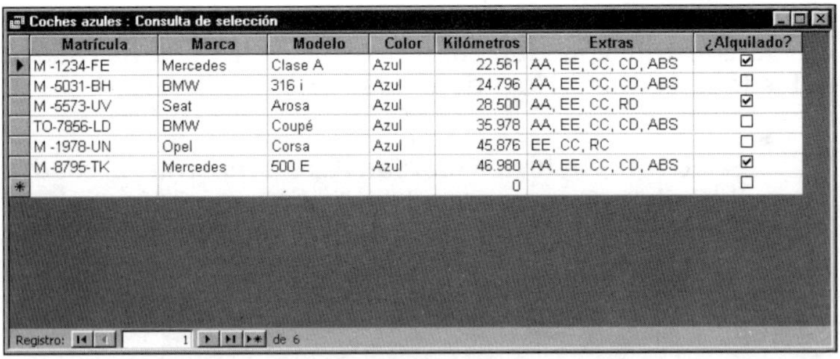

Coches azules : Consulta de selección

Matrícula	Marca	Modelo	Color	Kilómetros	Extras	¿Alquilado?
M -1234-FE	Mercedes	Clase A	Azul	22.561	AA, EE, CC, CD, ABS	☑
M -5031-BH	BMW	316 i	Azul	24.796	AA, EE, CC, CD, ABS	☐
M -5573-UV	Seat	Arosa	Azul	28.500	AA, EE, CC, RD	☑
TO-7856-LD	BMW	Coupé	Azul	35.978	AA, EE, CC, CD, ABS	☐
M -1978-UN	Opel	Corsa	Azul	45.876	EE, CC, RC	☐
M -8795-TK	Mercedes	500 E	Azul	46.980	AA, EE, CC, CD, ABS	☑
*				0		☐

Registro: 1 de 6

Figura 7.14

Una vez creada la nueva consulta, debe guardarla, pero ha de tener cuidado, ya que ha realizado modificaciones en el diseño de una consulta ya guardada; si utilizara el botón

, o la opción Guardar del menú Archivo, la nueva consulta se grabaría con el mismo nombre, y se perdería la consulta anterior. Por lo tanto, debe operar de otro modo para grabar el diseño de la nueva consulta con un nombre distinto:

6. Seleccione Archivo / Guardar como. Access mostrará el cuadro de diálogo Guardar como, que permite guardar la consulta en la base de datos activa con otro nombre (véase figura 7.15).
7. Escriba el nombre que aparece en el cuadro de diálogo de la figura 7.15:

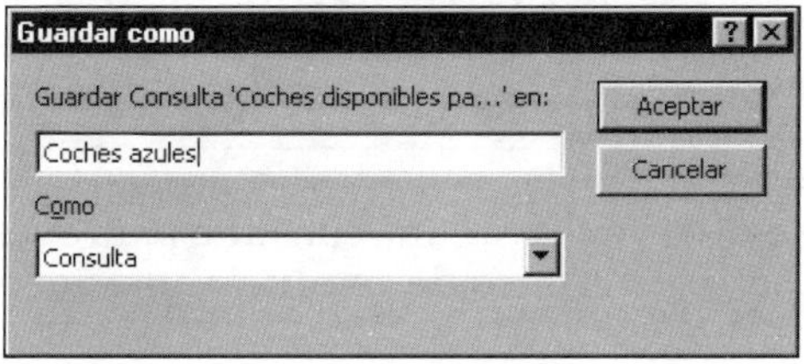

Figura 7.15

> ***Información:*** *Las opciones de la lista desplegable* Como *permiten guardar el resultado de la consulta como otro tipo de objeto de la base de datos: consulta, informe o formulario.*

8. Haga clic sobre el botón Aceptar.
9. Seleccione Archivo / Cerrar, para cerrar su ventana y visualizar la de la base de datos, en la que aparecerán las consultas creadas.

7.10. Operadores de comparación

Hasta ahora, ha creado consultas que seleccionan los registros con un determinado dato en un campo, por lo que sólo ha escrito, en la celda Criterios del campo, el dato en cuestión.

Aunque no se ha hecho así, esos criterios también se pueden escribir precedidos del operador igual que (=), ya que el programa selecciona todos los registros con un contenido en el campo exactamente igual al escrito en el criterio.

Además de este operador de comparación, Microsoft Access permite utilizar otros muchos, siendo los más importantes los de la tabla 7.3.

Tabla 7.3

Operador	*Significado*
=	Igual a (este operador se puede omitir).
>	Mayor que.
<	Menor que.
>=	Mayor o igual que.
<=	Menor o igual que.
<>	Distinto de.

Como ejemplo va a crear una consulta para averiguar qué clientes tienen un permiso de conducir anterior a 1990.

1. Haga clic sobre el botón Consultas, para activar esa ficha.
2. Haga doble clic sobre la opción Crear una consulta en vista Diseño. Aparecerá el cuadro de diálogo Mostrar tabla, en el que podrá seleccionar la tabla en la que realizará la consulta.
3. Haga clic sobre Clientes, para seleccionar esta tabla, y sobre el botón Agregar, para añadir su ventana de campos al diseño de la consulta.
4. Haga clic sobre el botón Cerrar, para cerrar el cuadro de diálogo. La ventana de diseño de la consulta quedará activa.

Ahora va a incluir los campos que desea obtener en el resultado de la consulta.

5. Haga doble clic, en el orden que se indica, sobre los campos DNI, Nombre, Apellidos y F-expedición; éstos se habrán añadido a la rejilla QBE.

Una vez incluidos los campos en la rejilla QBE, debe indicar el criterio que permitirá seleccionar los registros buscados.

6. Escriba, en la celda Criterios del campo F-expedición <=01/01/1990.
7. Haga clic sobre la celda Orden del campo F-expedición, para que aparezca el botón de selección, y seleccione de su lista la opción Ascendente. La ventana de diseño de la consulta será como la de la figura 7.16.

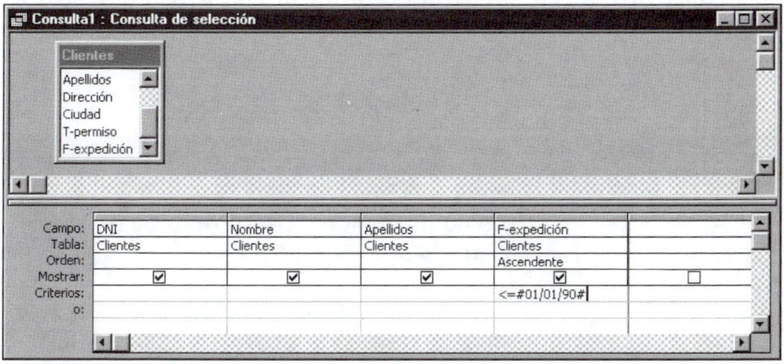

Figura 7.16

8. Haga clic sobre el botón para visualizar la ventana de resultados, análoga a la de la figura 7.17.

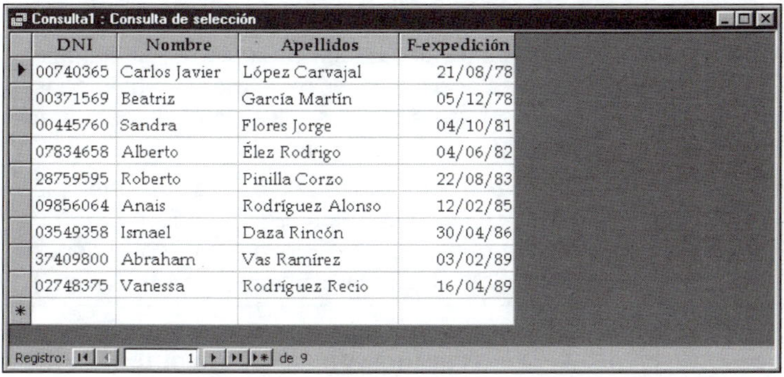

DNI	Nombre	Apellidos	F-expedición
00740365	Carlos Javier	López Carvajal	21/08/78
00371569	Beatriz	García Martín	05/12/78
00445760	Sandra	Flores Jorge	04/10/81
07834658	Alberto	Élez Rodrigo	04/06/82
28759595	Roberto	Pinilla Corzo	22/08/83
09856064	Anais	Rodríguez Alonso	12/02/85
03549358	Ismael	Daza Rincón	30/04/86
37409800	Abraham	Vas Ramírez	03/02/89
02748375	Vanessa	Rodríguez Recio	16/04/89

Figura 7.17

9. Haga clic sobre el botón para guardar la consulta.
10. Escriba Clientes con permiso de conducir anterior a 1990 y haga clic sobre el botón Aceptar.
11. Seleccione Archivo / Cerrar.

7.11. Utilizar comodines en los criterios

Además de los operadores de comparación, también es posible utilizar comodines en los criterios de una consulta, para aumentar las posibilidades de selección.

Entre los comodines que se pueden utilizar destacan *, ? y #, cuya función se detalla en la tabla 7.4, junto a algunos ejemplos sencillos que aclaran su utilización.

Tabla 7.4

Comodín	*Acción y ejemplos*
*	Actúa como un conjunto de caracteres de longitud variable. Algunos ejemplos son: - **JA***, seleccionaría todos los registros cuyo dato comenzase por JA (JAMÓN, JABÓN, JACINTA, JARRA, etc.). - ***R**, seleccionaría todos los registros cuyo dato acabase en R (CANTOR, SOR, etc.). - **B*A**, seleccionaría todos los registros cuyo dato tuviera cualquier longitud pero comenzase por B y finalizase por A (BELLA, BOCA, etc.).
?	Actúa como un carácter cualquiera. Por ejemplo: **?CA**, seleccionaría los registros cuyo dato constara de tres caracteres y los dos últimos fueran CA (OCA, ICA, UCA, etc.).
#	Actúa como un dígito cualquiera. Por ejemplo, **12#4**, seleccionaría los registros cuyo dato numérico constara de 4 dígitos, con coincidencia en los dos primeros y el último (1214, 1224, etc.).

Como ejemplo va a crear una consulta para obtener todos los coches que tengan aire acondicionado.

1. Con la ficha Consultas activa, haga clic sobre el botón 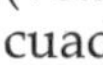; se activará el cuadro de diálogo Nueva Consulta (véase la figura 7.2); también podría haber activado este cuadro seleccionado Insertar / Consulta.

2. Haga doble clic sobre la opción Vista Diseño; aparecerá el cuadro de diálogo Mostrar tabla.
3. Haga clic sobre Automóviles y el botón Agregar, para añadir la ventana de campos al diseño de la consulta.
4. Haga clic sobre el botón Cerrar.
5. Haga doble clic sobre los siguientes campos, en el orden indicado, para incluirlos en la rejilla QBE: Matrícula, Marca, Modelo, Color y Extras.

Una vez añadidos los campos, debe indicar el criterio que seleccionará los registros deseados. En este caso, como se desea seleccionar los registros que contengan los caracteres AA en el contenido del campo Extras, deberá utilizar el comodín * para permitir la existencia de más caracteres por la derecha y por la izquierda de éstos.

6. Escriba, en la celda Criterios del campo Extras, *AA*. Pulse <**Intro**>, para dar validez al criterio escrito, y observe que el programa ha introducido Como "*AA*".
7. Seleccione la ordenación Ascendente para los campos Marca y Modelo. Al activar la ordenación por dos campos, primero utilizará el de la izquierda y, los registros que tengan el mismo contenido en este campo, los ordenará por el campo de la derecha. La rejilla QBE de la ventana de diseño debe ser análoga a la de la figura 7.18.

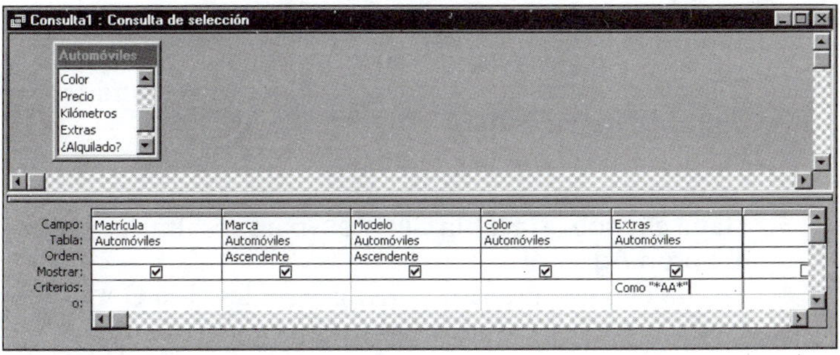

Figura 7.18

8. Haga clic sobre el botón, para visualizar la ventana de resultado, que será como la de la figura 7.19.
9. Haga clic sobre el botón, para guardar la consulta.
10. Escriba Coches con aire acondicionado y pulse <**Intro**>.
11. Seleccione Archivo / Cerrar.

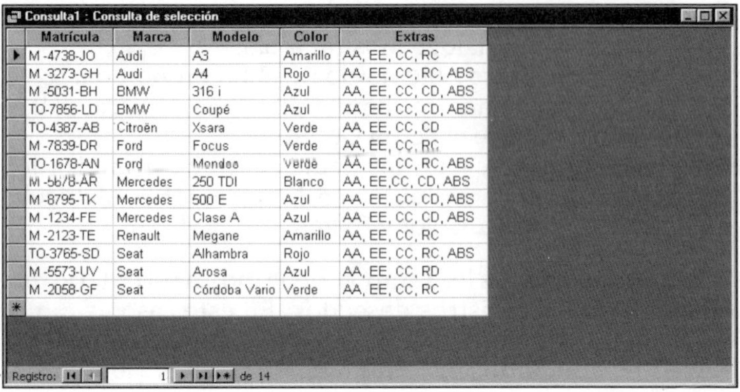

Consulta1 : Consulta de selección

Matrícula	Marca	Modelo	Color	Extras
M -4738-JO	Audi	A3	Amarillo	AA, EE, CC, RC
M -3273-GH	Audi	A4	Rojo	AA, EE, CC, RC, ABS
M -5031-BH	BMW	316 i	Azul	AA, EE, CC, CD, ABS
TO-7856-LD	BMW	Coupé	Azul	AA, EE, CC, CD, ABS
TO-4387-AB	Citroën	Xsara	Verde	AA, EE, CC, CD
M -7839-DR	Ford	Focus	Verde	AA, EE, CC, RC
TO-1678-AN	Ford	Mondeo	Verde	AA, EE, CC, RC, ABS
M -5678-AR	Mercedes	250 TDI	Blanco	AA, EE,CC, CD, ABS
M -8795-TK	Mercedes	500 E	Azul	AA, EE, CC, CD, ABS
M -1234-FE	Mercedes	Clase A	Azul	AA, EE, CC, CD, ABS
M -2123-TE	Renault	Megane	Amarillo	AA, EE, CC, RC
TO-3765-SD	Seat	Alhambra	Rojo	AA, EE, CC, RC, ABS
M -5573-UV	Seat	Arosa	Azul	AA, EE, CC, RD
M -2058-GF	Seat	Córdoba Vario	Verde	AA, EE, CC, RC

Registro: 1 de 14

Figura 7.19

7.12. Crear consultas en varias tablas

Hasta ahora, las consultas creadas se han realizado en una única tabla. Sin embargo, es posible realizar consultas sobre varias tablas a la vez, de modo que se obtenga información de cualquiera de ellas.

A continuación va a crear una consulta para averiguar los clientes que han alquilado un coche antes del 22 de agosto de 1999; por lo tanto, necesita extraer información de las tablas Contratos y Clientes.

1. Seleccione Insertar / Consulta; obtendrá el cuadro de diálogo Nueva consulta.
2. Haga doble clic sobre la opción Vista Diseño, para obtener el cuadro de diálogo Mostrar tabla.
3. Haga clic sobre la tabla Clientes, para resaltarla, y sobre el botón Agregar.
4. Repita el paso anterior para agregar la tabla Contratos.
5. Haga clic sobre el botón Cerrar. El cuadro de diálogo se cerrará y podrá visualizar la ventana Diseño de la consulta. Observe en la figura 7.20, que el programa muestra la relación existente entre las tablas.
6. Añada, en el orden que se indica, los campos Nombre, Apellidos y DNI, de la tabla Clientes, y los campos Matrícula y F-inicial de la tabla Contratos.
7. Introduzca el criterio que permite seleccionar los contratos realizados antes del día 22-08-99 y active una

ordenación ascendente en el campo Apellidos, tal y como muestra la figura 7.20.

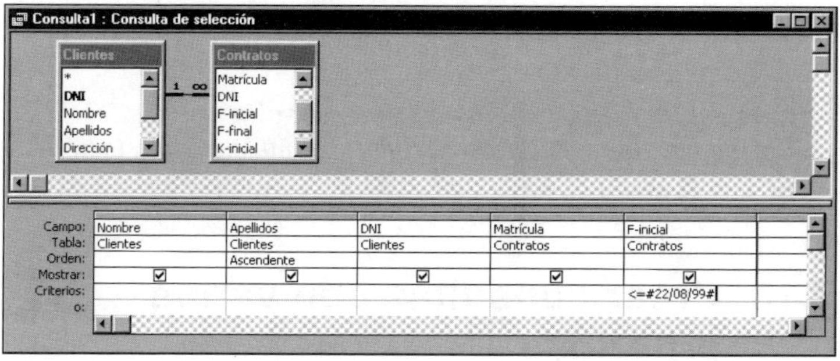

Figura 7.20

8. Haga clic sobre el botón. La ventana Hoja de datos mostrará los datos de los clientes solicitados, que serán los de la figura 7.21.

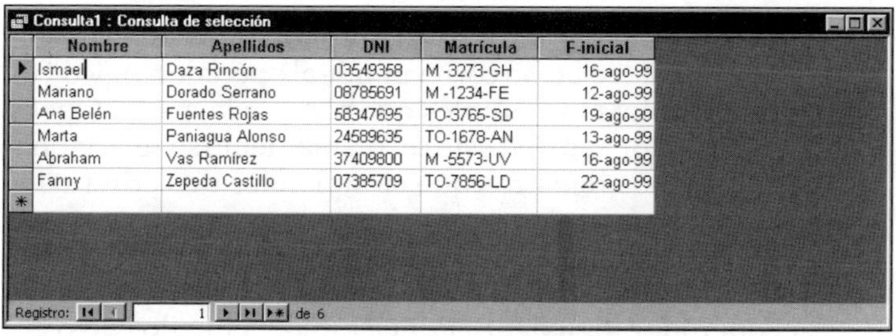

Figura 7.21

Una vez comprobado el resultado de la consulta, guardará su diseño y cerrará su ventana.

9. Seleccione Archivo / Guardar o haga clic sobre el botón.
10. Escriba Clientes que han alquilado un coche antes del 22-08-99 y pulse <**Intro**>, para guardar la consulta.
11. Seleccione Archivo / Cerrar. Volverá a tener activa la ventana de la base de datos.

Información: En caso de que no se hubiera creado la relación entre las tablas de la consulta, éstas se tendrían que haber combinado en la ventana Diseño *de la consulta. El modo de hacerlo sería análogo al utilizado para relacionarlas, es decir, arrastrando el campo de relación de una tabla hasta la otra.*
La combinación de tablas en una consulta no implica la creación de la relación entre ellas; sin embargo, la relación de tablas sí implica su combinación en las consultas.

7.13. Crear consultas con varios criterios

Cuando se utiliza más de un criterio en una consulta, éstos pueden hacer referencia a un mismo campo o a campos diferentes; además, existen operadores lógicos que permiten indicar si los registros deben cumplir todos los criterios de selección a la vez, o sólo algunos de ellos.

- **Selección de registros que cumplan todos los criterios a la vez**. Esta relación corresponde al operador lógico "Y". Por ejemplo: automóviles que sean de la marca Opel y tengan color azul; en este caso, solamente se seleccionarán aquellos registros que cumplan los dos criterios al mismo tiempo.
- **Selección de registros que cumplan, al menos uno de los criterios indicados**. Esta relación se corresponde con el operador lógico "O". Por ejemplo: vehículos de color verde, azul o rojo; en este caso, los registros se seleccionarán en cuanto cumplan uno de los tres criterios indicados.

Dependiendo del operador lógico de los criterios, y de si éstos afectan a uno o a varios campos, los criterios de selección deben escribirse de una manera específica en la rejilla QBE. Como norma general, los criterios que han de cumplirse al mismo tiempo deberán escribirse en la misma fila de criterios, mientras que aquellos que deban cumplirse, al menos uno, habrán de introducirse en diferentes filas de criterios.

7.13.1. Varios criterios, en un mismo campo,que deban cumplirse a la vez

Uno de los casos típicos de utilización de dos criterios en el mismo campo, con el cumplimiento de ambos a la vez, es precisamente el de seleccionar los registros que tienen un valor numérico o una fecha comprendida entre dos valores extremos.

Cuando existen varios criterios en un mismo campo que deban cumplirse a la vez, éstos deben escribirse en la misma celda Criterios separados por el operador "Y".

A continuación va a crear una consulta para seleccionar los vehículos cuyos kilómetros estén comprendidos entre 20.000 y 40.000.

1. Active la ficha Consultas de la ventana de la base de datos.
2. Realice los pasos necesarios para crear el diseño de la consulta que muestra la figura 7.22. Observe que se realiza en la tabla Automóviles, que se ha activado una ordenación ascendente para el campo Kilómetros, y que el criterio debe escribirlo como >=20000 Y <=40000.

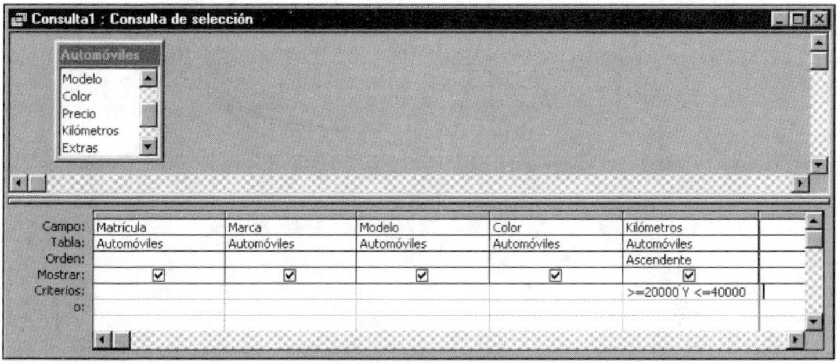

Figura 7.22

3. Haga clic sobre el botón ▦, para visualizar el resultado que muestra la figura 7.23.
4. Guarde la consulta con el nombre Vehículos con kilometraje entre 20000 y 40000, y cierre su ventana.

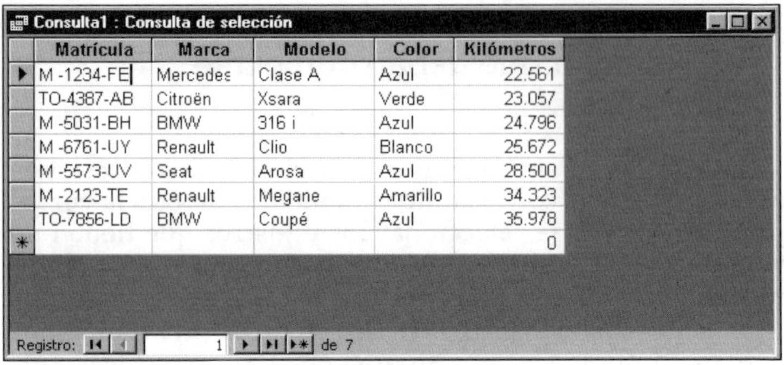

Consulta1 : Consulta de selección

Matrícula	Marca	Modelo	Color	Kilómetros
M -1234-FE	Mercedes	Clase A	Azul	22.561
TO-4387-AB	Citroën	Xsara	Verde	23.057
M -5031-BH	BMW	316 i	Azul	24.796
M -6761-UY	Renault	Clio	Blanco	25.672
M -5573-UV	Seat	Arosa	Azul	28.500
M -2123-TE	Renault	Megane	Amarillo	34.323
TO-7856-LD	BMW	Coupé	Azul	35.978
				0

Registro: 1 de 7

Figura 7.23

7.13.2. Varios criterios, en un mismo campo, de los que deba cumplirse al menos uno

En este caso va a crear una consulta que le permitirá seleccionar los automóviles de color azul, rojo o verde. En este caso existen tres criterios, que hacen referencia al campo (Color); bastará con que un registro cumpla uno de ellos para que sea seleccionado.

En este caso, los criterios pueden escribirse en la misma celda Criterios separados por el operador lógico "O", o pueden introducirse en celdas Criterios de distintas filas pero del mismo campo, tal y como muestra la figura 7.24.

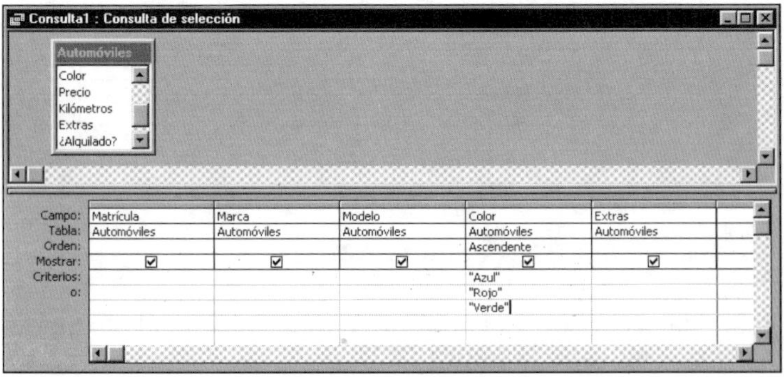

Figura 7.24

Información: *Hemos comprobado que en algunas versiones previas de Access 2000, el operador lógico* **O** *debía escribirse como "***OR***" (expresión anglosajona).*

1. Realice los pasos necesarios para crear el diseño de la consulta que muestra la figura 7.24, teniendo en cuenta que se realiza sobre la tabla Automóviles y que se ha activado una ordenación por el campo Color.
2. Haga clic sobre el botón para visualizar el resultado de la consulta (véase figura 7.25).

Consulta1 : Consulta de selección

Matrícula	Marca	Modelo	Color	Extras
M -8795-TK	Mercedes	500 E	Azul	AA, EE, CC, CD, ABS
M -5031-BH	BMW	316 i	Azul	AA, EE, CC, CD, ABS
M -1978-UN	Opel	Corsa	Azul	EE, CC, RC
M -1234-FE	Mercedes	Clase A	Azul	AA, EE, CC, CD, ABS
TO-7856-LD	BMW	Coupé	Azul	AA, EE, CC, CD, ABS
M -5573-UV	Seat	Arosa	Azul	AA, EE, CC, RD
TO-3765-SD	Seat	Alhambra	Rojo	AA, EE, CC, RC, ABS
M -3273-GH	Audi	A4	Rojo	AA, EE, CC, RC, ABS
M -7839-DR	Ford	Focus	Verde	AA, EE, CC, RC
TO-1678-AN	Ford	Mondeo	Verde	AA, EE, CC, RC, ABS
M -2058-GF	Seat	Córdoba Vario	Verde	AA, EE, CC, RC
TO-4387-AB	Citroën	Xsara	Verde	AA, EE, CC, CD

Registro: 1 de 12

Figura 7.25

3. Guarde la consulta con el nombre Vehículos azules, verdes o rojos, y cierre su ventana.

7.13.3. Varios criterios, en distintos campos, que deban cumplirse a la vez

Cuando los criterios afectan a distintos campos, cada uno de ellos debe escribirse en la celda Criterios de la columna de cada campo; además, si los criterios han de cumplirse todos a la vez, deberán estar en la misma fila de criterios.

Observe, en la figura 7.26, la ventana Diseño de una consulta que permitiría saber los vehículos Seat que se han alquilado en el mes de agosto de 1999.

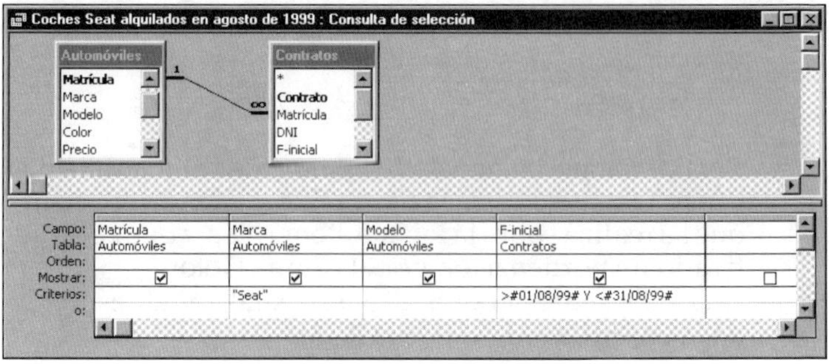

Figura 7.26

7.13.4. Varios criterios, en distintos campos, de los que deba cumplirse al menos uno

En este caso concreto, puesto que los criterios afectan a distintos campos, deberán escribirse en las celdas de criterio de cada campo, pero como es suficiente con que se cumpla un criterio para que un registro se seleccione, deberán estar en distintas filas.

Observe a continuación, en la figura 7.27, la ventana **Diseño** de una consulta que nos permitiría averiguar aquellos clientes que tienen un permiso de conducir que sea diferente del tipo B o los que su fecha de expedición es anterior al año 1990.

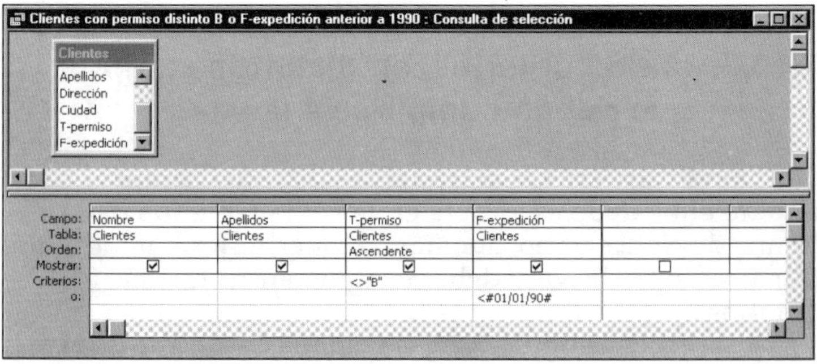

Figura 7.27

7.14. Abrir una consulta desde la ventana de la base de datos

Una vez que las consultas están guardadas, su activación se debe realizar desde la ficha Consultas correspondiente a la ventana de la base de datos, puesto que en ella se encontrarán todas las consultas que hayan sido creadas (véase la figura 7.28).

Figura 7.28

Existen varios modos de abrir la ventana Hoja de datos de una consulta:

a) Haciendo clic sobre la consulta, para resaltarla, y pulsando <**Intro**>.
b) Haciendo doble clic sobre la consulta.
c) Resaltando la consulta, y pulsando el botón  de la ventana de la base de datos.

> ***Información:*** *Si la ventana que se desea abrir es la de diseño, lo más rápido es seleccionar la consulta y hacer clic sobre el botón*  *de la ventana de la base de datos.*

7.15. Imprimir el resultado de una consulta

Del mismo modo que se imprimen los datos de una tabla, se puede imprimir el resultado de cualquier consulta. Los datos impresos se obtendrán con el aspecto que tienen en la ventana Hoja de datos de la consulta. Las posibilidades que existen para imprimir consultas se detallan a continuación:

a) Una vez abierta la ventana Hoja de datos, haciendo clic sobre el botón de la barra de herramientas.
b) Desde la ventana de la base de datos, seleccionando la opción Imprimir del menú contextual asociado a la consulta que quiera imprimir.
c) Seleccionando Archivo / Imprimir. En el cuadro de diálogo Imprimir podrá modificar alguna de las opciones de impresión (rango de impresión, número de copias...).

> ***Información:*** *Recuerde que puede comprobar el resultado de la impresión activando previamente la ventana* Vista preliminar *mediante el botón* .

8

Otros tipos de consultas

8.1. Introducción

En el capítulo anterior creó multitud de consultas de selección: con uno o varios criterios, en una o en varias tablas, utilizando distintos operadores de relación, e incluso utilizando comodines para aumentar el rango de selección.

En este capítulo continuará con otros tipos de consultas: aprenderá a crear consultas de selección interactivas, a calcular valores mediante la creación de campos calculados, y a utilizar las consultas de resumen para averiguar datos estadísticos de los datos de una tabla: recuentos, sumas, valores medios...

También aprenderá a crear y ejecutar consultas de actualización, para realizar distintas acciones en las tablas.

8.2. Crear consultas de selección interactivas

Las consultas realizadas en el capítulo anterior tenían los criterios escritos en la rejilla QBE; dichas consultas realizaban siempre la misma selección (por ejemplo, clientes que viven en Toledo), aunque el resultado pudiese variar de unas veces a otras en función de los datos existentes en la tabla (Clientes).

Access permite que una consulta pida al usuario el criterio por el que quiere seleccionar los registros, aumentando así su funcionalidad. Veamos un ejemplo con una consulta que permitirá seleccionar los clientes de la ciudad que el usuario introduzca durante la activación de la consulta.

1. Acceda a una ventana Diseño de una consulta nueva y agregue la tabla Clientes.
2. Añada, a la rejilla QBE, los campos Nombre, Apellidos, Dirección y Ciudad.
3. Seleccione la ordenación Ascendente para el campo Apellidos.
4. Introduzca, como criterio de selección del campo Ciudad, el texto [¿De qué ciudad?]. Este texto, que es obligatorio escribir entre corchetes, lo utilizará el programa para preguntar por el criterio de la consulta. El diseño de la consulta debe ser análogo al de la figura 8.1.

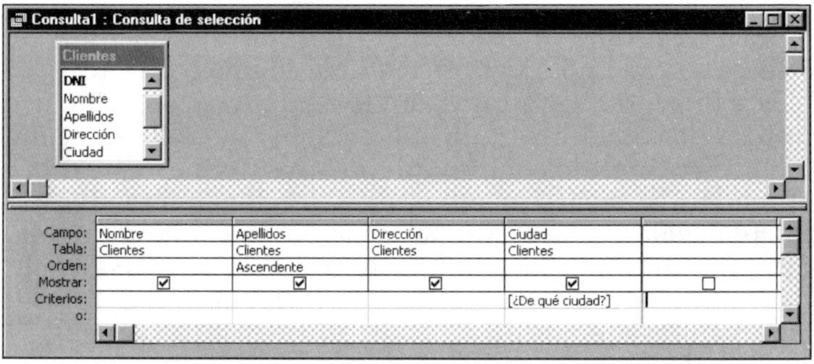

Figura 8.1

5. Guarde la consulta con el nombre Clientes de cualquier ciudad.
6. Haga clic sobre el botón ▦, para activar la consulta; el programa mostrará el cuadro de diálogo de la figura 8.2, en el que pregunta por el criterio de la consulta.

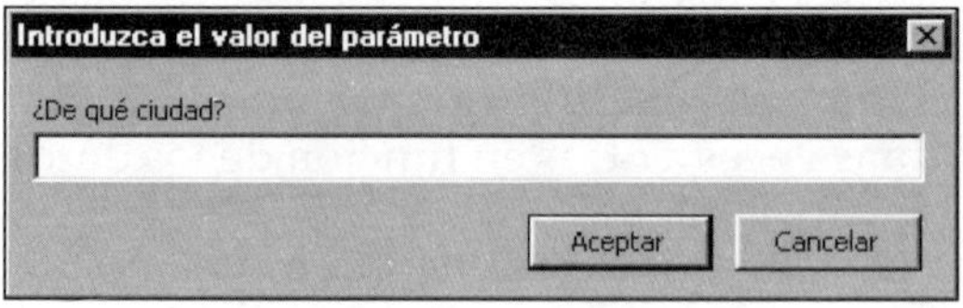

Figura 8.2

7. Escriba Madrid y haga clic sobre el botón Aceptar. Microsoft Access terminará de ejecutar la consulta, y mostrará el resultado de la misma, tal y como muestra la figura 8.3.

Clientes de cualquier ciudad : Consulta de selección

Nombre	Apellidos	Dirección	Ciudad
Ismael	Daza Rincón	C/ Arroyo, 43	Madrid
Mariano	Dorado Serrano	Avda. Moratalaz, 54	Madrid
Sandra	Flores Jorge	C/ La Cañada, 28	Madrid
Carlos Javier	López Carvajal	Camino del Salmoral, 34	Madrid
Marta	Paniagua Alonso	C/ Márquez,12	Madrid
Anais	Rodríguez Alonso	C/ Alpujarras, 43	Madrid
Vanessa	Rodríguez Recio	C/ Pinto, 24	Madrid
Abraham	Vas Ramírez	C/ Real, 57	Madrid

Registro: 1 de 8

Figura 8.3

8. Haga clic sobre el botón, para activar de nuevo la ventana Diseño.
9. Vuelva a ejecutar la consulta e introduzca, cuando el programa se lo pida, otra ciudad, por ejemplo Cuenca. Access le mostrará los clientes que vivan en la ciudad que haya introducido.
10. Haga clic sobre el botón, para volver a activar la ventana Diseño.

También es posible obligar al programa a pedir más de un criterio, en cuyo caso habrá que escribir, en las filas Criterios de la rejilla QBE, los parámetros necesarios.

A continuación va a modificar la consulta anterior, de modo que el programa pida una ciudad y un tipo de permiso de conducir.

11. Añada el campo T-permiso a la rejilla QBE.
12. Introduzca, en la celda Criterios del campo T-permiso, [¿Con qué tipo de carné?] y pulse <**Intro**>. El aspecto de la rejilla QBE debe ser análogo al de la figura 8.4.
13. Vuelva a activar la ventana Hoja de datos e introduzca, cuando el programa se lo pida, la ciudad Madrid y el tipo de carné B. El resultado de la consulta mostrará todos los clientes que vivan en Madrid y tengan un permiso de tipo B.

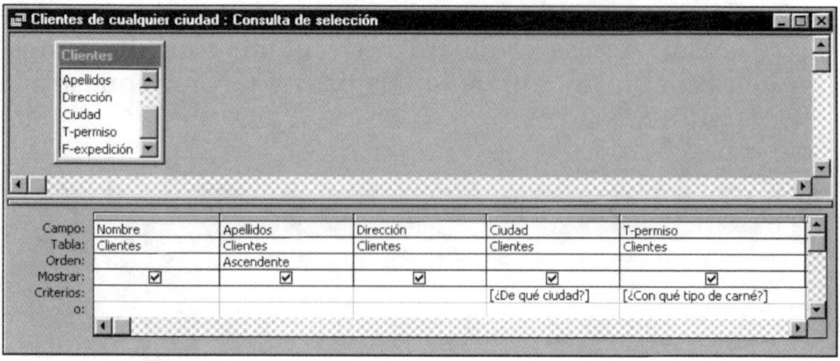

Figura 8.4

Ahora va a guardar esta nueva consulta con otro nombre; por lo tanto:

14. Seleccione Archivo / Guardar como, escriba Clientes de una ciudad con un tipo de carné determinado y haga clic sobre el botón Aceptar.
15. Una vez guardada la consulta, cierre su ventana.

Información: *Cuando se usan varios parámetros en una misma consulta, el programa los pide según su orden en la rejilla QBE: de izquierda a derecha. Para modificar este orden se pueden mover los campos en dicha rejilla, u operar de este modo: seleccionar, en la ventana* Diseño *de la consulta, la opción* Parámetros *del menú* Consulta *e indicar, en el cuadro de diálogo que se activa, el orden en que el programa debe preguntar por los criterios de selección. Vea, en la figura 8.5, cómo se especifica que se introduzca primero el tipo de carné y, luego, la ciudad del cliente.*

Figura 8.5

8.2.1. Crear una consulta interactiva para localizar un contrato

Las consultas interactivas pueden utilizarse para localizar un registro determinado de una tabla y poder modificar sus datos; para ello bastará con diseñarla para que pregunte por el dato que el usuario debe introducir para localizar el registro.

La próxima consulta nos permitirá localizar el registro, de la tabla Contratos, correspondiente al contrato cuyo número identificativo será introducido como parámetro de la consulta.

1. Acceda a una ventana Diseño nueva y agregue la tabla Contratos.
2. Añada, a la rejilla QBE, todos los campos de la tabla.
3. Introduzca, como criterio de selección para el campo Contrato, el parámetro [¿Nº de contrato?], que será el texto que mostrará la consulta para pedir al usuario el criterio de selección. El diseño de la consulta debe ser análogo al de la figura 8.6

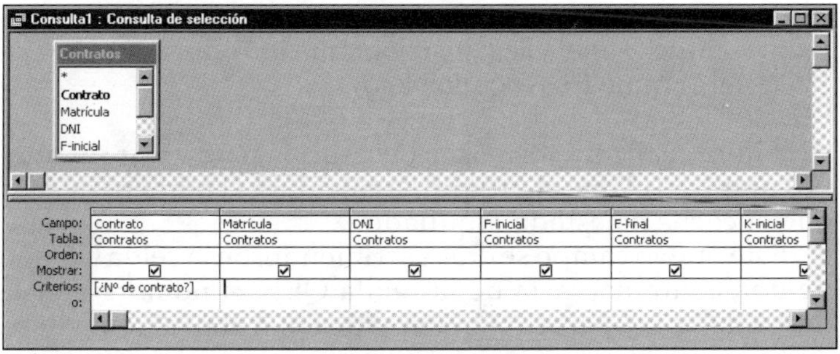

Figura 8.6

4. Guarde la consulta con el nombre Localizar un registro.
5. Haga clic sobre el botón ▦, para activar la consulta, y compruebe su funcionamiento.
6. Una vez que haya comprobado que la consulta permite localizar un contrato determinado, cierre su ventana.

8.3. Crear consultas con campos calculados

Microsoft Access permite realizar, mediante las consultas de selección, cálculos a partir de los datos almacenados en una tabla. En este apartado nos centraremos fundamentalmente en el modo de calcular valores particulares para cada registro.

Estos nuevos valores se calculan en campos nuevos que se crean en una consulta, y que se denominan genéricamente *campos calculados*.

Como ejemplo va a diseñar una consulta, para la tabla Contratos, que permitirá calcular el importe de cada contrato en función del número de días que haya estado alquilado cada coche y de su precio por día.

1. Acceda a una ventana Diseño nueva y agregue la tabla Contratos.
2. Añada, a la rejilla QBE, los siguientes campos (en el orden que se indica): Contrato, Matrícula, DNI, F-final y F-inicial.
3. Introduzca, para el campo F-final, el criterio <> Nulo, que permite seleccionar los registros que no tengan el campo F-final vacío (el programa introducirá dicho criterio como Es Negado Nulo).

Ahora realizará los pasos necesarios para crear un nuevo campo en el que el programa calculará el número de días que el coche ha estado alquilado.

Este nuevo campo se crea escribiendo, en la celda Campo de una columna vacía de la rejilla QBE, el nombre que se desea dar y la operación matemática que el programa debe realizar para calcular sus datos; ambos datos deben ir separados por el carácter dos puntos (:). Además, si el programa tiene que tomar valores de algún campo de la tabla, el nombre de éste habrá de escribirse entre corchetes.

> ***Información***: *Los operadores más habituales en la expresión de un campo calculado son los operadores aritméticos: * (multiplicación), + (suma), - (diferencia), / (división) y ^ (potencia).*

4. Haga clic sobre la celda Campo de la sexta columna de la rejilla QBE.
5. Escriba Días: [F-final]-[F-inicial] y pulse <**Intro**>; el aspecto de la ventana de diseño será análogo al de la figura 8.7.

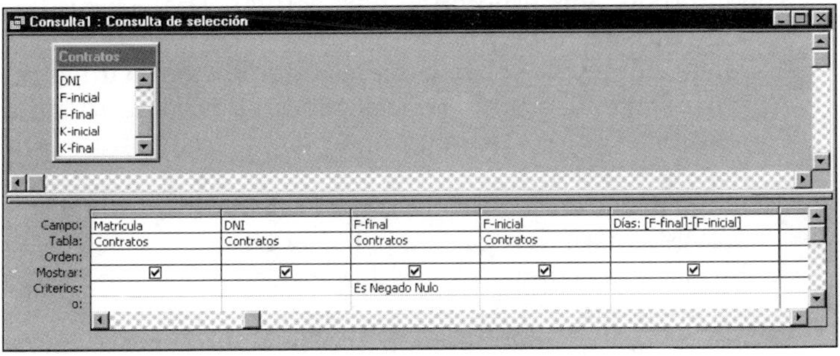

Figura 8.7

6. Haga clic sobre el botón para comprobar que el programa calcula el número de días transcurridos entre las dos fechas del contrato (sólo de los finalizados), tal y como muestra la figura 8.8.

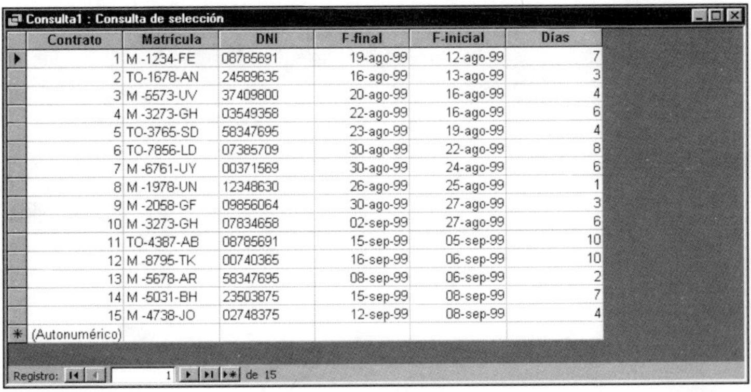

Consulta1 : Consulta de selección

Contrato	Matrícula	DNI	F-final	F-inicial	Días
1	M -1234-FE	08785691	19-ago-99	12-ago-99	7
2	TO-1678-AN	24589635	16-ago-99	13-ago-99	3
3	M -5573-UV	37409800	20-ago-99	16-ago-99	4
4	M -3273-GH	03549358	22-ago-99	16-ago-99	6
5	TO-3765-SD	58347695	23-ago-99	19-ago-99	4
6	TO-7856-LD	07385709	30-ago-99	22-ago-99	8
7	M -6761-UY	00371569	30-ago-99	24-ago-99	6
8	M -1978-UN	12348630	26-ago-99	25-ago-99	1
9	M -2058-GF	09856064	30-ago-99	27-ago-99	3
10	M -3273-GH	07834658	02-sep-99	27-ago-99	6
11	TO-4387-AB	08785691	15-sep-99	05-sep-99	10
12	M -8795-TK	00740365	16-sep-99	06-sep-99	10
13	M -5678-AR	58347695	08-sep-99	06-sep-99	2
14	M -5031-BH	23503875	15-sep-99	08-sep-99	7
15	M -4738-JO	02748375	12-sep-99	08-sep-99	4
(Autonumérico)					

Registro: 1 de 15

Figura 8.8

Ahora debe crear un nuevo campo calculado, en el que hallar el importe total del alquiler. Este valor se debe calcular multiplicando el número de días de alquiler por el precio de cada coche por día; pero este último dato no está en la tabla Contratos, por lo que debe agregar la tabla Automóviles a la consulta.

7. Haga clic sobre el botón para volver a la ventana Diseño.
8. Haga clic sobre el botón, para activar el cuadro de diálogo Mostrar tabla.
9. Haga doble clic sobre la tabla Automóviles, para agregarla a la consulta, y cierre el cuadro de diálogo. Como las tablas están relacionadas, el programa mostrará la línea de relación.
10. Haga doble clic sobre el campo Precio de la tabla Automóviles, para agregarla a la rejilla QBE.
11. Modifique el dato de la celda Campo del campo Precio a Precio día: Precio; éste es el modo de indicar al programa que queremos cambiar el texto de la cabecera de columna de los datos del campo Precio.
12. Haga clic sobre la celda Campo de la octava columna de la rejilla QBE, que aún está vacía.
13. Escriba la expresión Importe: [Días]*[Precio]; el diseño de la consulta habrá finalizado, y el aspecto de su ventana será como el de la figura 8.9; tenga en cuenta que en esta figura no se pueden visualizar todos los campos de la rejilla QBE.

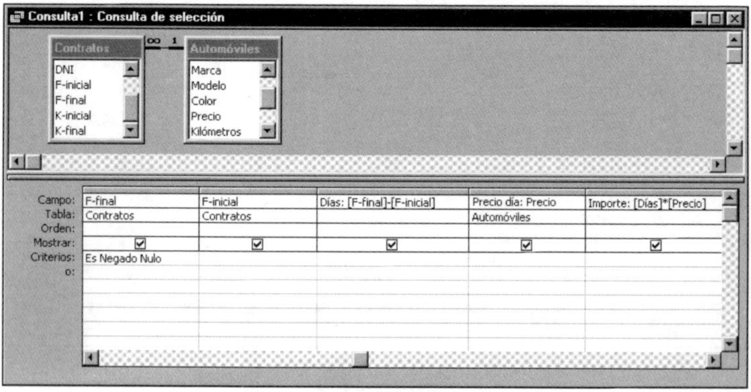

Figura 8.9

14. Haga clic sobre el botón, para ver el resultado de la consulta, que será como el de la figura 8.10.

Consulta1 : Consulta de selección

Contrato	Matrícula	DNI	F-final	F-inicial	Días	Precio día	Importe
1	M -1234-FE	08785691	19-ago-99	12-ago-99	7	9.500 ptas.	66500
2	TO-1678-AN	24589635	16-ago-99	13-ago-99	3	9.500 ptas.	28500
3	M -5573-UV	37409800	20-ago-99	16-ago-99	4	6.500 ptas.	26000
4	M -3273-GH	03549358	22-ago-99	16-ago-99	6	9.500 ptas.	57000
5	TO-3765-SD	58347695	23-ago-99	19-ago-99	4	12.500 ptas.	50000
6	TO-7856-LD	07385709	30-ago-99	22-ago-99	8	12.500 ptas.	100000
7	M -6761-UY	00371569	30-ago-99	24-ago-99	6	6.500 ptas.	39000
8	M -1978-UN	12348630	26-ago-99	25-ago-99	1	6.500 ptas.	6500
9	M -2058-GF	09856064	30-ago-99	27-ago-99	3	9.500 ptas.	28500
10	M -3273-GH	07834658	02-sep-99	27-ago-99	6	9.500 ptas.	57000
11	TO-4387-AB	08785691	15-sep-99	05-sep-99	10	9.500 ptas.	95000
12	M -8795-TK	00740365	16-sep-99	06-sep-99	10	12.500 ptas.	125000
13	M -5678-AR	58347695	08-sep-99	06-sep-99	2	11.000 ptas.	22000
14	M -5031-BH	23503875	15-sep-99	08-sep-99	7	9.500 ptas.	66500
15	M -4738-JO	02748375	12-sep-99	08-sep-99	4	8.000 ptas.	32000
(Autonumérico)							

Registro: 1 de 15

Figura 8.10

Información: *Si desea que los datos del campo calculado* Importe *tengan formato monetario, realice los siguientes pasos en la ventana* Diseño*: seleccione la opción* Propiedades *del menú contextual del campo* Importe *y seleccione, para la propiedad* Formato, *la opción* Moneda. *No olvide cerrar el cuadro de diálogo* Propiedades.

15. Seleccione Archivo / Guardar, escriba Importe de los contratos finalizados y pulse <**Intro**>, para guardar la consulta.
16. Seleccione Archivo / Cerrar.

8.4. Crear consultas de resumen

Otra posibilidad que ofrecen las consultas de selección es calcular parámetros estadísticos de los datos almacenados en una tabla. Estos cálculos pueden afectar a todos los registros de la tabla o a un conjunto de registros, dependiendo de que se utilicen, o no, criterios de selección.

A continuación va a diseñar una consulta que le permitirá saber cuántos automóviles tiene la empresa.

1. Acceda a una ventana Diseño nueva, y añada la tabla Automóviles.
2. Añada el campo Modelo a la rejilla QBE, aunque en realidad se podría añadir cualquier campo de la tabla.

3. Compruebe si la rejilla QBE contiene la fila Total. Lo más probable es que no la tenga, por lo que deberá hacer clic sobre el botón Σ de la barra de herramientas. Este botón añade, en la rejilla QBE, la fila Total que, por defecto, muestra en todas sus celdas el operador Agrupar por.
4. Haga clic sobre la celda Total del campo Modelo, despliegue su lista y seleccione la opción Cuenta, que le permitirá obtener el número de registros. El aspecto de la ventana de diseño de la consulta será el de la figura 8.11.

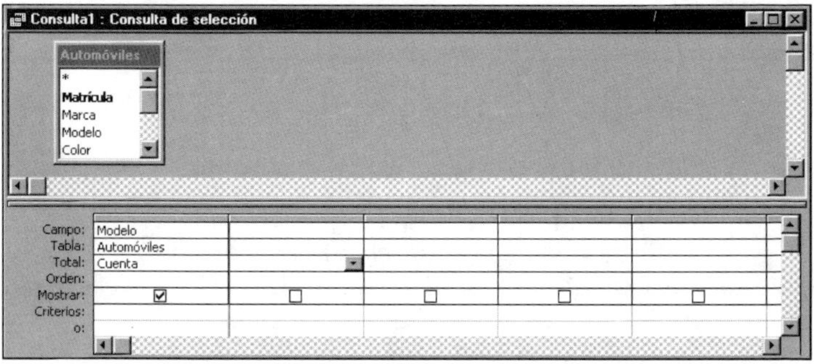

Figura 8.11

5. Haga clic sobre el botón ; obtendrá el resultado (número de registros de la tabla Automóviles) en una sola fila, tal y como muestra la figura 8.12; tenga en cuenta que se ha disminuido el tamaño de la ventana.

Figura 8.12

Ahora va a modificar la consulta anterior para averiguar el número de coches disponibles; por lo tanto deberá introducir un nuevo campo a la rejilla QBE (¿Alquilado?) y el criterio No en dicho campo.

6. Haga ahora clic sobre el botón, para activar la ventana Diseño.
7. Haga doble clic sobre el campo ¿Alquilado?, para agregarlo a la rejilla QBE.
8. Desactive la visualización del campo ¿Alquilado?.
9. Introduzca, como criterio del campo ¿Alquilado?, el valor No. El aspecto de la ventana de diseño de la consulta será análogo al de la figura 8.13.

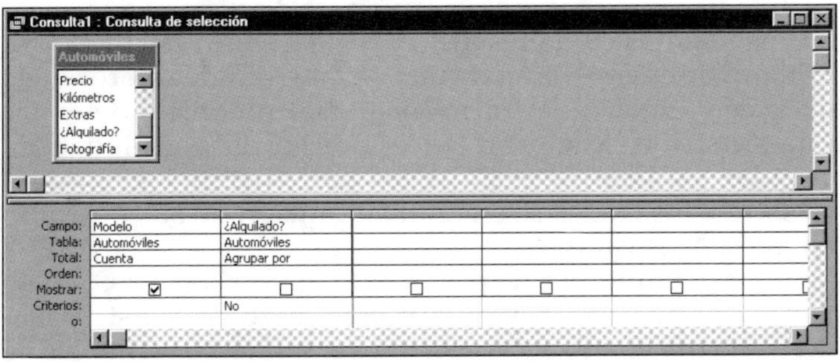

Figura 8.13

10. Haga clic sobre el botón, para obtener así el número de automóviles que no están alquilados (9).
11. Guarde la consulta con el nombre Nº de coches disponibles y, posteriormente, cierre su ventana.

Además de la opción Cuenta, utilizada en las consultas anteriores, Microsoft Access ofrece otras para calcular diferentes parámetros estadísticos. En la tabla 8.1 se muestran las opciones más importantes.

Tabla 8.1

Opción de resumen	*Cálculo que realiza*
Suma	La suma de todos los datos de un campo.
Promedio	El valor medio de los datos de un campo.
Máx.	El valor máximo correspondiente a los valores de un campo.
Mín.	El valor mínimo correspondiente a los valores de un campo.

Cuenta	El número de registros que tienen algún dato en un campo.
DesvEst	La desviación estándar de los valores de un campo.

8.4.1. Realizar cálculos por grupos

Imagine que desea saber el número de clientes que viven en las distintas ciudades. Esto podría hacerlo calculando el número de clientes en cada una de las ciudades, pero ello le obligaría a realizar varias consultas. Con objeto de evitar esta situación, Microsoft Access ofrece la posibilidad de calcular parámetros estadísticos para distintos grupos de registros, los cuales se crearán en función de su contenido en uno de los campos.

De este modo, si agrupa los registros de la tabla Clientes por el campo Ciudad, y calcula el número de registros mediante la opción Cuenta, obtendrá el número de clientes de cada ciudad en una sola consulta.

1. Acceda a una ventana Diseño nueva y cree la definición que se muestra en la figura 8.14.

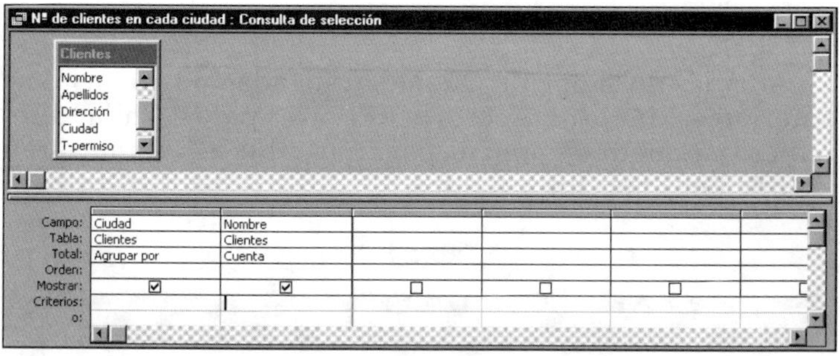

Figura 8.14

2. Haga clic sobre el botón, y obtendrá el resultado de la figura 8.15.
3. Guarde la consulta con el nombre Nº de clientes en cada ciudad y cierre su ventana.

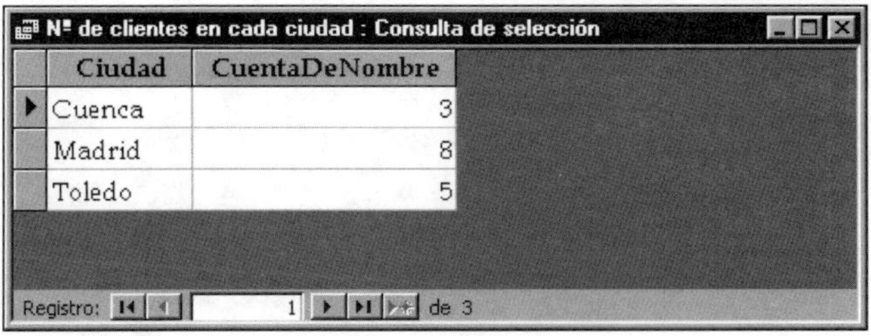

Figura 8.15

8.4.2. Crear consultas de resumen mediante el Asistente

Microsoft Access también ofrece un Asistente para crear consultas de resumen, aunque éste no permite personalizar el resultado de la consulta tanto como si ésta se creara en la ventana Diseño.

Ahora va a realizar una consulta de resumen, con ayuda del Asistente, para averiguar algunos datos acerca de la duración y el importe de los contratos finalizados. Por lo tanto, esta consulta va a actuar sobre otra, que será precisamente aquélla en la que se calculó el número de días y el importe de los contratos finalizados.

1. Active la ficha Consultas de la ventana de la base de datos, y haga doble clic sobre la opción Crear una consulta utilizando el asistente; aparecerá el primer cuadro de diálogo, en el que deberá seleccionar la consulta en la que va a realizar los cálculos y los campos que va a emplear.
2. Seleccione la consulta Importe de los contratos finalizados, y agregue los campos que muestra la figura 8.16.
3. Haga clic sobre el botón Siguiente.
4. Active la opción Resumen y haga clic sobre el botón Opciones de resumen. Obtendrá el cuadro de diálogo de la figura 8.17, en el que debe activar las opciones que se muestran en ella, que le permitirán averiguar el número medio de días de alquiler, y la suma, el valor medio, y los valores máximo y mínimo del importe de los contratos. La opción Incluir registros en el Importe... permitirá obtener el número de registros sobre los que se están realizando los cálculos.

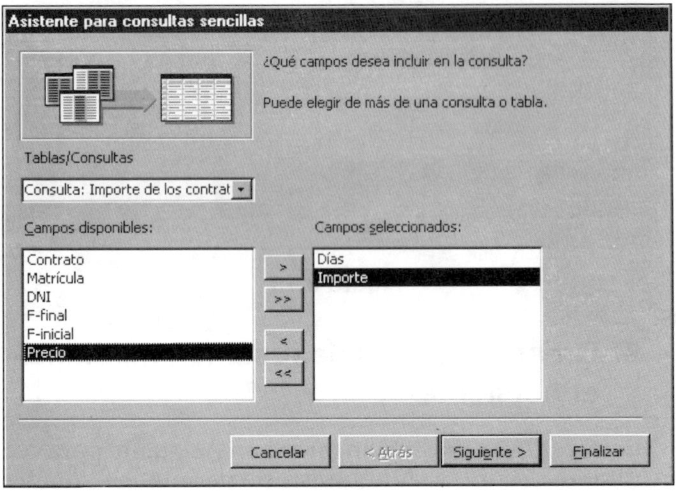

Figura 8.16

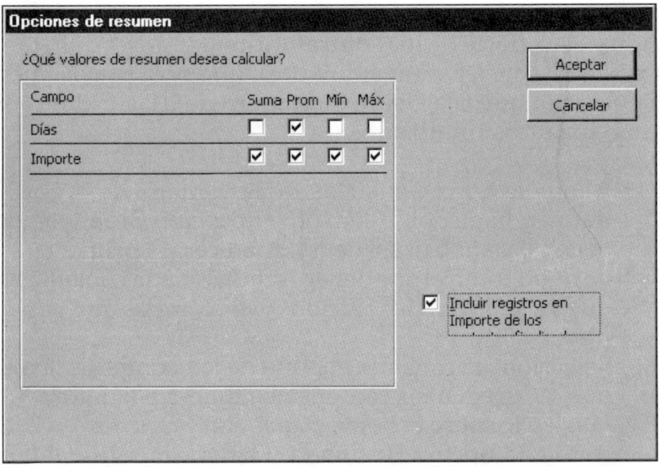

Figura 8.17

5. Activados los resúmenes, haga clic sobre el botón Aceptar, para cerrar este cuadro de diálogo, y sobre el botón Siguiente para continuar con la creación de la consulta.
6. Introduzca Resúmenes de los contratos finalizados, como nombre de la consulta, compruebe que está activa

la opción Abrir la consulta para ver información y haga clic sobre el botón Finalizar.
Obtendrá, en la ventana Hoja de datos, el resultado de la consulta, que será análogo al de la figura 8.18.

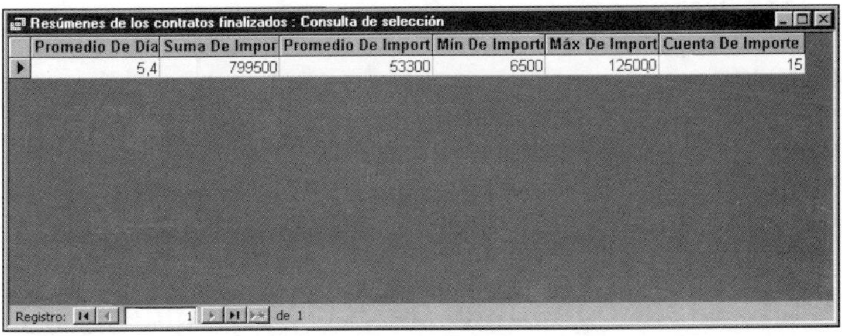

Figura 8.18

7. Cierre la ventana de la consulta, por ejemplo haciendo clic sobre su botón ⊠.

8.5. Consultas de acción

Como ya se indicó al comienzo de este capítulo, existen otras consultas, denominadas genéricamente *Consultas de acción*, que permiten realizar determinadas acciones sobre los datos de una tabla o consulta. Algunas de las acciones que se pueden realizar son:

- **Añadir registros**; esta operación permite agregar registros de una tabla a otra con la misma estructura; también es posible añadir algunos datos de otras tablas aunque no tengan idéntica estructura.
- **Eliminar registros**; esta operación permite borrar un número elevado de registros en una única operación.
- **Actualizar datos**; esta operación permite modificar los datos de uno o varios campos. Si el campo contiene datos numéricos, es posible actualizarlo con operaciones en los que esté involucrado el propio dato de la tabla; por ejemplo, aumentar el valor al doble, reducirlo a la mitad, etc.

- **Crear una nueva tabla**; esta operación permite crear una nueva tabla y guardar en ella los datos seleccionados. Su utilidad más importante es que, a partir de una consulta que actúe sobre varias tablas al mismo tiempo, se puede crear una nueva tabla con datos de cada una de ellas.

Los métodos para crear estas consultas son análogos a los empleados en las consultas de selección; algunas de ellas (las más complicadas) se pueden crear con ayuda de un Asistente, mientras que el resto se pueden crear en la ventana Diseño.

8.5.1. Crear consultas de acción mediante el Asistente

La forma más sencilla de crear una consulta de actualización es utilizar el Asistente, que se activa desde el cuadro de diálogo Nueva consulta (véase la figura 8.19), al que se puede acceder haciendo clic sobre el botón  correspondiente a la ficha Consultas. Observe las consultas que pueden ser creadas mediante el Asistente.

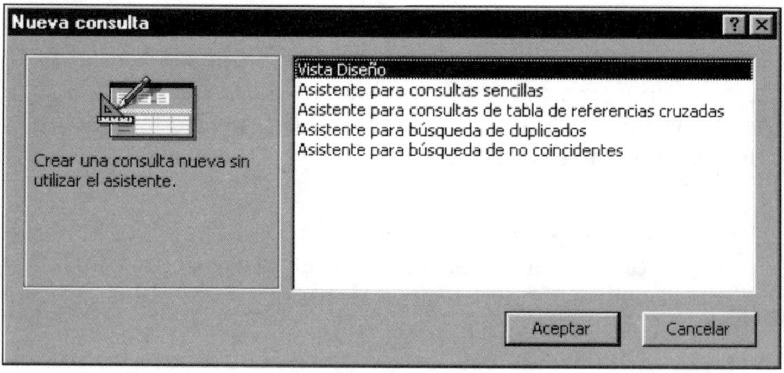

Figura 8.19

> ***Información:*** *Otro modo de activar el cuadro de diálogo* Nueva consulta *consiste en seleccionar* Insertar / Consulta.

8.5.2. Crear consultas de acción en la ventana Diseño

En este caso, la creación es similar a las consultas de selección, sólo se diferencia en que habrá que indicar qué acción se desea realizar con la consulta. Para ello se puede seleccionar el tipo de consulta del menú Consulta o de la lista desplegable del botón de la barra de herramientas visible con la ventana Diseño activa.

Observe, en la figura 8.20, los tipos de consultas existentes en la lista desplegable del botón.

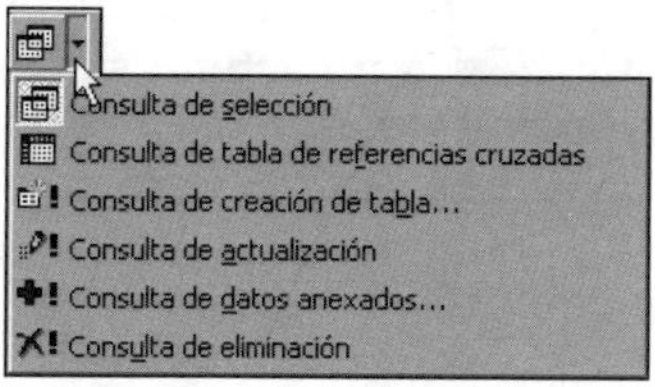

Figura 8.20

Una vez que se seleccione el tipo de consulta, el programa realizará algunas modificaciones en la rejilla QBE para actualizarla a la acción que se vaya a realizar. En algunas ocasiones, cuando el programa necesite información adicional, la pedirá en los correspondientes cuadros de diálogo.

8.6. Crear consultas para añadir registros

Una de las acciones que se pueden realizar con una consulta de acción consiste en añadir datos de una tabla a otra, lo que en realidad equivale a añadir registros. Esta acción es muy interesante e imprescindible cuando una misma base de datos, o tabla, se utiliza en varios ordenadores que no están conectados entre sí; la única forma de agrupar todos los datos en una única tabla consiste en realizar una consulta de datos anexados.

A continuación va a agregar, a la tabla Contratos, los registros de la tabla Contratos de la sucursal 2, que creó en el capítulo 5, y que como dijimos en su momento, supone que la empresa tiene otra sucursal en la que se han realizado otros contratos de alquiler.

Pero antes de realizar la consulta, debe realizar un pequeño cambio en la estructura de la tabla Contratos de la sucursal 2 para evitar el siguiente problema: puesto que las dos tablas cuyos datos se van a agregar tienen el campo Contrato declarado de tipo Autonumérico, existirán distintos registros con el mismo valor en ese campo, por lo que el programa no podrá realizar la anexión de datos.

1. Active la ficha Tablas de la ventana de la base de datos, resalte la tabla Contratos de la sucursal 2 y haga clic sobre el botón Diseño, para activar su ventana Diseño.
2. Cambie el tipo de datos del campo Contrato a Numérico.
3. Haga clic sobre el botón para acceder a la ventana Hoja de datos. Cuando el programa se lo indique, diga que sí desea guardar la tabla.
4. Modifique los valores de los registros en el campo Contratos a 23, 24 y 25, que son los primeros valores libres del campo autonumérico de la tabla Contratos.
5. Cierre la ventana de la tabla.

Ahora sí está en disposición de agregar los registros de la tabla Contratos de la sucursal 2 a la tabla Contratos, sin que existan problemas con los datos del campo Contrato.

6. Active la ficha Consultas de la ventana de la base de datos, y haga doble clic sobre la opción Crear una consulta en vista Diseño.
7. Añada la tabla que contiene los datos que desea agregar, Contratos de la sucursal 2, a la ventana de la consulta; luego, cierre el cuadro de diálogo Mostrar tabla.
8. Agregue todos los campos de la tabla a la rejilla QBE.
9. Despliegue la lista del botón y seleccione la opción Consulta de datos anexados. Aparecerá un cuadro de diálogo en el que debe indicar la tabla a la que desea añadir los datos.
10. Seleccione, o escriba, la tabla Contratos y haga clic sobre el botón Aceptar. El cuadro de diálogo se cerrará y aparecerá una fila en la rejilla QBE, Añexar a, con todos los campos de esta tabla (véase figura 8.21).

Access ha añadido todos los campos de la tabla destino (Contratos) a la rejilla QBE, puesto que sus nombres coinciden con los existentes en la tabla origen (Contratos de la sucursal 2).

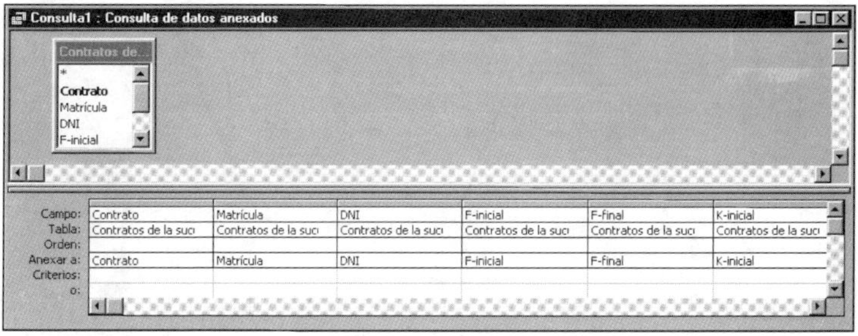

Figura 8.21

***Información:** El programa añadirá los datos de cada campo de la tabla origen al campo de la tabla destino que esté en la misma columna de la rejilla QBE, sin ser necesario que éstos tengan el mismo nombre. Sin embargo, sí es necesario que sus datos sean compatibles.*

11. Una vez que está preparada la consulta, seleccione Consulta / Ejecutar o bien haga clic sobre el botón !. Access le mostrará un mensaje informando del número de registros que se van a agregar a la tabla destino.
12. Haga clic sobre el botón Sí. Los datos se habrán añadido a la tabla Contratos.
13. Guarde la consulta con el nombre Anexión de los contratos de la sucursal 2.
14. Cierre la ventana de la consulta.
15. Abra la ventana Hoja de datos de la tabla Contratos, y comprobará que están los registros agregados mediante la consulta, tal y como muestra la figura 8.22. Posteriormente, ciérrela.

***Información:** Si no hubiera interesado anexar todos los registros de la tabla origen, se tendría que haber introducido el criterio adecuado, del mismo modo que en las consultas de selección, para seleccionar sólo los registros que se quisieran anexar.*

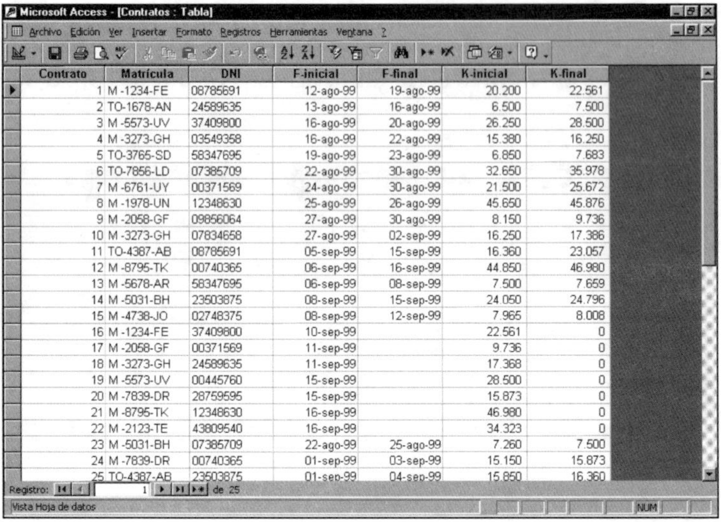

Contrato	Matrícula	DNI	F-inicial	F-final	K-inicial	K-final
1	M -1234-FE	08785691	12-ago-99	19-ago-99	20.200	22.561
2	TO-1678-AN	24589635	13-ago-99	16-ago-99	6.500	7.500
3	M -5573-UV	37409800	16-ago-99	20-ago-99	26.250	28.500
4	M -3273-GH	03549358	16-ago-99	22-ago-99	15.380	16.250
5	TO-3765-SD	58347695	19-ago-99	23-ago-99	6.850	7.683
6	TO-7856-LD	07385709	22-ago-99	30-ago-99	32.650	35.978
7	M -6761-UY	00371569	24-ago-99	30-ago-99	21.500	25.672
8	M -1978-UN	12348630	25-ago-99	26-ago-99	45.650	45.876
9	M -2058-GF	09856064	27-ago-99	30-ago-99	8.150	9.736
10	M -3273-GH	07834658	27-ago-99	02-sep-99	16.250	17.386
11	TO-4387-AB	08785691	05-sep-99	15-sep-99	16.360	23.057
12	M -8795-TK	00740365	06-sep-99	16-sep-99	44.850	46.980
13	M -5678-AR	58347695	06-sep-99	08-sep-99	7.500	7.659
14	M -5031-BH	23503875	08-sep-99	15-sep-99	24.050	24.796
15	M -4738-JO	02748375	08-sep-99	12-sep-99	7.965	8.008
16	M -1234-FE	37409800	10-sep-99		22.561	0
17	M -2058-GF	00371569	11-sep-99		9.736	0
18	M -3273-GH	24589635	11-sep-99		17.368	0
19	M -5573-UV	00445760	15-sep-99		28.500	0
20	M -7839-DR	28759595	15-sep-99		15.873	0
21	M -8795-TK	12348630	16-sep-99		46.980	0
22	M -2123-TE	43809540	16-sep-99		34.323	0
23	M -5031-BH	07385709	22-ago-99	25-ago-99	7.260	7.500
24	M -7839-DR	00740365	01-sep-99	03-sep-99	15.150	15.873
25	TO-4387-AB	23503875	01-sep-99	04-sep-99	15.850	16.360

Figura 8.22

8.7. Crear consultas para actualizar datos

Una de las acciones que se realizan con más frecuencia con las consultas de acción consiste en actualizar algunos datos de la tabla. Pueden actualizarse datos de un solo campo o bien de varios; además, pueden actualizarse los datos correspondientes a todos los registros o solamente los de un conjunto de ellos.

A continuación va a utilizar una consulta de actualización para modificar el precio del alquiler de los coches de la marca BMW y Mercedes, ya que la empresa ha decidido aumentar su precio en un 10%.

1. Acceda a una ventana Diseño nueva, y añada la tabla Automóviles.
2. Haga doble clic sobre los campos Marca y Precio, para añadirlos a la rejilla QBE. El primero de estos campos se utilizará para introducir los criterios que permitirán seleccionar los registros, y el segundo es el que contiene los datos que se van a actualizar.

3. Seleccione la opción Consulta / Consulta de actualización; aparecerá una nueva línea en la rejilla QBE, denominada *Actualizar a*.
4. Introduzca, en la celda Actualizar a del campo Precio, la expresión [Precio]*1,1, que permitirá calcular el nuevo valor para este campo.
5. Introduzca los criterios que muestra la figura 8.23, de modo que la actualización de datos sólo afecte a los automóviles de las marcas BMW y Mercedes.

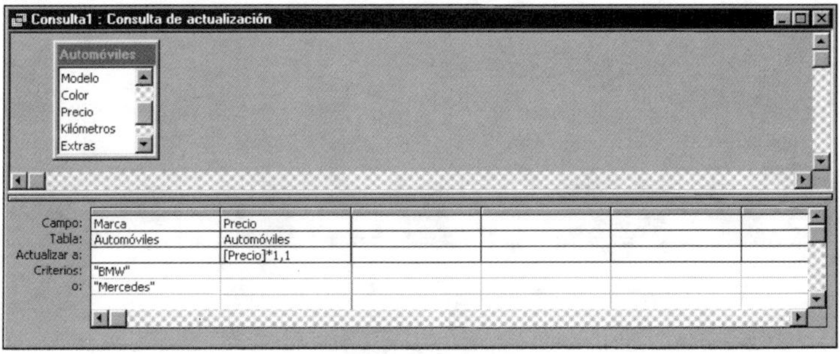

Figura 8.23

6. Seleccione Consulta / Ejecutar. Access mostrará un cuadro de diálogo indicándole el número de registros que se van a actualizar (5).
7. Haga clic sobre el botón Sí.
8. Seleccione Archivo / Cerrar, y haga clic sobre el botón No, para cerrar la ventana de la consulta sin guardar su diseño.
9. Active la ficha Tablas, en la ventana de la base de datos, y haga doble clic sobre la tabla Automóviles; se abrirá su ventana y verá que los precios de los automóviles Mercedes y BMW se han actualizado (véase la figura 8.24).
10. Cierre la ventana de la tabla.

8.8. Crear consultas de creación de tablas

Otra de las posibilidades de las consultas de actualización es la creación de nuevas tablas; éstas contendrán los datos de los campos seleccionados en la consulta. Por defecto, se añadirán todos los registros, pero esto podría limitarse mediante los criterios adecuados.

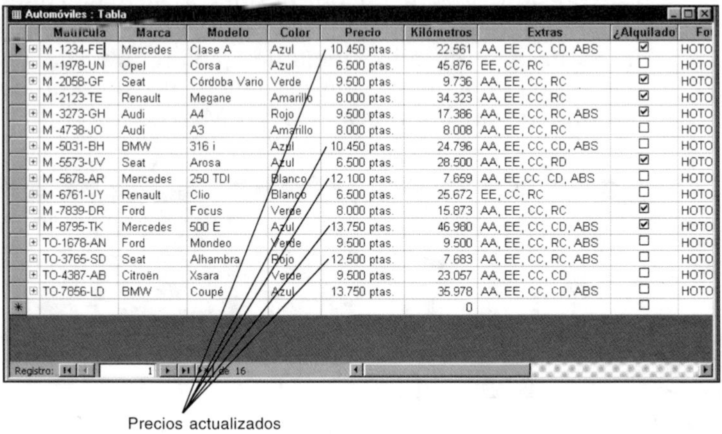

Matrícula	Marca	Modelo	Color	Precio	Kilómetros	Extras	¿Alquilado	Fo
M-1234-FE	Mercedes	Clase A	Azul	10.450 ptas.	22.561	AA, EE, CC, CD, ABS	☑	HOTO
M-1978-UN	Opel	Corsa	Azul	6.500 ptas.	45.876	EE, CC, RC	☐	HOTO
M-2058-GF	Seat	Córdoba Vario	Verde	9.500 ptas.	9.736	AA, EE, CC, RC	☑	HOTO
M-2123-TE	Renault	Megane	Amarillo	8.000 ptas.	34.323	AA, EE, CC, RC	☑	HOTO
M-3273-GH	Audi	A4	Rojo	9.500 ptas.	17.386	AA, EE, CC, RC, ABS	☑	HOTO
M-4738-JO	Audi	A3	Amarillo	8.000 ptas.	8.008	AA, EE, CC, RC	☐	HOTO
M-5031-BH	BMW	316 i	Azul	10.450 ptas.	24.796	AA, EE, CC, CD, ABS	☐	HOTO
M-5573-UV	Seat	Arosa	Azul	6.500 ptas.	28.500	AA, EE, CC, RD	☑	HOTO
M-5678-AR	Mercedes	250 TDI	Blanco	12.100 ptas.	7.659	AA, EE,CC, CD, ABS	☐	HOTO
M-6761-UY	Renault	Clio	Blanco	6.500 ptas.	25.672	EE, CC, RC	☐	HOTO
M-7839-DR	Ford	Focus	Verde	8.000 ptas.	15.873	AA, EE, CC, RC	☑	HOTO
M-8795-TK	Mercedes	500 E	Azul	13.750 ptas.	46.980	AA, EE, CC, CD, ABS	☑	HOTO
TO-1678-AN	Ford	Mondeo	Verde	9.500 ptas.	9.500	AA, EE, CC, RC, ABS	☐	HOTO
TO-3765-SD	Seat	Alhambra	Rojo	12.500 ptas.	7.683	AA, EE, CC, RC, ABS	☐	HOTO
TO-4387-AB	Citroën	Xsara	Verde	9.500 ptas.	23.057	AA, EE, CC, CD	☐	HOTO
TO-7856-LD	BMW	Coupé	Azul	13.750 ptas.	35.978	AA, EE, CC, CD, ABS	☐	HOTO
*					0		☐	

Figura 8.24

A continuación va a preparar una consulta para crear una tabla con el nombre y los apellidos de los clientes de Madrid, y la matrícula, marca y modelo de los coches que se hayan alquilado.

1. Acceda a una ventana Diseño nueva, y añada las tablas Automóviles, Contratos y Clientes.
2. Agregue, a la rejilla QBE, los campos Nombre, Apellidos y Ciudad de la tabla Clientes, y los campos Matrícula, Marca y Modelo de la tabla Automóviles.
3. Desactive la visualización del campo Ciudad; de este modo, la tabla que se cree no contendrá los datos de este campo.
4. Introduzca, como criterio del campo Ciudad, el texto Madrid.
5. Despliegue la lista del botón ▣ y seleccione la opción Consulta de creación de tabla. El programa mostrará un cuadro de diálogo en el que debe indicar el nombre de la tabla que se va a crear.
6. Introduzca Preferencias de los clientes de Madrid y haga clic sobre el botón Aceptar. La consulta está preparada

para ser ejecutada (véase la figura 8.25), pero en este caso la guardará y ejecutará desde la ventana de la base de datos.

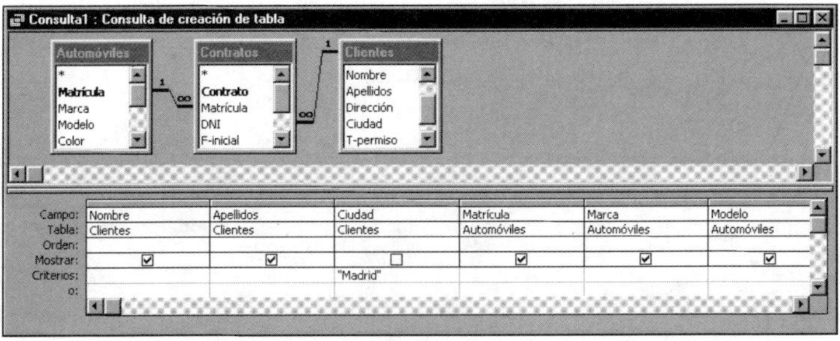

Figura 8.25

> ***Información:*** *La tabla* Contratos *no aporta realmente ningún campo a la consulta, pero es necesaria puesto que sirve de enlace para relacionar las tablas* Automóviles *y* Clientes.

7. Haga clic sobre el botón [icono], para activar el cuadro de diálogo Guardar como.
8. Escriba, Creación de la tabla PREFERENCIAS DE LOS CLIENTES DE MADRID y luego haga clic sobre el botón Aceptar.
9. Cierre la ventana de la consulta; tendrá activa la ventana de la base de datos, con la ficha Consultas activa, en la que visualizará las consultas creadas. Observe que cada consulta de acción tiene un icono identificador distinto.

8.9. Ejecutar una consulta de acción

Las consultas de acción pueden ejecutarse desde su ventana Diseño (mediante el botón [icono]) o bien desde la ventana de la base de datos, tal y como va a realizar a continuación para ejecutar la consulta Creación de la tabla PREFERENCIAS DE LOS CLIENTES DE MADRID.

1. Active la ficha Consultas de la ventana de la base de datos.
2. Active la consulta Creación de la tabla PREFERENCIAS DE LOS CLIENTES DE MADRID, y haga clic sobre el botón ; el programa avisará, en un cuadro de diálogo análogo al de la figura 8.26, que está ejecutando una consulta de creación de tablas.

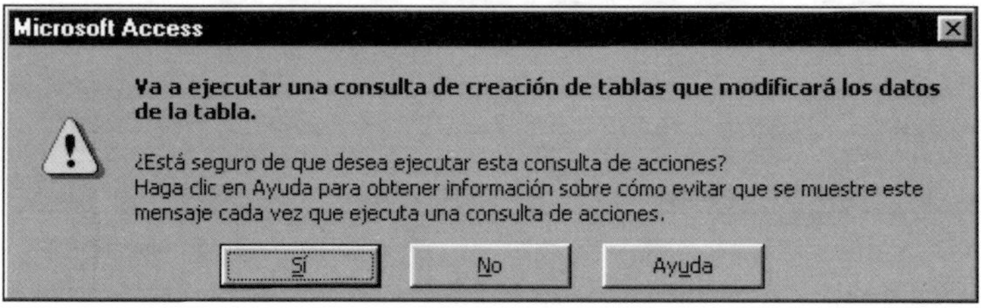

Figura 8.26

3. Haga clic sobre el botón Sí. El programa ejecutará la consulta y, puesto que ésta es una consulta de creación de tabla, volverá a mostrar otro cuadro de diálogo indicando que va a pegar, en este caso, 12 registros.
4. Haga clic sobre el botón Sí; una vez finalizada la consulta, el programa volverá a dejar activa la ventana de la base de datos.
5. Active la ficha Tablas, y haga doble clic sobre la tabla creada, Preferencias de los clientes de Madrid. Los datos de esta tabla, tal y como muestra la figura 8.27, son los seleccionados mediante la consulta de acción creada en el apartado anterior.
6. Cierre la ventana de la tabla.

Información: *En las consultas de acción también se pueden utilizar parámetros, de modo que al ejecutarse, pidan los criterios de selección. Si en la consulta anterior no se hubiera escrito el criterio* Madrid *para el campo* ***Ciudad****, sino que se hubiera introducido un parámetro, entonces la consulta permitiría crear una tabla con aquellos clientes de la ciudad que se hubiera indicado durante la ejecución de la consulta.*

Preferencias de los clientes de Madrid : Tabla

Nombre	Apellidos	Matrícula	Marca	Modelo
Carlos Javier	López Carvajal	M -7839-DR	Ford	Focus
Carlos Javier	López Carvajal	M -8795-TK	Mercedes	500 E
Sandra	Flores Jorge	M -5573-UV	Seat	Arosa
Ismael	Daza Rincón	M -3273-GH	Audi	A4
Mariano	Dorado Serrano	M -1234-FE	Mercedes	Clase A
Mariano	Dorado Serrano	TO-4387-AB	Citroën	Xsara
Vanessa	Rodríguez Reci	M -4738-JO	Audi	A3
Anais	Rodríguez Alon	M -2058-GF	Seat	Córdoba Vario
Marta	Paniagua Alons	TO-1678-AN	Ford	Mondeo
Marta	Paniagua Alons	M -3273-GH	Audi	A4
Abraham	Vas Ramírez	M -5573-UV	Seat	Arosa
Abraham	Vas Ramírez	M -1234-FE	Mercedes	Clase A

Registro: 1 de 12

Figura 8.27

8.10. Crear consultas para eliminar registros

Cuando una tabla contiene un número de registros muy elevado, la eliminación de un grupo de registros resulta muy lenta, a no ser que se utilice una consulta de acción para eliminar registros.

La consulta que va a crear ahora le permitirá eliminar los registros de la tabla Contratos de la sucursal 2 cuya fecha de finalización sea anterior a la que se introduzca durante su ejecución. Los pasos a realizar son:

1. Acceda a una ventana Diseño nueva, y añada la tabla Contratos de la sucursal 2.
2. Agregue, a la rejilla QBE, los campos Contrato, Matrícula y F-final de la tabla.
3. Despliegue después la lista del botón y a continuación seleccione la opción Consulta de eliminación. El programa mostrará una nueva fila en la rejilla QBE, denominada *Eliminar*.
4. Introduzca la expresión <=[¿Hasta qué fecha?] en la celda Criterios del campo F-final; esta expresión permitirá borrar los contratos cuya fecha de finalización sea anterior o igual a la que se introduzca cuando el programa la pida. Observe, en la figura 8.28, la ventana Diseño de la consulta.

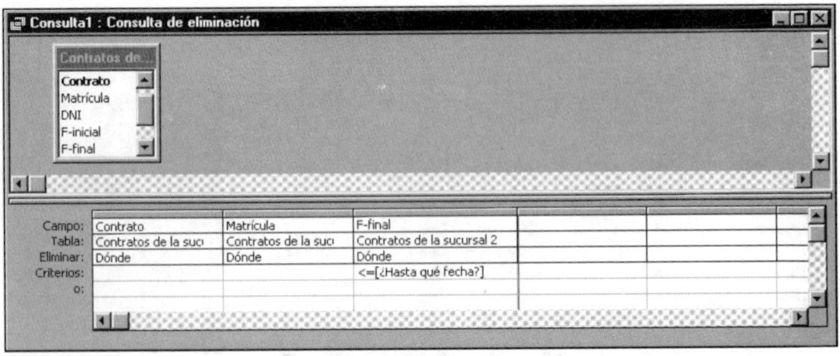

Figura 8.28

5. Haga clic sobre el botón e introduzca, en el cuadro de diálogo, el nombre Eliminación de contratos antiguos de la sucursal 2, para guardar la consulta con ese nombre.
6. Haga clic sobre el botón , para ejecutar la consulta. El programa pedirá la fecha en el cuadro de diálogo de la figura 8.29.

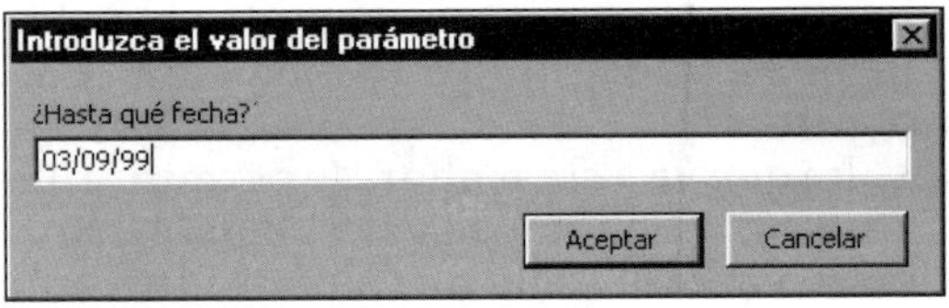

Figura 8.29

7. Introduzca la fecha que muestra la figura 8.29, y a continuación haga clic sobre el botón Aceptar. El programa informará del número de registros que va a eliminar (2).
8. Haga clic sobre el botón Sí, para confirmar la eliminación de los registros.
9. Cierre la ventana de la consulta.

Si abre en este momento la tabla Contratos de la sucursal 2, podrá comprobar que solamente consta de un registro; los otros dos han sido eliminados, puesto que tenían una fecha de finalización que era anterior al 3 de septiembre de 1999.

8.11. Crear consultas de tabla de referencias cruzadas

Otro tipo de consultas que ofrece Access, denominadas *Consultas de tabla de referencias cruzadas*, permiten resumir los datos de una o varias tablas en forma tabular; este resumen lo realiza cruzando los datos de los campos expresados como cabeceras de columnas y como filas. Para que lo comprenda mejor, la figura 8.30 muestra el resultado de la consulta que va a crear a continuación, en la que se han cruzado los datos del campo Color (situados en columnas) con los del campo Marca (distribuidos en filas), para obtener el número de coches que hay de cada marca y color.

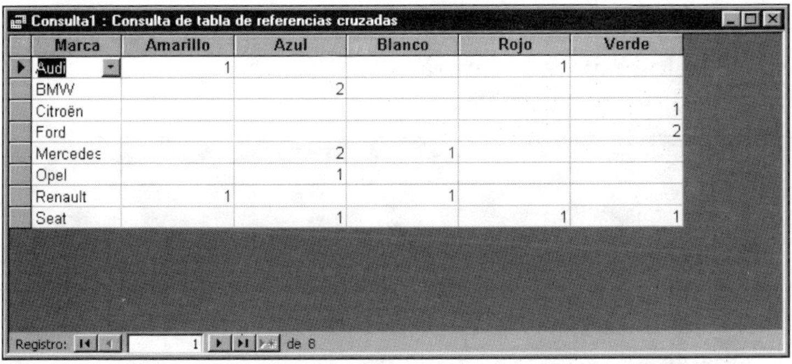

Marca	Amarillo	Azul	Blanco	Rojo	Verde
Audi	1			1	
BMW		2			
Citroën					1
Ford					2
Mercedes		2	1		
Opel		1			
Renault	1		1		
Seat		1		1	1

Figura 8.30

Las consultas de tabla de referencias cruzadas se crean en la ventana Diseño, y en ese proceso hay que indicar qué campo se desea distribuir en filas y cuál en columnas, así como la opción que se quiere utilizar para resumir la información (recuento, suma, valor máximo...).

1. Acceda a una nueva ventana Diseño y agregue la tabla Automóviles.
2. Despliegue la lista del botón y seleccione la opción Consulta de tabla de referencias cruzadas. El programa adecuará la rejilla QBE a este tipo de consultas.
3. Agregue, en este orden, los campos Marca, Color y Modelo a la rejilla QBE.

4. Seleccione, para la celda Tab ref cruz: del campo Marca, la opción Encabezado de fila; éste es el modo de indicar a Access que los datos de este campo se deben distribuir en filas.
5. Seleccione, para la celda Tab ref cruz: del campo Color, la opción Encabezado de columna, para indicar a Access que los datos de este campo deben distribuirse en columnas.
6. Seleccione, para la celda Tab ref cruz: del campo Modelo, la opción Valor, para indicar que éste es el campo que dará los resultados de la tabla.
7. Seleccione, para la celda Total del campo Modelo, la opción Cuenta, de modo que los datos de la tabla sean el número de registros que tengan una marca y un color determinados.

El diseño de la consulta estará terminado, y su aspecto será análogo al de la figura 8.31.

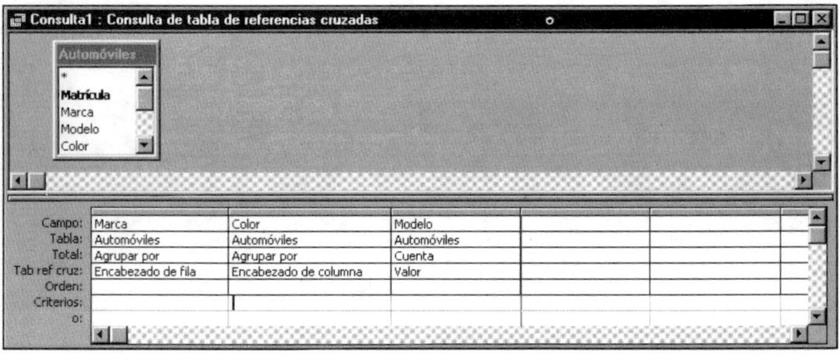

Figura 8.31

8. Haga clic sobre el botón [!], para ejecutar la consulta, y comprobar que el resultado es la tabla que muestra la figura 8.30.
9. Cierre la ventana de la consulta, guardando su diseño con el nombre Tabla cruzada de número de coches por marca y color.

9 Formularios

9.1. Introducción

En este capítulo aprenderá a crear, guardar y usar *formularios*. Los formularios son los objetos de la base de datos que permiten visualizar el contenido de las tablas, o el resultado de las consultas, con un diseño creado por el propio usuario.

Los formularios, además, pueden utilizarse para realizar cualquier operación de mantenimiento de los datos: añadir nuevos registros, eliminar otros existentes, modificar datos, ordenar registros, etc.

9.2. Trabajar con formularios

Hasta ahora, todas las operaciones con los registros de una tabla las ha realizado en la ventana Hoja de datos o en la tabla de resultado de una consulta, que tienen un aspecto similar: ambas están constituidas por filas (registros) y columnas (campos).

Access dispone de un objeto de base de datos, denominado *formulario*, que permite visualizar los datos de una tabla (e incluso de varias tablas a la vez) con un diseño personal. Además de poder distribuir los campos por la ventana, pueden añadirse rótulos aclarativos que faciliten la interpretación de los datos, un título que los encabece, imágenes gráficas, etc.

Existen varios tipos de formularios, siendo los más utilizados los denominados **En columnas**; en ellos, los campos de la tabla se distribuyen en filas (y no en columnas como en las tablas), por lo que sólo se visualiza un registro en la ventana, tal y como muestra la figura 9.1.

Figura 9.1

> ***Información:*** *Los formularios pueden mostrar los datos almacenados en una tabla o los seleccionados por una consulta.*

9.3. Posibilidades de crear formularios

Existen, básicamente, dos modos de crear un formulario: con ayuda de un Asistente o en la ventana Diseño.

La creación con la ayuda del Asistente resulta muy sencilla y eficiente. Por defecto, el formulario contendrá los campos seleccionados de la tabla, con unas características predeterminadas; posteriormente se podrá modificar el diseño del formulario para ajustarlo a las necesidades.

Además de los dos modos que hay para crear un formulario, existen varias posibilidades de comenzar el proceso de creación:

a) Mediante la opción Formulario del menú Insertar, para activar el cuadro de diálogo Nuevo formulario (véase la figura 9.2), desde el que se puede comenzar a crear un formulario con o sin la ayuda del Asistente.

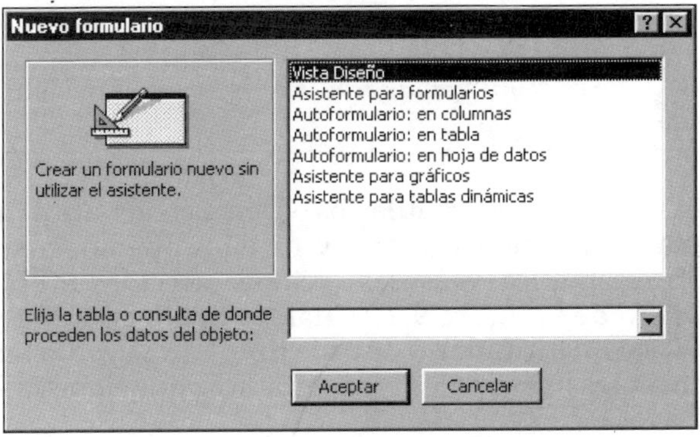

Figura 9.2

b) Desde la ficha Formularios de la ventana de la base datos (véase la figura 9.3); en ella encontrará opciones para crear un formulario mediante el asistente, o en una ventana Diseño.

Figura 9.3

c) Mediante la opción Formulario correspondiente a la lista del botón Nuevo objeto de la barra de herramientas; de este modo también se activará el cuadro de diálogo Nuevo formulario.

Información: *El botón*  *existente en la ventana de la base de datos cuando la ficha* Formularios *se encuentra activa, nos permite obtener el cuadro de diálogo* Nuevo formulario.

El Asistente para formularios permite crear varios tipos de formularios y, además, algunos de ellos pueden crearse de manera automática (véase las opciones ofrecidas en el cuadro de diálogo de la figura 9.2). Cuando finalice este ca-pítulo habrá visto un formulario de cada tipo, aun así, en la tabla 9.1 se indican las principales características que tiene cada uno de ellos.

Tabla 9.1

Tipo de formulario	*Característica*
En columna	Cada campo aparecerá en una línea del formulario, y en el formulario sólo se verá un registro.
Tabular	Cada campo constituirá una columna y cada registro una fila; el formulario mostrará varios registros a la vez.
Hoja de datos	El aspecto de este tipo de formulario es análogo al de la ventana *Hoja de datos* de cualquier tabla o a la ventana de cualquier consulta.
Gráfico	Los gráficos permiten resumir la infor mación de una tabla en cualquiera de los múltiples tipos de gráfico.
Tablas dinámicas	Las tablas dinámicas permiten resumir los datos de una tabla de forma parecida a las consultas de tabla de referencias cruzadas que estudió anteriormente en el capítulo 8.

9.4. Crear un formulario En columnas mediante el Asistente

A continuación va a crear un formulario de tipo En columnas para la tabla Clientes que le permitirá visualizar los datos de cada cliente en una única ventana. En este caso lo hará con la ayuda del Asistente, que le guiará en todo el proceso de creación.

1. Abra la base de datos Alquiler de automóviles.
2. Haga clic sobre el botón Formula... para activar la ficha Formularios.
3. Haga doble clic sobre la opción Crear un formulario utilizando el asistente. Se activará el primer cuadro de diálogo del Asistente para formularios, similar al de la figura 9.4.

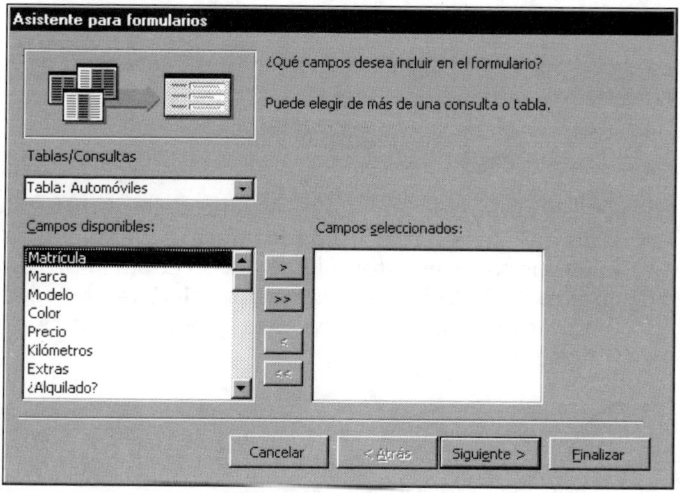

Figura 9.4

Este cuadro le permite seleccionar una tabla o consulta para el formulario, así como los campos que desea incluir en él.

4. Haga clic sobre el botón que despliega la lista Tablas / Consultas, y seleccione la tabla Clientes.

5. Haga clic sobre el botón [>>], para agregar todos los campos al formulario y sobre el botón Siguiente para activar el próximo cuadro de diálogo del Asistente, que muestra la figura 9.5.

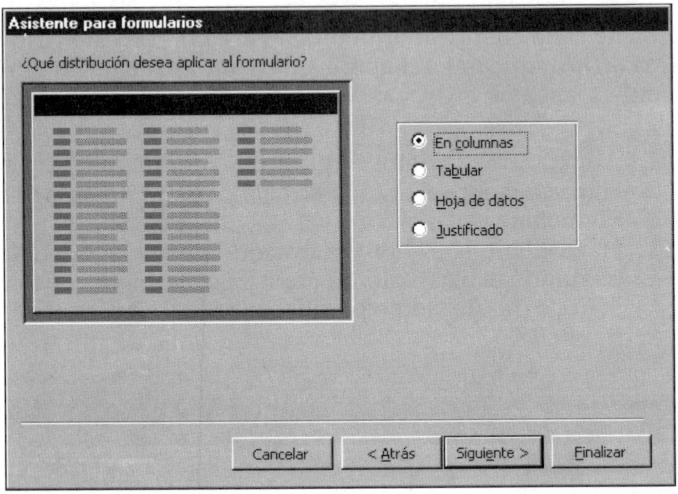

Figura 9.5

6. En este cuadro de diálogo debe indicar el tipo de formulario que desea crear. Active la opción En columnas y haga clic sobre el botón Siguiente; accederá al próximo cuadro de diálogo, en el que puede seleccionar un estilo para el formulario. Observe los estilos disponibles en la figura 9.6.

Información: *Si en cualquier momento de la creación del formulario desea volver al cuadro de diálogo anterior, haga clic sobre el botón* Atrás.

7. Haga clic sobre el estilo Expedición y sobre el botón Siguiente.

En este último cuadro de diálogo debe introducir un título para el formulario e indicar la acción a realizar cuando finalice su creación.

8. Escriba como título para el formulario Clientes, compruebe que está activada la opción Abrir el formulario para ver o introducir información y haga clic sobre el botón Finalizar.

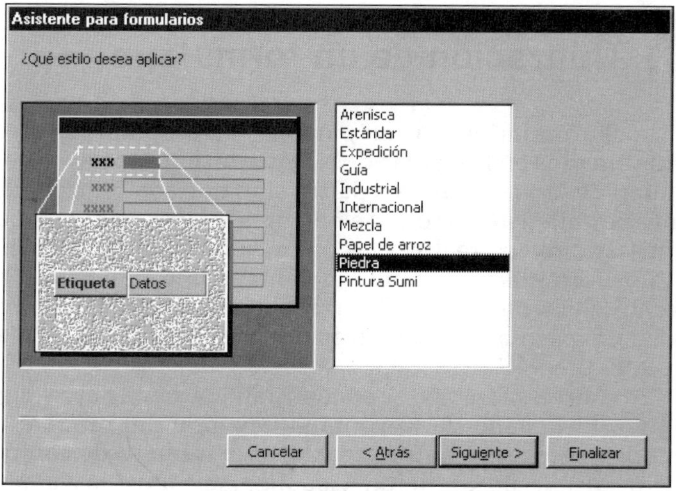

Figura 9.6

El formulario se creará y aparecerá su ventana con el contenido del primer registro de la tabla, tal y como muestra la figura 9.7.

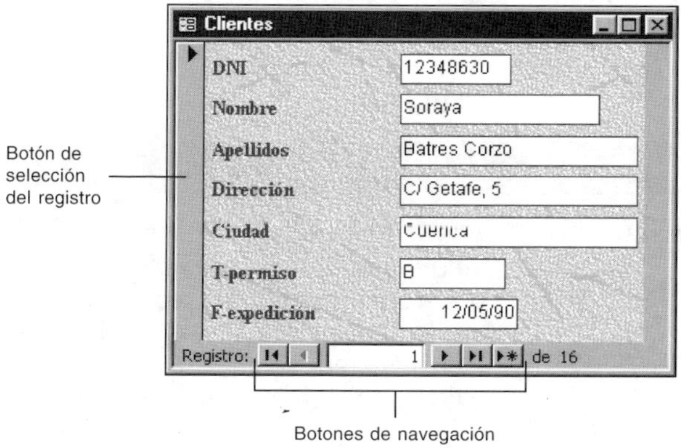

Figura 9.7

> ***Nota:** Es posible crear un formulario automático para la tabla o consulta activa, que debe estar resaltada en la base de datos, seleccionando la opción* Autoformulario *del menú* Insertar.

9.5. Utilización de un formulario

Los formularios se usan para ver y manipular los datos almacenados en las tablas de la base de datos; pero no sólo actúan de *carátula* para los datos, sino que son importantes pues permiten incluir otros elementos (*controles*) con los que el usuario puede realizar las operaciones que programe.

Los formularios tienen una ventana que, además de tener los elementos típicos (barra de título, botones Minimizar...), presenta también otros particulares que se señalan en la figura 9.7.

En el área de trabajo se encuentran los datos del registro activo. El tamaño de la ventana depende del número de campos agregados al formulario; si el número de campos fuera tal que no pudieran visualizarse todos, la ventana presentaría barras de desplazamiento.

No se preocupe si el diseño del formulario no se ajusta a lo que necesita, o no se visualizan correctamente los datos y campos, más adelante verá cómo puede mejorarlo.

El movimiento del cursor por los campos del formulario, o por los registros, se realiza del mismo modo que en cualquier tabla. En la tabla 9.2 se muestran las teclas más utilizadas en los formularios.

Tabla 9.2

Combinación de teclas	*Desplazamiento*
<Flecha dcha.>	Activa el siguiente campo; si el formulario es de tipo *En columna*, actuará del mismo modo que la tecla **<Flecha abajo>**. Si está activo el modo *Edición*, el cursor se moverá un carácter a la derecha del contenido del campo.
<Flecha abajo>	Activa el campo situado debajo del activo.

<Flecha izda.>	Activa el campo anterior; si el formulario es de tipo *En columna*, actuará de la misma forma que la tecla <**Flecha arriba**>. Si está activo el modo *Edición*, entonces el cursor se moverá un carácter a la izquierda del contenido del campo.
<Flecha arriba>	Activa el campo situado por encima del activo.
<**Tab**>	Activa el siguiente campo.
<**Mayús-Tab**>	Activa el campo anterior.
<**AvPág**>	Activa el siguiente registro, a no ser que el formulario contenga más campos de los mostrados en la ventana, en cuyo caso produciría un desplazamiento de la pantalla hacia abajo.
<**RePág**>	Activa el registro anterior, a no ser que el formulario contenga más campos de los mostrados en la ventana, en cuyo caso produciría un desplazamiento de la pantalla hacia arriba.
<**F2**>	Activa / Desactiva el modo *Edición*.

1. Haga clic sobre el botón ▶*, para poder añadir un nuevo registro.
2. Introduzca los datos del cliente que se muestra en la figura 9.8.

Figura 9.8

3. Cierre la ventana del formulario, por ejemplo seleccionando Archivo / Cerrar. Los datos del cliente quedarán almacenados automáticamente en la tabla Clientes.

9.6. Crear un autoformulario tabular

Access permite crear varios tipos de formularios de forma automática. A continuación, va a crear uno de tipo tabular para la tabla Marcas de automóviles.

1. Seleccione Insertar / Formulario, para activar el cuadro de diálogo Nuevo formulario (véase la figura 9.2)
2. Haga clic sobre la opción Autoformulario: en tabla, para resaltarla, seleccione la tabla Marcas de automóviles, de la lista de tablas y consultas, y haga clic sobre el botón Aceptar. El formulario se habrá creado y guardado, pero su ventana habrá quedado activa, por lo que se visualizarán los datos de la tabla, tal y como muestra la figura 9.9.

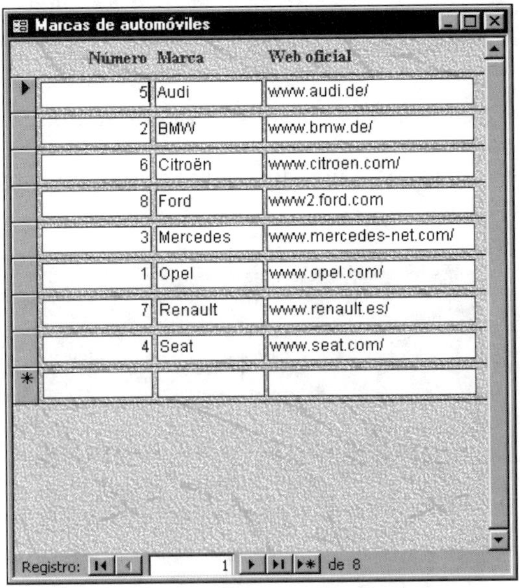

Figura 9.9

Observe en la figura 9.9, que el formulario aparece con el diseño del último que se haya creado; en este caso, muestra el estilo Expedición, que se utilizó en apartados anteriores.

3. Haga clic sobre el botón , escriba Tabla de las marcas de automóviles, como nombre del formulario, y haga clic sobre el botón Aceptar.
4. Seleccione Archivo / Cerrar.

9.7. Crear un formulario Tabular

A continuación va a crear un formulario tabular con ayuda del asistente; en este caso no lo hará sobre una tabla, sino sobre la consulta Coches disponibles para alquilar, que creó en el capítulo 7.

1. Active, si no lo estuviera, la ficha Formularios haciendo clic sobre su botón en la ventana de la base de datos.
2. Haga doble clic sobre la opción Crear un formulario utilizando el asistente; se activará el primer cuadro de diálogo del asistente para formularios.
3. Seleccione de la lista desplegable Tablas / Consultas, la consulta Coches disponibles para alquilar.
4. Seleccione el campo Marca, de la lista Campos disponibles y haga clic sobre el botón , el campo se agregará al cuadro Campos seleccionados.
5. Agregue, en el orden que se indica, los campos Modelo, Color, Matrícula, Kilómetros y Extras , y haga clic sobre el botón Siguiente.
6. Seleccione, en el cuadro de diálogo que aparece, Tabular como tipo de formulario, y haga clic sobre el botón Siguiente.
7. En este cuadro de diálogo debe seleccionar el estilo del formulario. Seleccione Internacional y haga clic sobre el botón Siguiente.
8. Acepte el título propuesto por el asistente Coches disponibles para alquilar, compruebe que está activa la op-ción Abrir el formulario para ver o introducir información y haga clic sobre el botón Finalizar.

El formulario tabular se habrá creado, y se mostrará en una ventana con el aspecto de la figura 9.10. No se preocupe si los nombres de los campos no se visualizan correctamente, más adelante aprenderá cómo puede modificar el diseño del formulario.

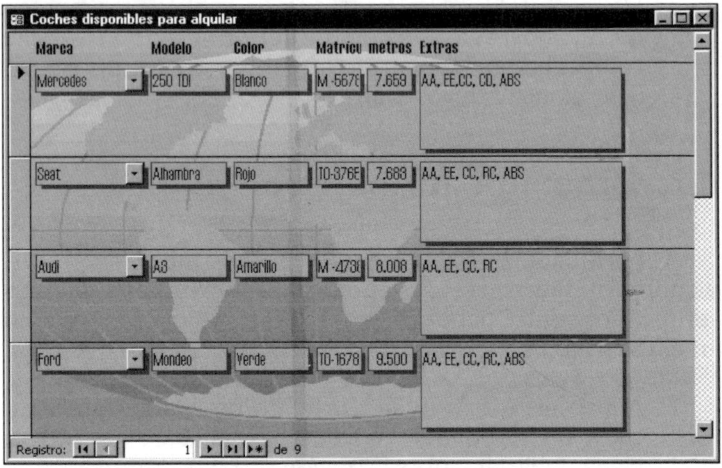

Figura 9.10

Como puede comprobar, en este formulario se visualizan varios registros a la vez. Recuerde que para visualizar el resto, puede usar las barras de desplazamiento vertical.

9. Seleccione Archivo / Cerrar, para cerrar el formulario y volver a tener activa la ventana de la base de datos.

9.8. Crear formularios con campos de varias tablas

Una vez que están creadas las relaciones entre las tablas de una base de datos, puede crearse un formulario en el que se incluyan diversos campos procedentes de distintas tablas. También se puede crear un formulario para una consulta en la que estén combinadas las tablas y esté activada la visualización de algunos de los campos pertenecientes a esas tablas.

A continuación va a crear un formulario en el que incluirá campos de las tablas Automóviles y Contratos.

1. Haga doble clic sobre la opción Crear un formulario utilizando el asistente, de la ficha Formularios, para activar el cuadro de diálogo Asistente para formularios.
2. Seleccione, de la lista Tablas / Consultas, la tabla Automóviles y agregue los campos: Matrícula, Marca y Modelo al formulario.
3. Seleccione a continuación, de la lista de Tablas / Consultas, la tabla Contratos y agregue los campos Contrato, F-inicial, F-final, K-inicial y K-final.
4. Haga clic sobre el botón Siguiente. Aparecerá el cuadro de diálogo de la figura 9.11 en el que debe indicar cómo desea visualizar los datos.

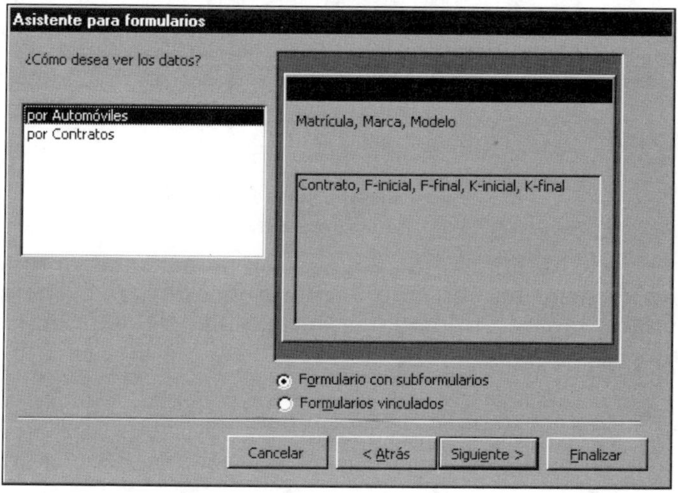

Figura 9.11

5. Active las opciones que muestra la figura 9.11 y haga clic sobre el botón Siguiente, para acceder al próximo cuadro de diálogo, en el que puede seleccionar la distribución que desea para el subformulario.
6. Haga clic sobre la opción Tabular y sobre el botón Siguiente. Ahora debe elegir un estilo para el formulario.
7. Seleccione el estilo Pintura Sumi y haga clic sobre el botón Siguiente.
8. Escriba, como título del formulario, Información del alquiler de los vehículos, y, para el subformulario, Datos del alquiler.

9. Compruebe que está activada la opción Abrir el formulario para ver .... y haga clic sobre el botón Finalizar. El formulario creado tendrá el aspecto de la figura 9.12.

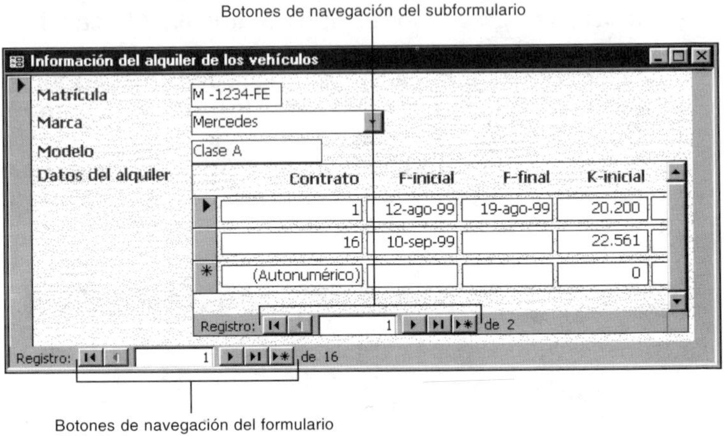

Figura 9.12

Utilice los botones de navegación para visualizar uno a uno los distintos vehículos y comprobar que, en el subformulario, aparecen los datos del alquiler de cada uno de ellos.

10. Cierre la ventana del formulario.

9.9. Crear un autoformulario En columnas

A continuación va a crear un autoformulario de tipo En columnas, para la tabla Automóviles.

1. Active la ficha Formularios y haga clic sobre el botón Nuevo. Aparecerá el cuadro de diálogo Nuevo formulario.
2. Active la opción Autoformulario: en columnas, seleccione de la lista desplegable la tabla Automóviles, y haga clic sobre el botón Aceptar. Se creará el autoformulario (con el mismo estilo del último que se creó) y aparecerá

su ventana, que mostrará el contenido del primer registro de la tabla, con un aspecto similar al de la figura 9.13.

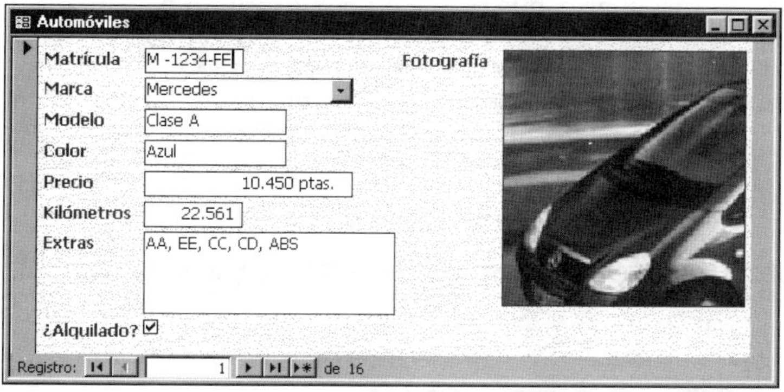

Figura 9.13

3. Guarde el formulario con el nombre **Automóviles**.

9.10. Ventana Diseño de un formulario

Tal y como ocurre con cualquier objeto de la base de datos, un formulario tiene dos ventanas diferentes que pueden alternarse entre sí con facilidad; en este caso, las ventanas son la propia Vista Formulario y la ventana Diseño; en esta última es donde se realizan todas las modificaciones en el diseño del formulario: colocación de los campos, alineación de los datos, estilo del formulario, fuente y color de los datos, creación de controles nuevos....

1. Con la ventana del formulario Automóviles activa, haga clic sobre el botón ; aparecerá la ventana Diseño del formulario.
2. Maximice la ventana; su aspecto será similar al que muestra la figura 9.14.

Un formulario puede estar constituido por cinco secciones (aunque, por defecto, algunas de ellas están cerradas); de las que se pueden destacar:

- Detalle del formulario. En esta zona se encuentran la mayoría de los controles que constituyen la definición del formulario.
- Encabezado del formulario. Muestra el encabezado del formulario, que puede estar constituido por un título, una imagen o cualquier otro control. En nuestro caso está cerrada por carecer de encabezado.
- Pie del formulario. Esta zona mostrará, cuando exista, el pie del formulario, que puede estar constituido por dis-tintos objetos.

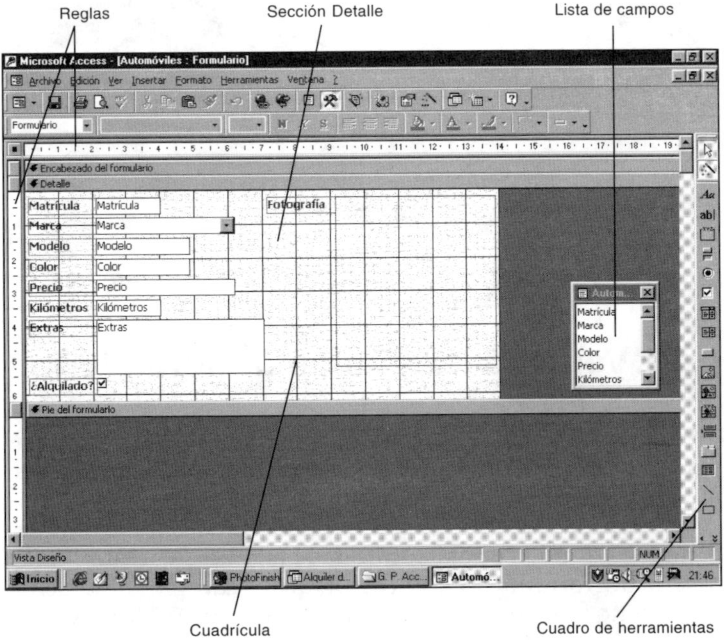

Figura 9.14

> ***Información:*** *Las secciones* Encabezado del formulario *y* Pie del formulario, *se pueden abrir o cerrar mediante la opción* Encabezado o pie de formulario *del menú* Ver.

En el formulario activo existe, para cada uno de los campos, un control independiente (nombre o etiqueta de campo) y un control dependiente (celda en la que se muestra el contenido del campo).

Otros elementos que pueden estar visibles en la ventana de diseño son:

- El cuadro de herramientas; permite añadir nuevos controles al formulario. En caso de no visualizarse, seleccione Ver / Cuadro de herramientas o bien haga clic sobre el botón de la barra de herramientas.
- Las reglas; permiten situar y modificar el tamaño de los controles de modo exacto. En caso de no visualizarse, pueden ser activadas seleccionando Ver / Regla.
- La cuadrícula; permite alinear y colocar los distintos controles. Su visualización puede activarse o desactivarse seleccionando Ver / Cuadrícula.
- La Lista de campos; permite añadir nuevos campos al formulario. Su visualización se activa, o desactiva, mediante la opción Ver / Lista de campos.

> ***Información:*** *Algunos de los elementos de la ventana* Diseño *pueden activarse/desactivarse mediante las opciones del menú* Ver.

9.11. Controles

Un formulario está constituido por diferentes elementos: título del formulario, nombre de los campos, dato del registro en cada campo, posibles botones de comando, etc. A todos estos elementos se les denomina, genéricamente, **Controles**.

De este modo, mediante la adición, eliminación y modificación de los controles se puede cambiar el diseño de un formulario.

Los controles pueden clasificarse de dos modos diferentes. Una primera clasificación se puede realizar teniendo en cuenta la naturaleza del control. Así, se habla de controles de cuadros de texto, de casillas de verificación, de líneas, de botones de opción, etc.

Otra clasificación distingue los controles dependiendo de la información que muestren. Si la información del control no cambia para cada registro, se denomina **control independiente**. Tal es el caso del nombre de los campos, de una línea gráfica, del título del formulario, etc. Contrario a este tipo de control se encuentran los **controles dependientes**, que muestran información que proviene de una tabla o consulta y, por lo tanto, varían para cada registro. Además de los dos tipos de controles anteriores, existe un tercer tipo, denominado **control calculado**, que muestra un valor calculado (mediante una expresión) a partir de los datos almacenados en la tabla o consulta.

9.11.1. Seleccionar controles

Para poder realizar operaciones sobre un control, éste debe ser seleccionado previamente; para ello sólo debe hacer clic sobre él, con lo que quedará enmarcado por los cuadros de selección. Si al hacer clic sobre un control, éste no se selecciona, deberá activar la herramienta Selección, del cuadro de herramientas.

Si desea efectuar una misma operación en varios controles, puede realizarla en un único paso si tiene seleccionados todos los controles a la vez. Para ello, mantenga pulsada la tecla <**Mayús**> mientras hace clic sobre cada uno de ellos.

9.12. Modificar el diseño de un formulario

Como se ha indicado anteriormente, para modificar un formulario hay que modificar los controles del mismo, borrar algunos de ellos y añadir otros nuevos; estas operaciones deben realizarse en la ventana de diseño del formulario. Ahora va a modificar el formulario Automóviles, por lo que debe tener activa su ventana de diseño.

9.12.1. Activar la ventana Diseño

La ventana de diseño de un formulario se puede activar de varios modos, dependiendo de la situación en la que se encuentre:

a) Si está trabajando con el formulario, es decir, tiene activa la ventana Vista del formulario, deberá hacer clic sobre el botón .

b) Si el formulario está cerrado, podría abrirlo y actuar como se ha indicado anteriormente, pero lo mejor es que acceda a la ventana Diseño desde la ventana de la base de datos. Para ello deberá seleccionar el nombre del formulario de la ficha Formularios y hacer clic sobre el botón Diseño.

Si no tuviera activa la ventana Diseño del formulario Automóviles, hágalo utilizando uno de los métodos explicados anteriormente, y maximice su ventana.

***Información:** Desde la ventana* Diseño *puede activar la ventana* Vista de formulario, *para comprobar así las modificaciones que vaya realizando en el diseño, mediante el botón .*

9.12.2 Modificar el estilo de un formulario

Uno de los aspectos que se puede modificar del formulario es el estilo. Cuando se crea un autoformulario no se tiene control sobre el estilo que se va a aplicar, ya que aparece con el del último que se creó; por otra parte, al crear un formulario con el asistente sí se elige un estilo para el formulario, pero puede ocurrir que, una vez creado, no se ajuste a lo deseado. En cualquier caso, puede modificar el estilo del autoformulario mediante el botón Autoformato ; aparecerán los estilos disponibles y podrá elegir el que desee.

1. Haga clic sobre el botón ; aparecerá el cuadro de diálogo Autoformato.
2. Seleccione el estilo Industrial y haga clic sobre el botón Aceptar. El resultado obtenido se puede observar en la figura 9.15.

9.12.3. Mover un control

A continuación va a aumentar el tamaño de la zona Detalle y a distribuir los controles por el formulario de manera que mejore su presentación.

Para mover un control a otro lugar del formulario debe seleccionarlo y, a continuación, arrastrarlo a la nueva posición. Los controles se arrastran por uno de sus bordes y, durante el desplazamiento, visualizará su silueta que le indicará la nueva posición.

Los dos controles correspondientes a un campo (control dependiente y control independiente) pueden moverse conjuntamente o por separado. Al seleccionar uno de ellos se seleccionan, automáticamente, los dos; en esa situación, al arrastrar uno se desplazarán los dos controles a la vez. Si deseara desplazar sólo uno de los dos controles, debería arrastrarlo por su cuadro de selección situado en la esquina superior izquierda.

1. Seleccione Ver / Encabezado o pie de formulario, para abrir las zonas Encabezado y Pie del formulario (quizá tenga que seleccionar dicha opción dos veces).
2. Amplíe la zona Detalle, arrastrando el separador Pie del formulario por su parte superior, hasta que la regla de la derecha marque 8 cm (tome de referencia la figura 9.15).

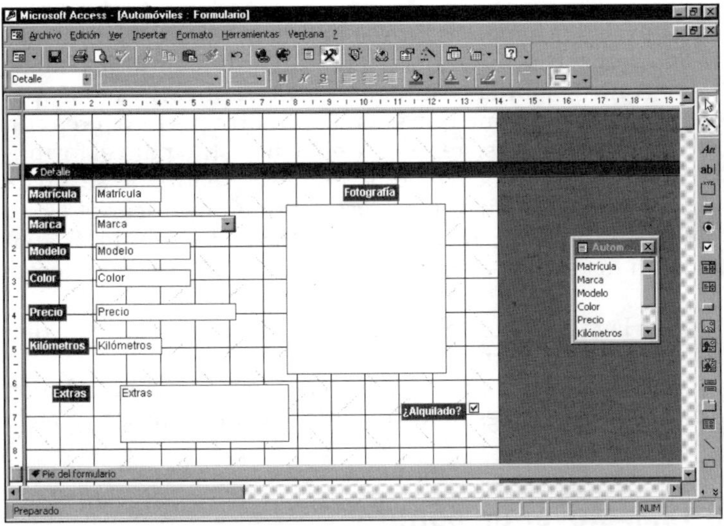

Figura 9.15

3. Haga clic sobre un control del campo ¿Alquilado? (observe que se han seleccionado los dos controles de este campo) y arrástrelo hasta situarlo en la parte inferior derecha de esta zona.

4. Mueva, de forma independiente, los controles del campo Fotografía; recuerde que debe hacerlo arrastrándolos por el cuadro de selección de su esquina superior izquierda.
5. Desplace el resto de los controles a las posiciones que muestra la figura 9.15.

9.12.4. Modificar el tamaño de un control

A continuación va a modificar el tamaño de algunos de los controles que muestran el contenido de los campos; tome de referencia la figura 9.16.

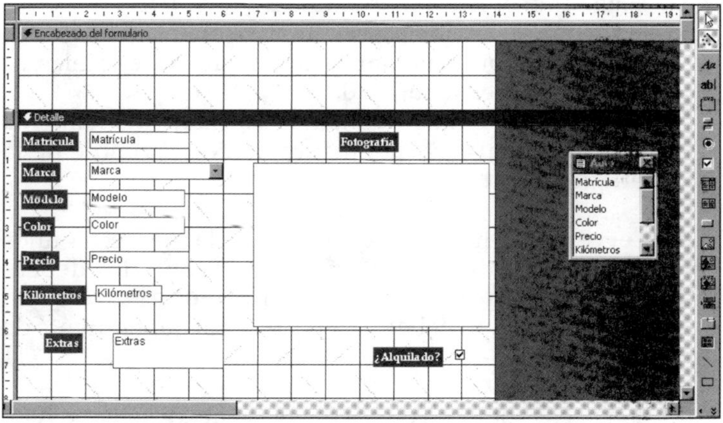

Figura 9.16

1. Haga clic sobre el control dependiente del campo Extras.
2. Sitúe el puntero del ratón sobre el cuadro de selección que está a la derecha del control (éste tomará el aspecto de una doble flecha horizontal) y arrástrelo hasta la posición 6 cm (aproximadamente). Disminuya también la altura del control arrastrando el cuadro que está en el lado inferior.
3. Repita los pasos anteriores para disminuir el control dependiente del campo Precio hasta la posición 5 cm.
4. Modifique el control dependiente de los campos Marca y Matrícula hasta ajustarlos a los de la figura 9.16.

5. Modifique el tamaño del control dependiente del campo Fotografía y sitúelo en la posición que muestra la figura 9.16.

9.12.5. Modificar el aspecto de los controles

En este caso va a cambiar la fuente y el tamaño de fuente, de los controles independientes de todos los campos (nombres de campo).

1. Pulse <Mayús> y, sin soltarla, haga clic sobre todos los controles de las etiquetas de cada campo; todos ellos quedarán seleccionados.
2. Haga clic sobre el botón Arial de la barra de herramientas y seleccione la fuente Bookman Old Style.
3. Haga clic sobre el botón 12 de la barra de herramientas y seleccione el tamaño 10.
4. Seleccione Formato / Tamaño / Ajustar; el tamaño del control se ajustará automáticamente al nombre de la etiqueta.

Observe que al aumentar el tamaño de la fuente, algunos controles independientes se superponen sobre los dependientes, tal es el caso de los campos Kilómetros y ¿Alquilado?; en esta situación debe mover el control dependiente de dichos campos.

5. Haga clic sobre el control dependiente del campo Kilómetros, para seleccionarlo, y arrástrelo hacia la derecha por el cuadro de selección de su esquina superior izquierda; en estas condiciones moverá sólo el control dependiente.
6. Repita la operación con la casilla de verificación del campo ¿Alquilado?. El aspecto será similar al de la figura 9.16.

9.12.6. Añadir y eliminar controles

Para añadir nuevos controles al formulario, debe seleccionar el tipo de control deseado del cuadro de herramientas y situarlo en el lugar adecuado del formulario. Recuerde que si no visualiza este cuadro, puede hacer clic sobre el botón .

Los controles disponibles en el cuadro de herramientas son los de la figura 9.17; en ella se muestran las herramientas distribuidas en dos columnas.

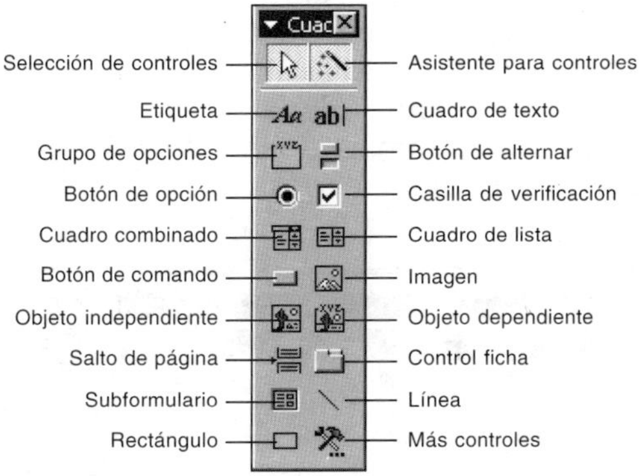

Figura 9.17

Para eliminar un control del formulario, debe seleccionarlo (haciendo clic sobre él) y seleccionar Edición / Eliminar o pulsar <**Supr**>.

9.12.7. Añadir un control Etiqueta

Ahora va a añadir un control de tipo Etiqueta, con el que va a incorporar un título al formulario en la zona del encabezado.

1. Haga clic sobre el botón correspondiente a la herramienta Etiqueta. El puntero adoptará el aspecto del control seleccionado.
2. Haga clic sobre un punto de la zona Encabezado del formulario. Aparecerá un pequeño recuadro, con el cursor situado en él, preparado para escribir el texto.
3. Escriba MUESTRARIO DE AUTOMÓVILES y pulse <**Intro**> para finalizar la escritura. El control quedará seleccionado.
4. Seleccione, en los botones correspondientes de la barra de herramientas Formato, la fuente Bookman Old Style (u otra de su agrado), el tamaño 16 y active el atributo negrita.

5. Seleccione Formato / Tamaño / Ajustar; el tamaño del control se ajustará automáticamente a su contenido.
6. Haga clic sobre el botón , para colorear el texto y elija, por ejemplo, el color Naranja.
7. Sitúe el control en el centro del área del encabezado y disminuya el tamaño de esta sección, hasta que el diseño del formulario sea similar al de la figura 9.18.
8. Disminuya la altura de la sección Pie del formulario hasta que sea, aproximadamente, 0,5; para ello deberá arrastrar su límite inferior.

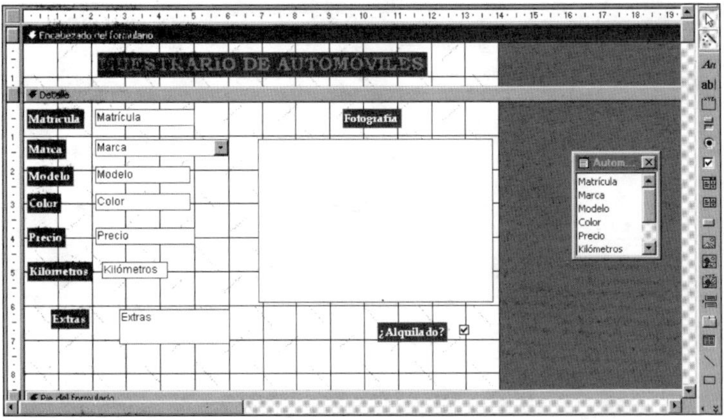

Figura 9.18

> ***Nota:*** *Recuerde que si no queda satisfecho con la última operación realizada, puede deshacerla mediante la opción* Deshacer *acción del menú* Edición.

9.12.8. Añadir un control Botón de comando

Ahora va a agregar, con ayuda del Asistente para controles, un botón de comando para cerrar automáticamente el formulario.

1. Compruebe si está activo el Asistente para controles (el botón del cuadro de herramientas debe estar hundido); si no fuera así haga clic sobre él.

2. Haga clic sobre la herramienta Botón de comando del cuadro de herramientas, y sobre un punto centrado entre los campos Extras y ¿Alquilado?; se activará el cuadro de diálogo del Asistente (véase la figura 9.19).

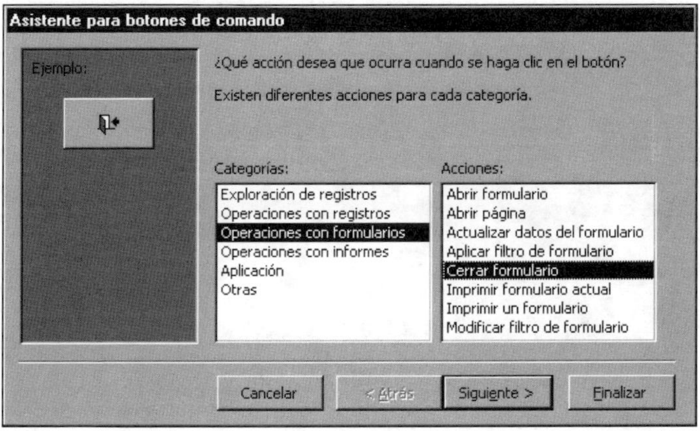

Figura 9.19

3. Seleccione las acciones que muestra la figura 9.19 y haga clic sobre el botón Siguiente.
4. En este cuadro de diálogo, el Asistente permite elegir una imagen gráfica para el botón o introducir un texto determinado. Active la imagen que se muestra en la figura 9.20 y haga clic sobre el botón Siguiente.

En el último cuadro de diálogo del Asistente, nos sugiere que asignemos un nombre para el botón de manera que podamos identificarlo posteriormente.

5. Haga clic sobre el botón Finalizar para aceptar el que muestra el programa.

9.12.9. Modificar las propiedades de un control

Además de las características comunes a todos los controles (tamaño, situación, alineación, etc.), cada tipo de control tiene otras específicas que pueden ser modificadas para personalizar aún más los formularios.

La modificación de estas propiedades se realiza en el cuadro de diálogo Propiedades, al que se puede acceder seleccionando Ver / Propiedades o haciendo clic sobre el botón ▣ de la barra de herramientas.

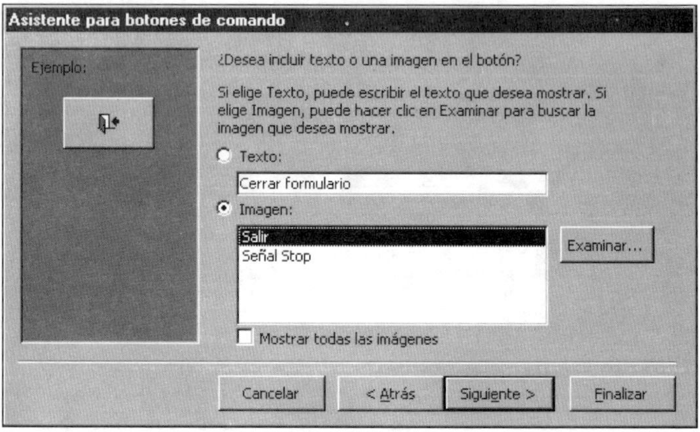

Figura 9.20

1. Haga clic sobre el control dependiente del campo Fotografía, para seleccionarlo.
2. Seleccione Ver / Propiedades; aparecerá un cuadro de diálogo con multitud de propiedades del control.
3. Seleccione las opciones que muestra la figura 9.21.

Los cambios realizados en las propiedades de este control son: la opción Zoom del recuadro Modo de cambiar el tamaño para que las fotografías de los coches se ajusten, lo mejor posible, al tamaño del control; y la opción Transparente en el Estilo del fondo y el Estilo de los bordes para que desaparezcan el fondo y el borde del cuadro del control.

4. Haga clic sobre el botón Cerrar del cuadro de diálogo.

> ***Información**: Una vez que se encuentre activado el cuadro de diálogo* Propiedades*, al seleccionar otros controles, éste mostrará automáticamente las propiedades específicas de cada uno de ellos, las cuales se podrán modificar según interese.*

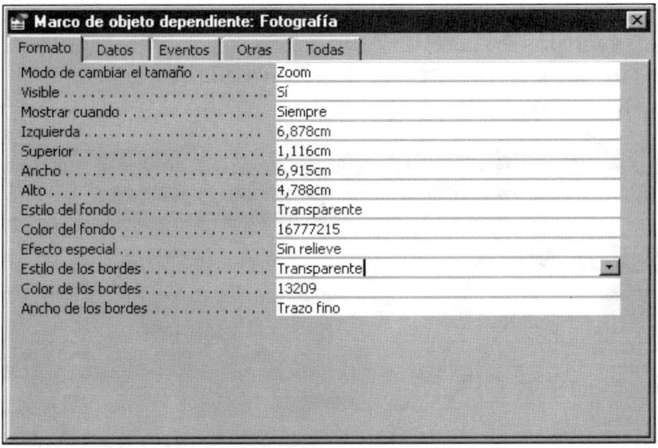

Figura 9.21

9.13. Guardar y cerrar un formulario

Igual que otros objetos de la base de datos, los formularios pueden guardarse desde su ventana o desde la ventana de diseño. En este caso lo hará desde la ventana de diseño:

1. Seleccione Archivo / Guardar o haga clic en el botón de la barra de herramientas. Como el formulario ya tiene asignado un nombre, el programa lo guardará automáticamente.
2. Haga clic sobre el botón para visualizar el aspecto final del formulario, que será similar al de la figura 9.22.
3. Seleccione Archivo / Cerrar, para cerrar su ventana y volver a tener activa la de la base de datos, que aparecerá maximizada. Si lo desea, puede restáurela haciendo clic sobre su botón Restaurar.

9.14. Modificar un formulario para agregar un control tipo Marco de objeto dependiente

A continuación va a agregar un control de tipo Marco de objeto dependiente, en el formulario Información del alquiler de los vehículos, para que muestre el contenido de uno de los campos de la tabla Automóviles, concretamente aquél que contiene la fotografía de los coches.

Figura 9.22

1. Abra el formulario Información del alquiler de los vehículos, active su ventana de diseño y maximícela.
2. Aumente la zona Detalle, vertical y horizontalmente, hasta asignarle un tamaño similar al de la figura 9.23.
3. Desplace el subformulario hasta la posición reflejada en la figura 9.23.
4. Active la herramienta Marco de objeto dependiente y haga clic sobre un punto de coordenadas 9 (regla horizontal) y 0,5 (regla vertical).
5. Modifique el tamaño del marco agregado hasta asignarle un tamaño similar al que muestra la figura 9.23.
6. Seleccione la etiqueta del marco añadido, y pulse <**Supr**> para eliminarla.
7. Seleccione el marco y haga clic sobre el botón para activar el cuadro de diálogo Propiedades.
8. Active la ficha Datos y seleccione, para la propiedad Origen del control, el campo Fotografía.

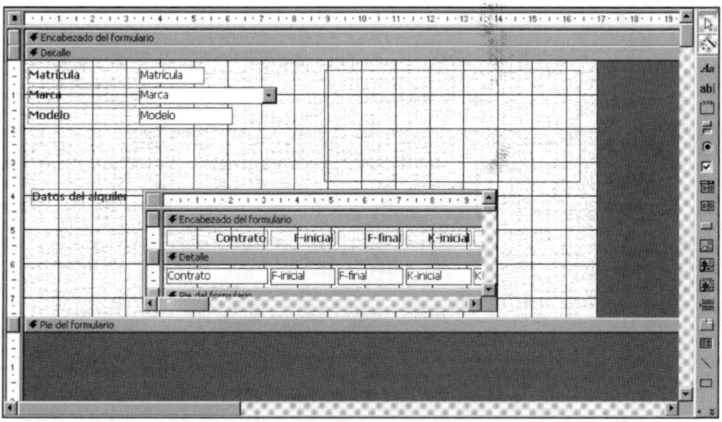

Figura 9.23

9. Active la ficha **Formato** y seleccione las opciones **Zoom** de la propiedad **Modo de cambiar el tamaño**, y la opción **Transparente** en las propiedades **Estilo del fondo** y **Estilo de los bordes**.
10. Cierre el cuadro de diálogo y guarde las modificaciones realizadas en el diseño del formulario.
11. Haga clic sobre el botón ▤ para activar la vista del formulario. La figura 9.24 muestra el formulario con un registro.

Figura 9.24

12. Visualice otros registros con el formulario y, finalmente, cierre su ventana.

9.15. Crear el formulario Contratos

A continuación va a crear un formulario tipo En columnas, para la tabla Contratos, que posteriormente utilizará en otro apartado de este capítulo.

1. Active la ficha Formularios y haga clic sobre el botón . Aparecerá el cuadro de diálogo Nuevo formulario.
2. Active la opción Autoformulario: en columnas, seleccione la tabla Contratos y haga clic sobre el botón Aceptar. El formulario se creará y aparecerá su ventana que mostrará el primer registro.
3. Active la ventana Diseño y haga clic sobre el botón . Aparecerá el cuadro de diálogo Autoformato.
4. Seleccione el formato Estándar y haga clic sobre el botón Aceptar.
5. Maximice la ventana de diseño, abra la sección Encabezado e introduzca una etiqueta con el texto CONTRATOS.
6. Aumente el tamaño de la fuente de las etiquetas de los campos y del título, y asígneles el color Azul marino. Recuerde que puede ajustar automáticamente el tamaño de cada control a su contenido, tal y como hizo en apartados anteriores.

Como ha comprobado en apartados anteriores, resulta muy útil disponer, en la propia ventana del formulario, de un botón que permita cerrarlo.

7. Aumente el tamaño horizontal de la zona Detalle hasta la posición 9.
8. Agregue, en la zona inferior derecha, un botón de comando que le permita cerrar el formulario; en este caso, en vez de insertar una imagen, escriba en el botón el texto Cerrar.
9. Guarde a continuación el formulario creado con el nombre Contratos.
10. Active la ventana Vista Formulario, para comprobar que el resultado es similar al de la figura 9.25; finalmente cierre su ventana.

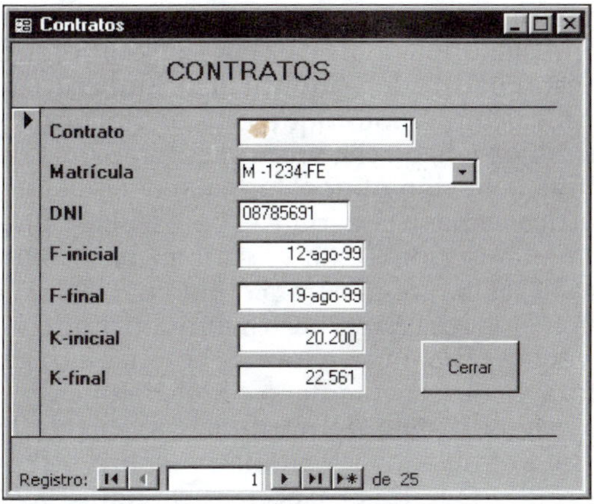

Figura 9.25

9.16. Modificar el formulario Clientes

A continuación va a modificar el aspecto del formula-rio Clientes, en el que agregará dos botones de comando: uno para cerrar el formulario y otro para activar el formulario Contratos.

1. Abra la ventana Diseño del formulario Clientes y maxi-mícela.
2. Aumente la zona Detalle, disminuya el tamaño de algu-nos controles, aumente el tamaño de la fuente de los nombres de los campos, e introduzca, en la zona del encabezado, una etiqueta con el texto DATOS DE LOS CLIENTES, tal y como se explicó en apartados anteriores. Tome como referencia la figura 9.26.
3. Añada, en la parte inferior derecha, un botón de coman-do para cerrar el formulario.

Ahora va a añadir un nuevo botón que le permita abrir el formulario Contratos.

4. Active la herramienta Botón de comando y haga clic en un punto de la parte inferior izquierda de la zona Detalle; se activará el Asistente.

5. Active la categoría Operaciones con formularios y la acción Abrir formulario. Haga clic sobre el botón Siguiente.
6. En este cuadro, debe indicar el formulario al que quiere acceder con el botón que está definiendo. Seleccione Contratos y haga clic sobre el botón Siguiente.
7. Active la opción Abrir el formulario y mostrar todos los registros y haga clic sobre el botón Siguiente.
8. Active la opción Texto y escriba Abrir Contratos; éste será el texto que mostrará el botón. Haga clic sobre el botón Finalizar. El proceso habrá concluido y aparecerá la ventana Diseño con los dos botones agregados. Amplíe, si lo desea, el tamaño de los botones.
9. Guarde el diseño del formulario y active la ventana Vista Formulario haciendo clic sobre el botón ▤; el formulario tendrá el aspecto de la figura 9.26.

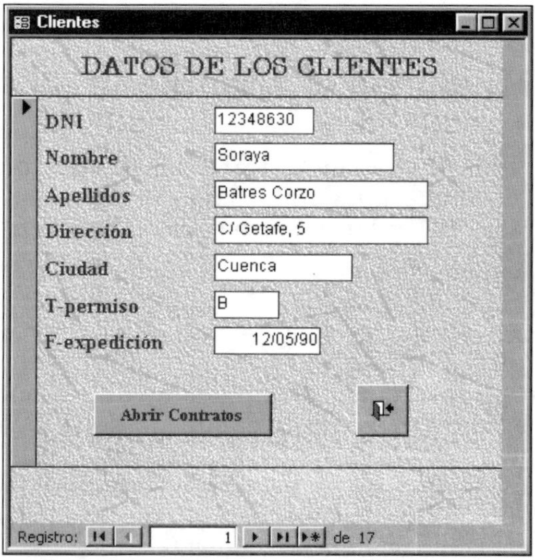

Figura 9.26

10. Compruebe que los botones que ha creado realizan la acción asignada: active el formulario Contratos, visualice algunos de sus registros y cierre el formulario para volver al de Clientes.
11. Visualice los datos de varios clientes y cierre la ventana del formulario haciendo clic sobre el botón creado.

9.17. Activar y trabajar con un formulario

Una vez guardado un formulario, éste podrá ser activado en cualquier momento del siguiente modo:

1. Active, si no lo estuviera, la ficha Formularios de la ventana de la base de datos.
2. Haga clic sobre el nombre del formulario Automóviles y sobre el botón Abrir (también podría haber hecho doble clic sobre su nombre). Aparecerá la ventana del formulario, con los datos del primer registro.

Los formularios permiten trabajar con los datos que muestran, igual que si estuviera activa la ventana Hoja de datos de la tabla correspondiente. Puede introducir nuevos registros, modificar datos, localizar algunos ....

3. Haga clic sobre el botón, escriba ahora la matrícula M–2123-TE y haga clic sobre el botón Buscar siguiente.
4. Cierre el cuadro de diálogo Buscar y reemplazar, para ver el registro localizado, que muestra la figura 9.27.

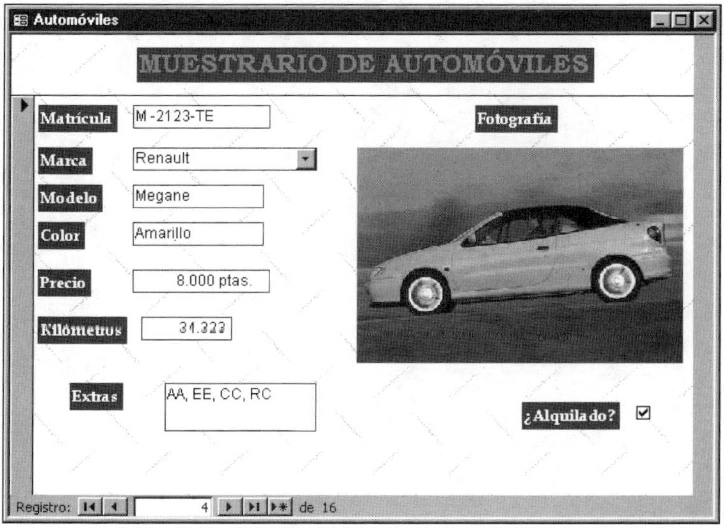

Figura 9.27

5. Haga clic sobre el botón que ha creado para cerrar el formulario.

***Nota**: Los formularios pueden emplearse para imprimir los datos con el aspecto diseñado, aunque existen otros objetos de la base de datos específicos para la impresión de datos, denominados* **Informes**.

10 Informes

10.1. Introducción

En este capítulo aprenderá a imprimir los datos de una base de datos de forma distinta a las realizadas hasta ahora. Microsoft Access ofrece unos objetos de base de datos, denominados **Informes**, que permiten imprimir los datos de una tabla o consulta con el aspecto que el propio usuario diseñe.

10.2. Opciones para crear Informes

Al igual que con los formularios, existen dos modos de crear informes: mediante el Asistente o de forma manual en la ventana Diseño. Por otra parte, existen varias posibilidades de comenzar el proceso de creación:

a) Mediante la opción Informe del menú Insertar; se activará así el cuadro de diálogo Nuevo informe (véase la figura 10.1), desde el que puede crear distintos informes con o sin ayuda del Asistente.
b) Mediante la opción Informe de la lista del botón Nuevo objeto perteneciente a la barra de herramientas; de este modo también se activará el cuadro de diálogo Nuevo informe.
c) Desde la ficha Informes de la ventana de la base datos (véase la figura 10.2), en la que el programa ofrece las opciones básicas para crear un informe.

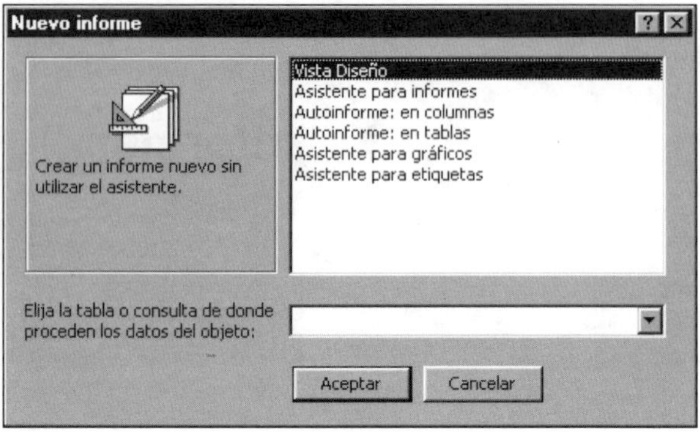

Figura 10.1

Figura 10.2

> ***Información:*** *El botón* Nuevo *existente en la ventana correspondiente la base de datos cuando se encuentra activa la ficha* Informes, *permite obtener el cuadro de diálogo* Nuevo informe.

Lo más práctico a la hora de generar un informe, es utilizar el Asistente para informes, que permite crear los distintos tipos de informes existentes, cuyas características individuales se detallan en la siguiente tabla.

Tabla 10.1

Tipo de informe	*Características*
En columnas	Cada campo aparece en una línea del informe, con el nombre del campo a la izquierda; los registros suelen estar separados por una línea gráfica. El número de registros que tenga cada una de las páginas dependerá del número de campos.
En tablas	Los datos de cada campo constituirán una columna en el informe, y los datos de mismo un registro estarán en una fila. En estos informes se pueden realizar agrupaciones de registros según el contenido de uno o varios campos.
Gráfico	Estos informes permiten mostrar los valoresde una tabla en un gráfico.
Etiquetas	Los informes de este tipo permiten imprimir algunos datos de los registros con el formato de algunas de las etiquetas comerciales. Suelen utilizarse para generar etiquetas postales, en las cuales incluir el nombre y la dirección.

Información: *Microsoft Access permite crear automáticamente informes, que se denominan* autoinformes, *que serán análogos a los informes de tipo* En columnas.

10.3. Generar un Autoinforme

Access ofrece la posibilidad de generar e imprimir un informe automático para los datos de la tabla o consulta activa.

1. Active, en la ficha Tablas, la tabla Preferencias de los clientes de Madrid, haciendo clic sobre ella.
2. Seleccione Insertar /Informe; aparecerá el cuadro de diálogo Nuevo Informe (véase figura 10.1).
3. Haga doble clic sobre la opción Autoinforme: en tablas; el informe se creará y su ventana Vista preliminar quedará

activa, con el aspecto de la figura 10.3, en la que se ha disminuido el zoom para visualizarlo completo. Observe que el programa activa, automáticamente, la orientación horizontal para la página.

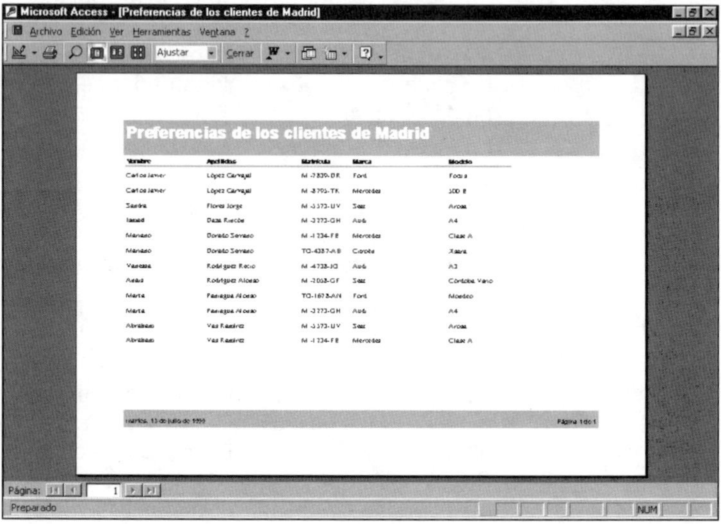

Figura 10.3

4. Si desea imprimir el informe, haga clic sobre el botón 🖨 de la barra de herramientas.
5. Cierre la ventana Vista preliminar, haciendo clic sobre el botón ☒, y guarde el diseño del informe con el nombre que le ofrece el programa.

10.4. Crear un informe En columnas justificado

Como ha comprobado, la opción Autoinforme genera un informe muy simple. Si desea obtener un informe más completo lo mejor es crearlo con ayuda del Asistente. En este caso va a crear un informe para imprimir los datos de los clientes, en forma de ficha, y ordenados alfabéticamente por el nombre de los clientes.

1. Haga clic sobre el botón Informes, de la ventana de la base de datos, para activar su ficha.
2. Haga doble clic sobre la opción Crear un informe utilizando el asistente; aparecerá el cuadro de diálogo Asistente para informes, en el que debe seleccionar la tabla (o consulta) y los campos que va a incluir en el informe.
3. Seleccione, de la lista desplegable Tablas / Consultas, la tabla Clientes.
4. Haga doble clic sobre el botón >> para incluir todos los campos en el informe.
5. Haga clic sobre el botón Siguiente, para activar el próximo cuadro de diálogo del Asistente, en el que podría activar una agrupación para los registros.
6. Haga clic sobre el botón Siguiente, ya que ahora no tiene sentido agrupar los registros. Accederá al próximo cuadro de diálogo (véase figura 10.4), en el que puede activar una ordenación para los registros.

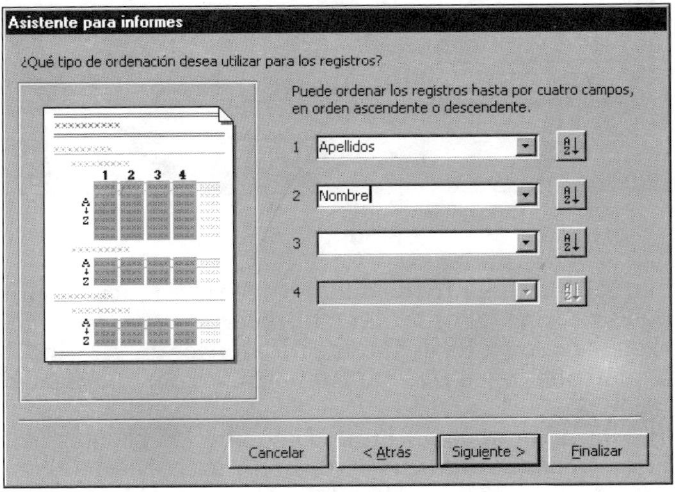

Figura 10.4

7. Seleccione los campos que muestra la figura 10.4; de este modo los registros se ordenarán por los apellidos de los clientes y, para apellidos iguales, por su nombre.
8. Haga clic sobre el botón Siguiente. Accederá a un nuevo cuadro de diálogo en el que debe indicar la distribución y orientación deseada para el informe.

9. Active la distribución Justificado, la orientación Vertical y la opción Ajustar el ancho del campo....
10. Haga clic sobre el botón Siguiente; se activará el cuadro de diálogo en el que puede elegir el estilo del informe.
11. Seleccione el estilo que se muestra en la figura 10.5, y haga clic sobre el botón Siguiente, para acceder al último cuadro de diálogo del Asistente.

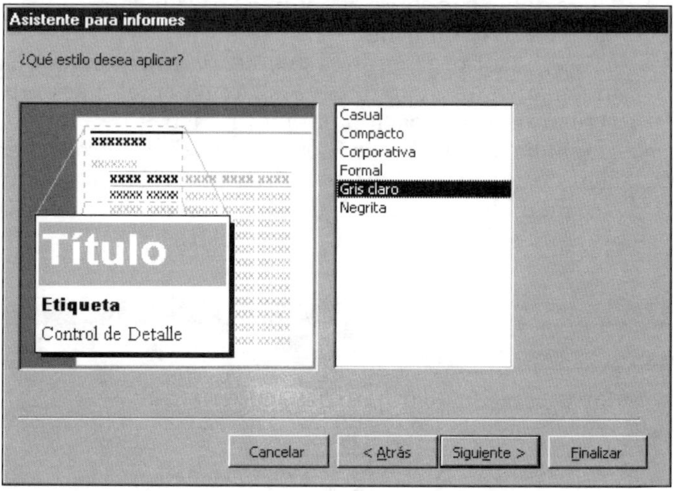

Figura 10.5

En el último cuadro de diálogo debe introducir un título para el informe (el programa propone un título análogo al de la tabla o consulta de la que proceden los datos) e indicar la acción que desea realizar cuando se termine la creación.

12. Introduzca, como título, Datos de los clientes, compruebe que está activa la opción Vista previa del informe y haga clic sobre el botón Finalizar.
13. Maximice la ventana y aumente el valor del zoom de visualización. El aspecto de la primera página del informe será como el de la figura 10.6; para visualizar la segunda página puede utilizar los botones de navegación.

Si deseara imprimir el informe, debería hacer clic sobre el botón 🖶, pero le recomendamos realizar algunas modificaciones en su diseño, para mejorarlo.

Figura 10.6

10.5. Modificar el diseño del informe Datos de los clientes

La modificación de los informes se debe realizar en su ventana Diseño, a la que se puede acceder de cualquiera de las formas que vio en capítulos anteriores. En este caso, como tiene activa la ventana Vista preliminar del informe, utilizará el botón .

1. Haga clic sobre el botón , para activar la ventana Diseño del informe, similar a la de un formulario, tal y como muestra la figura 10.7

> ***Información:*** *Al igual que ocurría en los formularios, el diseño de los informes está constituido por una serie de* controles, *que se pueden eliminar, mover, copiar, añadir, modificar en alguna de sus propiedades, etc. Las técnicas para realizar todas estas operaciones son idénticas a las utilizadas en el capítulo anterior en los apartados correspondientes a la modificación de los formularios.*

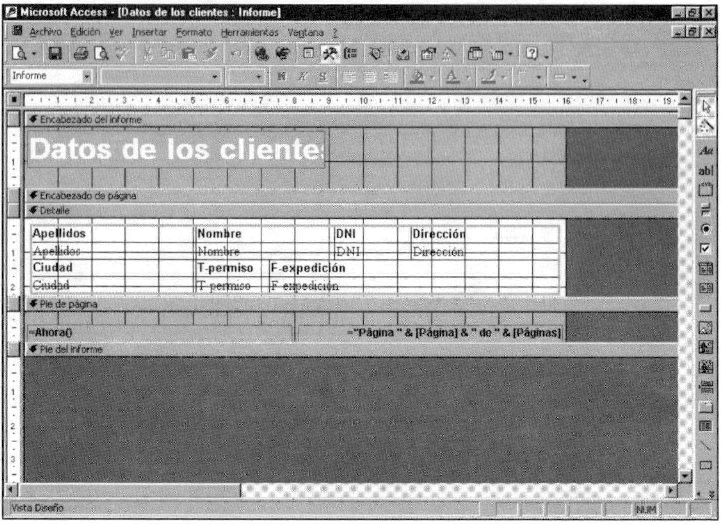

Figura 10.7

2. Seleccione los controles (etiqueta y contenido) de los campos Ciudad, T-permiso y F-expedición (recuerde que debe mantener pulsada <**Mayús**> mientras los selecciona) y haga clic sobre el botón para centrar sus datos.
3. Seleccione ahora las etiquetas de todos los campos y elija, del cuadro asociado al botón de la barra de herramientas, el color amarillo pálido.
4. Active de nuevo la Vista preliminar; el resultado será similar al que muestra la figura 10.8.
5. Si desea imprimir el informe, prepare su impresora y haga clic sobre el botón .

10.6. Guardar y cerrar un informe

Cualquier informe puede ser guardado desde su ventana Vista preliminar o desde su ventana Diseño, y el proceso es, en ambos casos, idéntico. Realice los siguientes pasos para guardar el informe creado y modificado en los apartados anteriores:

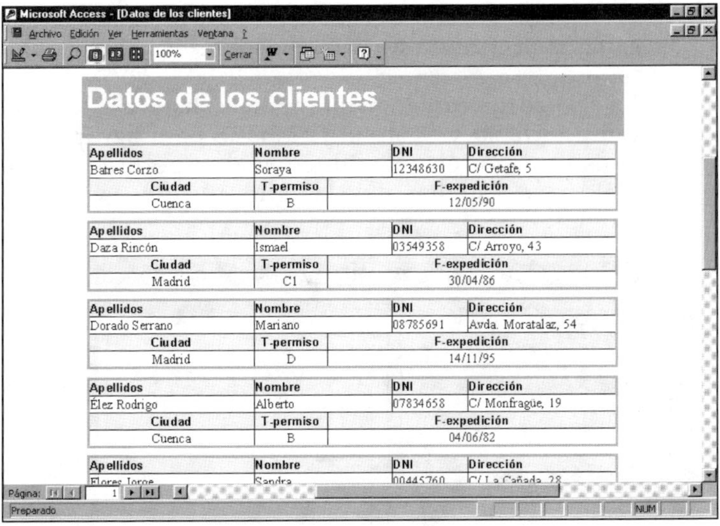

Figura 10.8

1. Seleccione Archivo / Guardar. El programa no mostrará el cuadro de diálogo para introducir un nombre, puesto que éste se indicó en el último cuadro de diálogo del Asistente.
2. Seleccione Archivo / Cerrar. Volverá a visualizar la ventana de la base de datos, con la ficha Informes activa.

10.7. Crear un informe En columnas

A continuación va a crear un informe En columnas que muestre toda la información relativa a los vehículos, incluida la imagen.

1. Active la ficha Tablas de la base de datos y haga clic sobre la tabla Automóviles.
2. Seleccione Insertar / Informe, para obtener el cuadro de diálogo Nuevo informe, en el que ya aparecerá seleccionada la tabla Automóviles.
3. Haga clic sobre la opción Asistente para informes y sobre el botón Aceptar.

4. Haga doble clic sobre el botón [>>], para incluir todos los campos en el informe y haga clic sobre el botón Siguiente.
5. En el cuadro de diálogo que aparece, haga clic sobre el campo Precio y sobre el botón [>], para agrupar los registros según el contenido en este campo. El cuadro de diálogo será similar al de la figura 10.9.

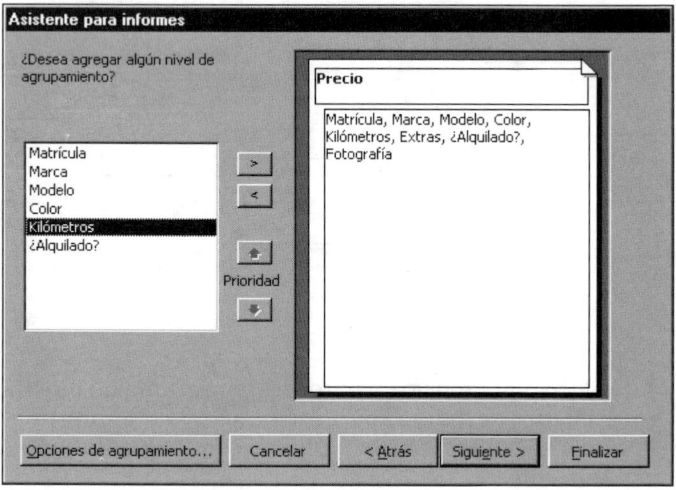

Figura 10.9

6. Haga clic sobre el botón Siguiente. Accederá al próximo cuadro de diálogo en el que puede activar una ordenación para los registros.
7. Seleccione el campo Marca y haga clic sobre el botón Siguiente. En este cuadro de diálogo debe indicar la distribución y orientación del informe.
8. Active el estilo Esquema 2, la orientación Vertical y la opción Ajustar el ancho del campo... (el programa imprimirá los datos en el menor número posible de páginas).
9. Haga clic sobre el botón Siguiente; se activará el cuadro de diálogo en el que puede elegir el estilo del informe.
10. Seleccione el estilo que se muestra en la figura 10.10 y haga clic sobre el botón Siguiente, para acceder al último cuadro de diálogo del Asistente.

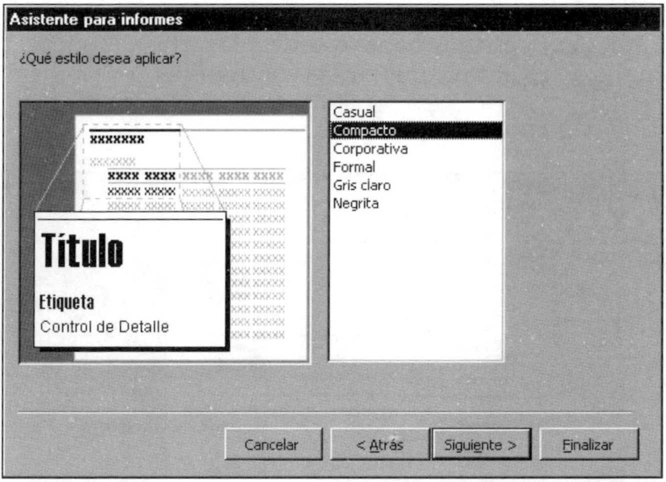

Figura 10.10

11. Introduzca, como título, Información detallada de los vehículos, compruebe que está activa la opción Vista previa del informe y haga clic sobre el botón Finalizar. Obtendrá el informe creado con el aspecto que se obtendrá al imprimirlo.
12. Maximice la ventana y haga clic sobre cualquier punto de ella para disminuir el zoom de visualización. El aspecto de la primera página del informe será como el de la figura 10.11; para visualizar las restantes páginas, haga clic sobre los botones de navegación.

10.7.1. Modificar el informe Información detallada de los vehículos

Para modificar un informe, debe activar su ventana de diseño y realizar, en ella, los cambios necesarios en sus controles.

1. Con la ventana del informe activa, haga clic sobre los botones Cerrar o de la barra de herramientas; en ambos casos se activará la ventana Diseño.

La ventana de diseño muestra los distintos apartados del informe, así como los controles incluidos en cada uno de ellos. Observe que las etiquetas de los campos no se muestran completas, por lo que habrá que desplazarlas y modificar su tamaño. Pero antes cambiará la configuración de la página.

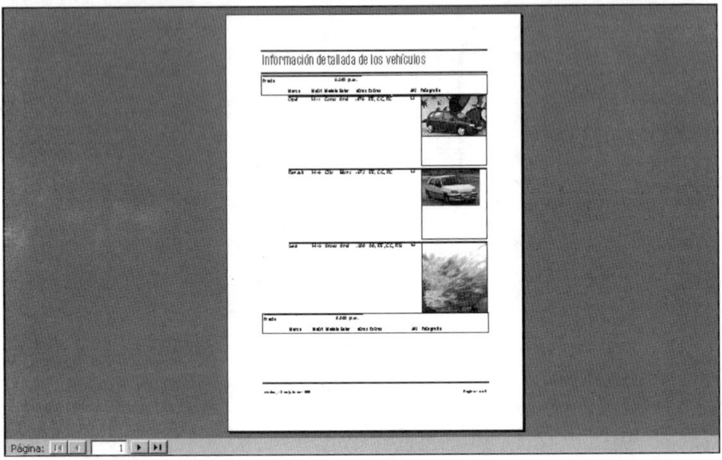

Figura 10.11

2. Seleccione Archivo / Configurar página; aparecerá el cuadro de diálogo Configurar página con la ficha Márgenes abierta.
3. Introduzca los márgenes que muestra la figura 10.12 y haga clic sobre el botón Aceptar.
4. Seleccione la línea negra que está situada justo por encima de los controles del campo Precio (aparecerán los cuadros de selección sobre ella) y pulse <**Supr**> para eliminarla.
5. Seleccione el nombre del campo Kilómetros y modifique su contenido a Km.
6. Mueva los controles (etiquetas y contenido) de los campos, para que se visualicen completos; tome como referencia la figura10.13.
7. Modifique, cuando sea necesario, el tamaño de los controles de las etiquetas.
8. Prolongue la línea negra fina situada por encima de los controles dependientes que ha movido, hasta que englobe a todos los datos.

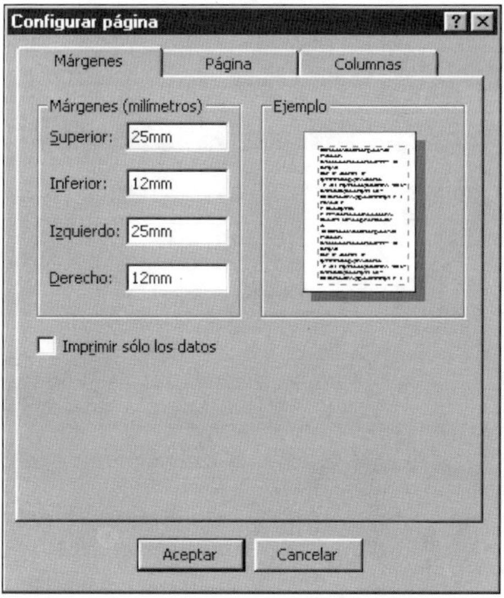

Figura 10.12

> ***Información***: *Recuerde que si al realizar una acción el resultado no es de su agrado, puede deshacerla utilizando el botón* ⎌ *de la barra de herramientas.*

9. Aumente la altura y disminuya el ancho del control dependiente del campo Extras.
10. Disminuya la altura del control dependiente del campo Fotografía y aplíquele las propiedades estudiadas en el apartado 12.9 del capítulo 9, de modo que puedan visualizarse correctamente las imágenes.
11. Seleccione los controles del campo Precio, modifique su fuente a tamaño 11 y color Rojo. La ventana Diseño tendrá el aspecto de la figura 10.13.

10.7.2. Guardar, imprimir y cerrar un informe

Al activar la vista previa de un informe, éste se mostrará tal cual aparecerá al imprimirlo. Esta operación es importante hacerla antes de la impresión ya que, si el aspecto del informe no se ajusta a lo esperado, se podrá activar de nuevo la vista Diseño para seguir haciendo modificaciones en él.

Figura 10.13

1. Active la ventana Vista previa del informe Información detallada de los vehículos para comprobar las modificaciones realizadas en el apartado anterior.
2. Haga clic sobre el botón Dos páginas de la barra de herramientas, para visualizar el informe como muestra la figura 10.14.

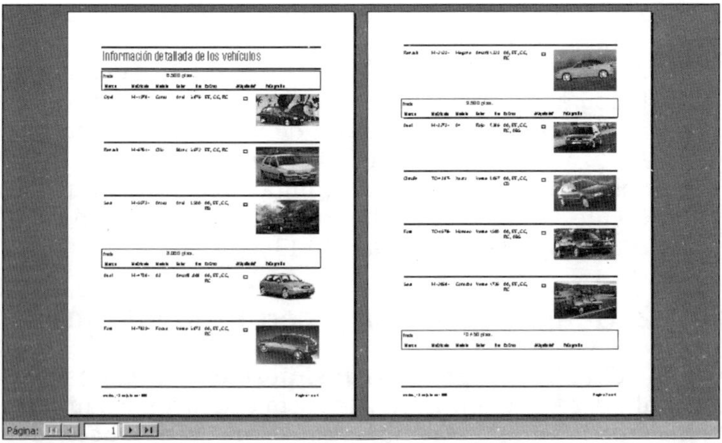

Figura 10.14

3. Si el informe es de su agrado, guarde su diseño seleccionando Archivo / Guardar.
4. Si desea imprimir el informe, seleccione Archivo / Imprimir o haga clic sobre el botón .
5. Seleccione Archivo / Cerrar.

Información: En caso de que un informe estuviera guardado y cerrado, podría acceder a su ventana Diseño *resaltándolo de la ficha* Informes *y haciendo clic sobre el botón* Diseño.

10.8. Crear un informe Tabular

Existen ocasiones en las que interesa obtener los datos en forma de tabla, con sólo un encabezado por página, para poder estudiar con más facilidad los datos; este tipo de informe se denomina Tabular y, como comprobará más adelante, presenta algunas ventajas con respecto a una tabla normal.

1. Active la ficha Informes y haga doble clic sobre la opción Crear un informe utilizando el asistente; aparecerá el primer cuadro de diálogo Asistente para informes, en el que debe seleccionar una tabla o consulta.
2. Seleccione la tabla Contratos e incluya, en el orden que se indica, los campos: Matrícula, DNI, F-inicial, F-final, K-inicial y K-final.
3. Haga clic sobre el botón Siguiente, para activar el próximo cuadro de diálogo del Asistente, en el que el programa ha seleccionado el campo Matrícula para agrupar los registros.
4. Haga clic sobre el botón <, para evitar que el programa agrupe los registros; el cuadro de diálogo será similar al de la figura 10.15.
5. Haga clic sobre el botón Siguiente.
6. Seleccione, en este orden, los campos Matrícula y DNI para la ordenación de los registros, y haga clic sobre el botón Siguiente.
7. Active la distribución Tabular, la orientación Vertical y la opción Ajustar el ancho del campo....

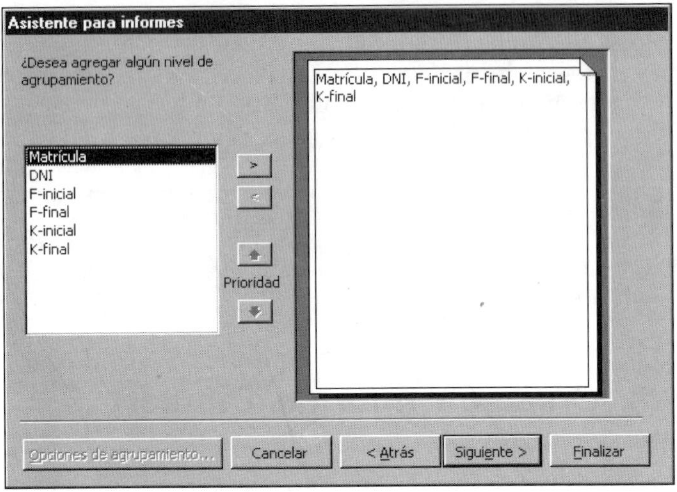

Figura 10.15

8. Haga clic sobre el botón Siguiente y seleccione el estilo Casual.
9. Haga clic sobre el botón Siguiente, para acceder al último cuadro de diálogo del Asistente.
10. Escriba, como título, **Listado tabular de contratos**, compruebe que está activa la opción Vista previa del informe y haga clic sobre el botón Finalizar. Obtendrá el informe creado con el aspecto que muestra la figura 10.16, en el que se ha maximizado la ventana.

10.8.1. Modificar el informe Listado tabular de contratos

Si observa la figura 10.16, comprobará que algunas matrículas se repiten, puesto que corresponden a las de los coches que se han alquilado varias veces. El diseño de este informe se puede mejorar para que agrupe los contratos de cada vehículo y de esta forma elimine la impresión de las matrículas repetidas.

1. Acceda a la ventana de diseño del informe Listado tabular de contratos haciendo clic sobre el botón .

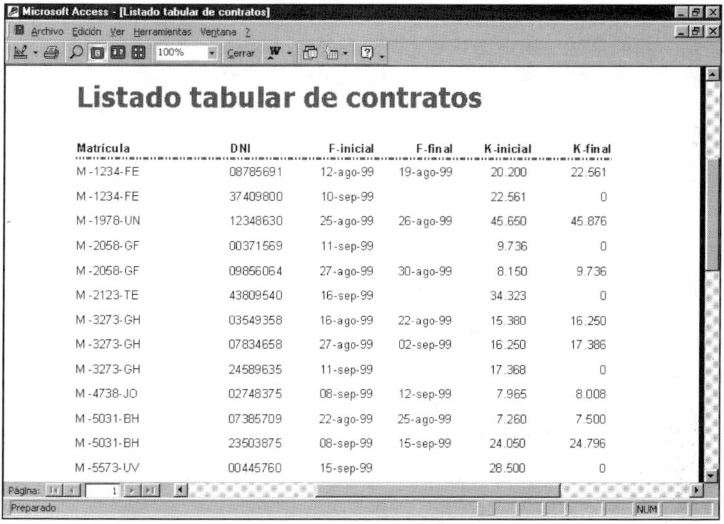

Listado tabular de contratos

Matrícula	DNI	F-inicial	F-final	K-inicial	K-final
M-1234-FE	08785691	12-ago-99	19-ago-99	20.200	22.561
M-1234-FE	37409800	10-sep-99		22.561	0
M-1978-UN	12348630	25-ago-99	26-ago-99	45.650	45.876
M-2058-GF	00371569	11-sep-99		9.736	0
M-2058-GF	09856064	27-ago-99	30-ago-99	8.150	9.736
M-2123-TE	43809540	16-sep-99		34.323	0
M-3273-GH	03549358	16-ago-99	22-ago-99	15.380	16.250
M-3273-GH	07834658	27-ago-99	02-sep-99	16.250	17.386
M-3273-GH	24589635	11-sep-99		17.368	0
M-4738-JO	02748375	08-sep-99	12-sep-99	7.965	8.008
M-5031-BH	07385709	22-ago-99	25-ago-99	7.260	7.500
M-5031-BH	23503875	08-sep-99	15-sep-99	24.050	24.796
M-5573-UV	00445760	15-sep-99		28.500	0

Figura 10.16

2. Disminuya los controles del campo Matrícula y redistribuya el resto de los campos; tome como referencia la figura 10.19.
3. Seleccione el control dependiente del campo Matrícula y haga clic sobre el botón Ordenar y agrupar de la barra de herramientas. Aparecerá el cuadro de diálogo Ordenar y agrupar.

En este cuadro puede indicar uno o varios campos para agrupar y/o ordenar registros. Observe que aparecen los campos Matrícula y DNI ya que los seleccionó durante el diseño del informe. A continuación va a indicar al programa que utilice el campo Matrícula para agrupar los registros. Esto se consigue seleccionando Sí para la propiedad Encabezado del grupo; obsérvelo en la figura 10.17. Al hacerlo, el programa añadirá una sección más al informe.

4. Cierre el cuadro de diálogo haciendo clic sobre el botón. Quedará activo el control dependiente del campo Matrícula, que es del tipo Cuadro combinado. Si no lo estuviera, haga clic sobre él.
5. Haga clic sobre el botón, para activar el cuadro de diálogo Propiedades.

6. Active la ficha Formato y la opción Sí para la propiedad Ocultar replicados; con esto se le indica al programa que sólo muestre una vez la matrícula en el listado, aunque ésta se repita varias veces. Observe este cuadro en la figura 10.18.

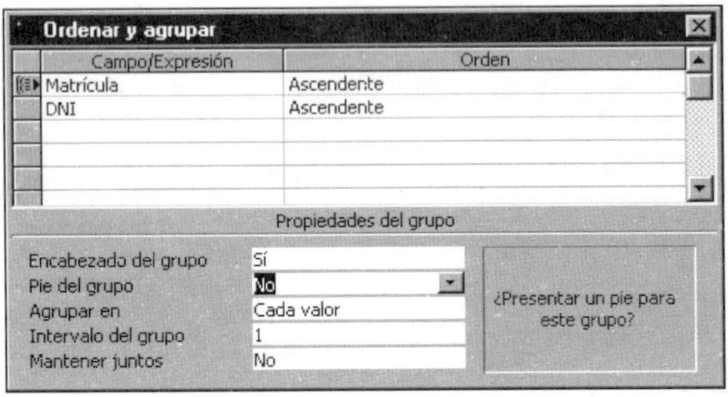

Figura 10.17

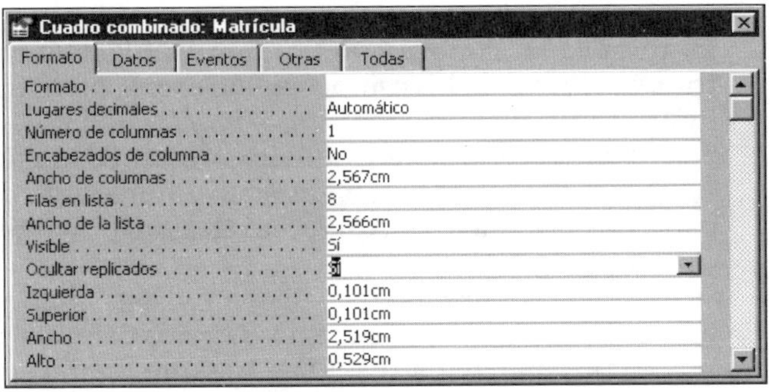

Figura 10.18

7. Cierre el cuadro de diálogo Propiedades.
8. Mueva la etiqueta del campo Matrícula hasta situarla en un punto de la zona Encabezado Matrícula. Tome como referencia la figura 10.19.
9. Seleccione las etiquetas de los campos, incluida también la que acaba de mover, aumente el tamaño de la fuente a 12 y aplíqueles el color Morado.
10. Disminuya el tamaño de la zona Encabezado Matrícula. La ventana Diseño debe tener un aspecto similar al de la figura 10.19.

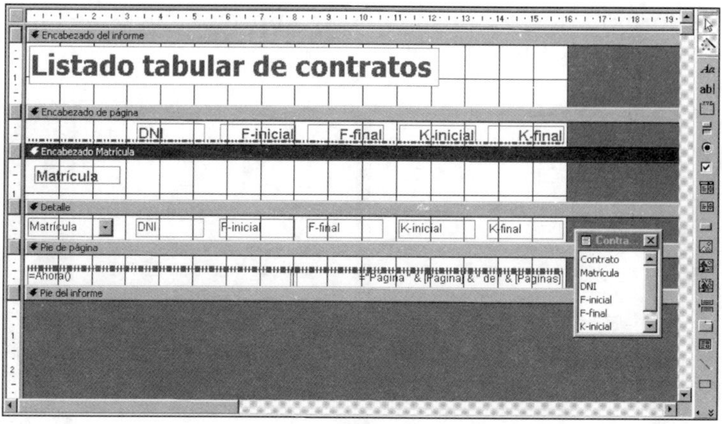

Figura 10.19

10.8.2. Imprimir el informe Listado tabular de contratos

Una vez realizadas las modificaciones previstas en el informe, conviene visualizarlo para comprobar que se ha conseguido el objetivo buscado. Si no fuera así, tendría que seguir realizando cambios en su diseño.

1. Active la Vista previa del informe; el resultado será el que muestra la figura 10.20, en el que se ha activado la visualización de las dos páginas del informe. Observe la agrupación realizada para el campo Matrícula.
2. Imprima el informe, si éste es de su agrado, haciendo clic sobre el botón .
3. Cierre la ventana del informe, guardando los cambios en su diseño.

10.9. Crear un informe con datos de varias tablas

Hasta ahora ha creado informes utilizando únicamente una tabla. Del mismo modo que ocurría en las consultas y en los formularios, es posible crear informes seleccionando campos de distintas tablas.

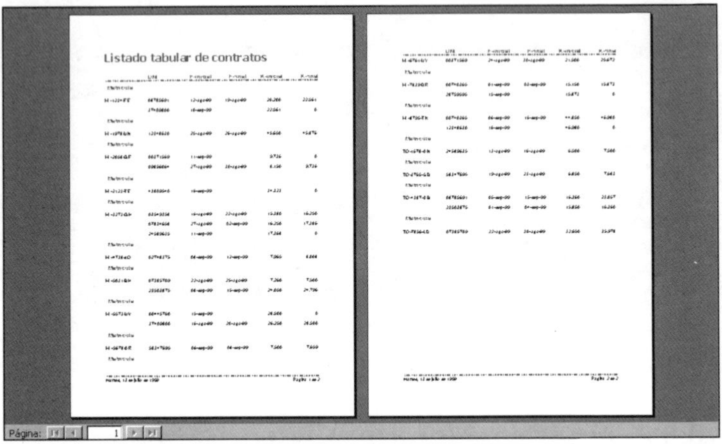

Figura 10.20

A continuación va a crear un informe de tipo En columnas, con algunos campos de las tablas Clientes, Automóviles y Contratos.

1. Active la ficha Informes y haga doble clic sobre la opción Crear un informe utilizando el Asistente. Aparecerá el cuadro de diálogo Asistente para informes.
2. Seleccione, de la lista Tablas / Consultas, la tabla Clientes, agregue los campos Nombre, Apellidos y Dirección.
3. Seleccione ahora la tabla Automóviles y agregue los campos Marca, Modelo y Color.
4. Por último, seleccione la tabla Contratos y agregue los campos Matrícula y F-inicial. El aspecto del cuadro de diálogo será que muestra la figura 10.21.
5. Haga clic sobre el botón Siguiente; aparecerá un nuevo cuadro de diálogo en el que el Asistente, tras comprobar que existen relaciones definidas entre las tablas, ofrece tres opciones para mostrar los datos.
6. Haga clic sobre la opción por Clientes (si no lo estuviera) y haga clic sobre el botón Siguiente. Aparecerá un cuadro de diálogo en el que puede indicar si desea crear grupos.

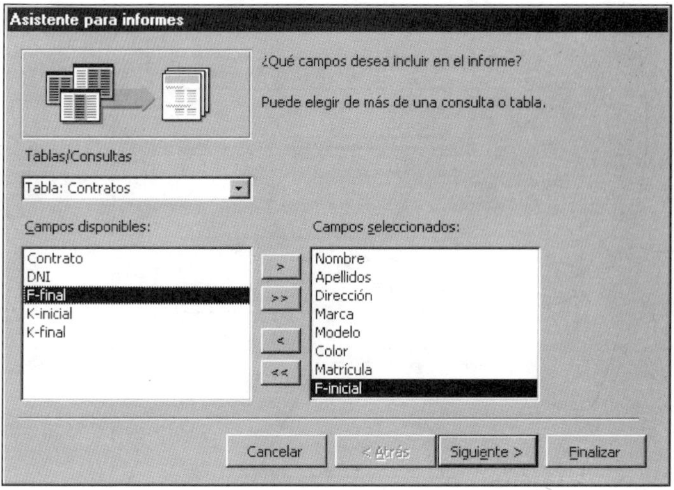

Figura 10.21

7. Haga clic sobre el botón Siguiente, sin indicar ningún campo; obtendrá el cuadro de diálogo en el que puede activar una ordenación para los registros.
8. Elija el campo Marca y haga clic en el botón Siguiente.
9. Active el estilo Esquema 1, la opción Ajustar el ancho del campo..., la orientación Vertical y haga clic sobre el botón Siguiente.
10. Seleccione el estilo Negrita y haga clic sobre el botón Siguiente; aparecerá el último cuadro de diálogo.
11. Escriba, como título, Vehículos alquilados por los clientes, compruebe que está activa la opción Vista previa del informe y haga clic sobre el botón Finalizar.
12. Maximice la ventana y verá que el aspecto de la primera página del informe es análogo al de la figura 10.22.

10.9.1. Modificar el informe Vehículos alquilados por los clientes

A continuación va a acceder a la ventana de diseño para mejorar el informe; va a mover la línea situada en la cabecera de los nombres de los campos para colocarla sobre los datos de los clientes y así separar los datos de unos clientes con los de otros. Tome de referencia la figura 10.23.

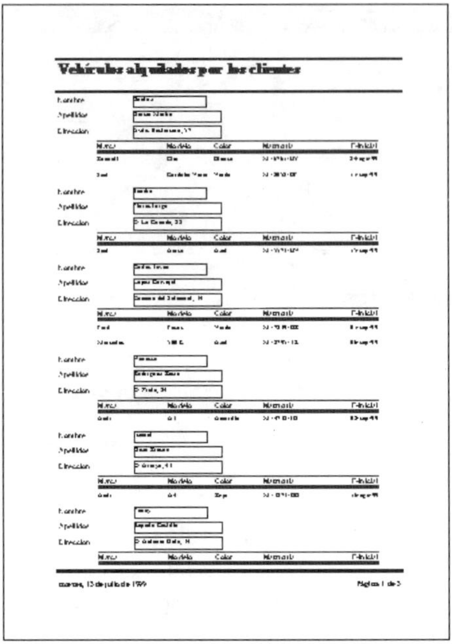

Figura 10.22

1. Haga clic sobre el botón ; se activará la ventana Diseño.
2. Aumente, hasta la posición 3, la zona Encabezado DNI moviendo hacia abajo la cabecera de la zona Detalle por su parte superior.
3. Seleccione todos los controles de la zona Encabezado DNI; puede, para ello, activar la herramienta Selección y encerrar los controles en un recuadro.
4. Desplace, hacia abajo, los controles seleccionados; tome de referncia la figura 10.23.
5. Haga clic sobre la línea situada en la parte superior de los controles independientes de los campos de los vehículos, para seleccionarla, sitúela después por encima del campo Nombre, y aumente su tamaño hasta la posición 15.
6. Observe que todavía queda otra línea sobre los controles independientes de los campos de los vehículos; selecciónela y pulse <**Supr**>. La ventana Diseño del in-forme deberá ser análoga a la de la figura 10.23

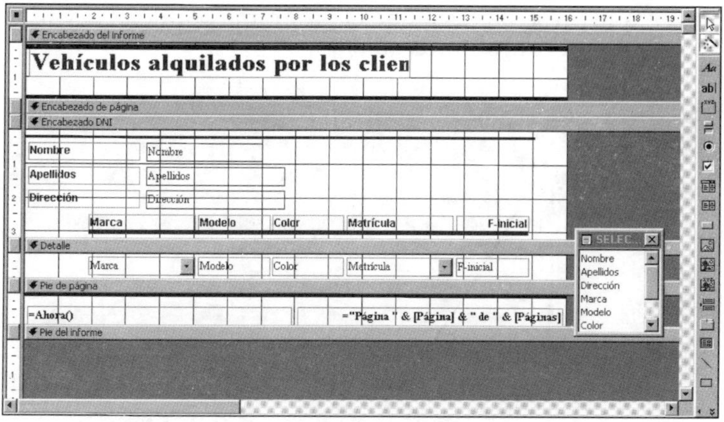

Figura 10.23

7. Haga clic sobre el botón , para activar la ventana Vista preliminar y comprobar el aspecto final del informe.
8. Seleccione Archivo / Guardar, para guardar las modificaciones realizadas.
9. Imprima, si lo desea, el informe y seleccione Archivo / Cerrar, para cerrarlo y volver a visualizar la ventana de la base de datos.

10.10. Crear etiquetas postales

Uno de los Asistentes que incorpora Access permite crear etiquetas de una manera sencilla y rápida. Esto le permitirá crear etiquetas postales con las direcciones de los clientes, que le servirán para enviarles correspondencia.

1. Seleccione Insertar / Informe, para activar el cuadro de diálogo Nuevo Informe.
2. Seleccione la tabla Clientes, resalte la opción Asistente para etiquetas y haga clic sobre el botón Aceptar. Aparecerá el cuadro de diálogo del Asistente para etiquetas, en el que debe seleccionar un tipo de etiqueta (véase figura 10.24).
3. Consulte el modelo de sus etiquetas (si dispone de ellas) y selecciónelo. Si no tuviera etiquetas, seleccione el tipo

que presenta resaltado el programa por defecto y haga clic sobre el botón Siguiente.

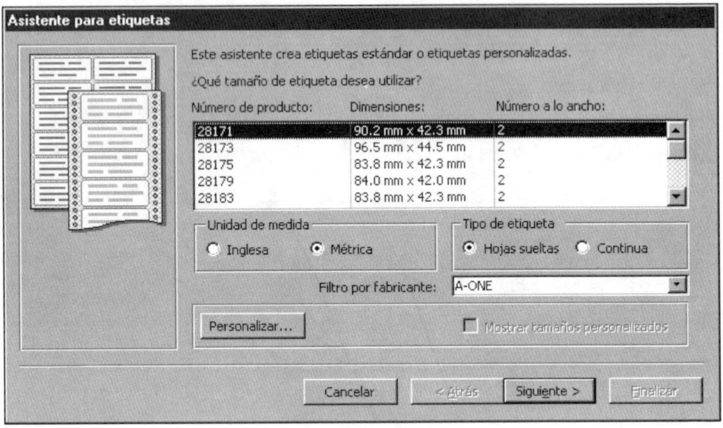

Figura 10.24

Información: *Si ninguno de los tamaños de etiquetas ofrecidos por el programa se corresponde con las que tiene, utilice el botón* Personalizar... *para acceder a un cuadro de diálogo en el que podrá especificar las características de sus etiquetas (número por fila, altura y ancho de cada eti-queta, separación entre ellas...).*

4. Aumente el tamaño de la fuente a 10 y haga clic sobre el botón Siguiente para aceptar el tipo de fuente y los atributos que Access ofrece por defecto.

En el próximo cuadro de diálogo (véase figura 10.25) debe añadir el texto y los campos de la tabla que quiera obtener en las etiquetas. Para añadir un campo, debe resaltarlo de la lista de campos disponibles y hacer clic sobre el botón >. Para añadir un texto, debe escribirlo desde el teclado. Cuando desee situar el cursor en una nueva línea de la etiqueta, pulse <**Intro**>.

5. Diseñe la etiqueta que muestra la figura 10.25 , teniendo en cuenta las indicaciones realizadas anteriormente.
6. Una vez diseñadas las etiquetas, haga clic sobre el botón Siguiente, para obtener el próximo cuadro de diálogo en el que podrá definir una ordenación para las etiquetas.

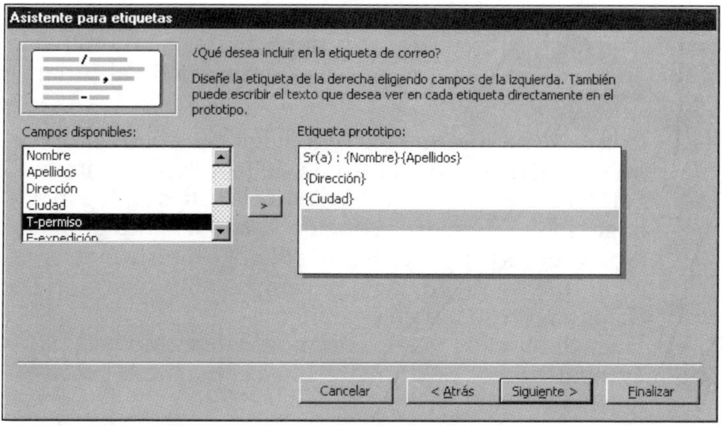

Figura 10.25

7. Resalte el campo Apellidos y haga clic sobre el botón ▭, para que las etiquetas se ordenen por los apellidos de los clientes.
8. Haga clic sobre el botón Siguiente, para obtener el último cuadro de diálogo.
9. Introduzca Etiquetas con las direcciones de clientes como nombre del informe, compruebe que la opción activa es Ver las etiquetas tal y como se imprimirán, y haga clic sobre el botón Finalizar.

El Asistente creará las etiquetas y las mostrará en la ventana Vista preliminar.

10. Si desea imprimir las etiquetas, haga clic en el botón 🖶.
11. Selección Archivo / Cerrar, para cerrar la ventana del informe y volver a tener activa la de la base de datos.

10.11. Crear un informe Gráfico

Los informes de tipo Gráfico con muy impactantes, ya que muestran los datos de una tabla en uno de los múltiples tipos de gráficos existentes.

Los gráficos no los crea Access, sino una herramienta denominada *Microsoft Graph*.

El informe que va a crear permitirá obtener, en un gráfico de barras horizontales tridimensionales, el número de coches de cada marca que posee la empresa de alquiler.

1. Con la ficha Informes activa, haga clic sobre el botón Nuevo; se activará el cuadro de diálogo Nuevo Informe.
2. Seleccione la tabla Automóviles de la lista desplegable, y haga doble clic sobre la opción Asistente para gráficos. Aparecerá el primer cuadro de diálogo de este Asistente, en el que debe indicar qué campos suministrarán los datos a representar en el gráfico.
3. Haga doble clic sobre los campos Marca y Modelo, pa-ra agregarlos. Posteriormente, haga clic sobre el botón Siguiente.
4. Seleccione el gráfico que muestra la figura 10.26 y haga clic sobre el botón Siguiente.

Figura 10.26

5. Aparecerá un cuadro de diálogo parecido al de la figura 10.27; arrastre el botón Modelo, situado inicialmente como Serie del gráfico, a la casilla Datos; de esta manera, el gráfico mostrará las marcas en el eje vertical y el número de coches de cada una en el eje horizontal.
6. Haga clic sobre el botón Siguiente; accederá al último cuadro de diálogo.

7. Escriba, como nombre del gráfico, Gráfico del número de coches por marca, active la opción No, no mostrar una leyenda y haga clic sobre el botón Finalizar. Obtendrá un pequeño gráfico, con el inconveniente de que no se visualizan los nombres de todas las marcas. Si desea solucionar este problema, realice los siguientes pasos:

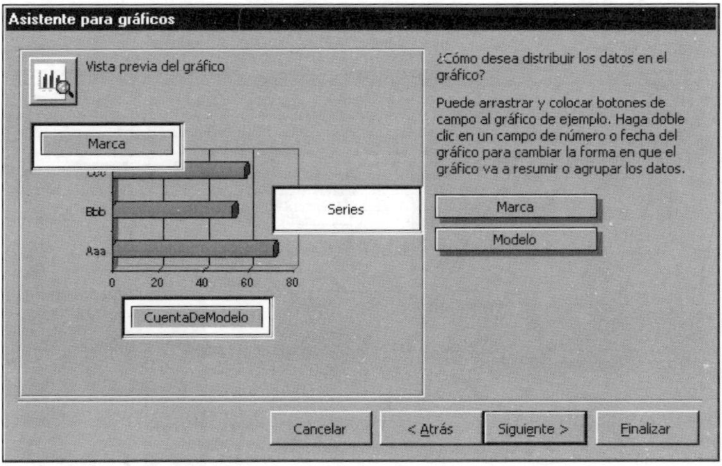

Figura 10.27

8. Acceda a la ventana Diseño, y maximícela.
9. Seleccione Ver / Encabezado o pie de página, para ocultar estas secciones.
10. Aumente el tamaño del área Detalle, arrastrándola por la esquina inferior derecha, hasta que tenga el tamaño de la figura 10.28.
11. Aumente el tamaño del objeto Gráfico hasta que llene el área Detalle.
12. Haga doble clic sobre el gráfico, para activarlo; aparecerá un marco con botones de selección, que tiene que utilizar para aumentar su tamaño hasta ajustarlo al tamaño del objeto Gráfico (tome como referencia la figura 10.28). También obtendrá una tabla en la que no debe modificar ni eliminar ningún dato.
13. Haga doble clic sobre los rótulos del eje vertical para obtener el cuadro de diálogo Formato de ejes. Active la

ficha Fuente y especifique el tamaño 9. Haga clic sobre el botón Aceptar para cerrar este cuadro.

14. Haga clic sobre un punto exterior al gráfico, para cancelar su selección y volver a tener activa la ventana Diseño.
15. Haga clic sobre el botón 🔍 para visualizar la vista preliminar del gráfico, cuyo aspecto será como el de la figura 10.29.

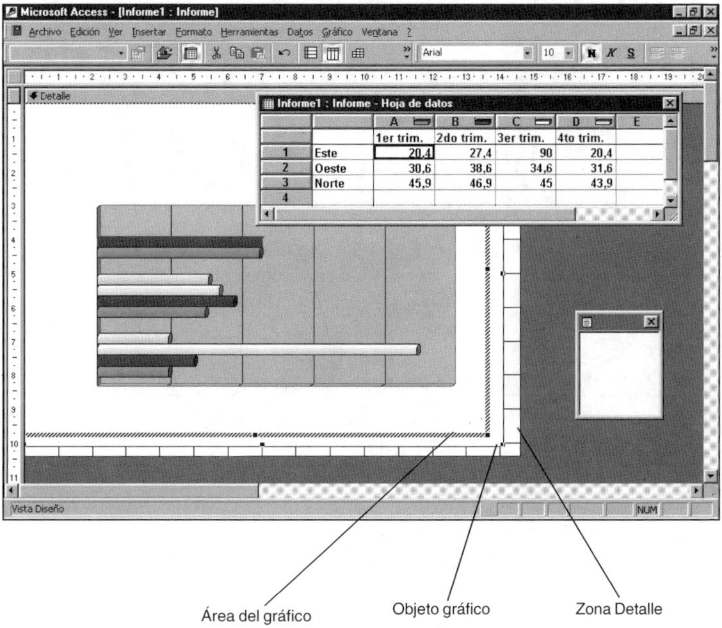

Figura 10.28

16. Imprima el gráfico que se ha obtenido, guarde el informe como Gráfico del número de coches por marca y cierre su ventana.

10.12. Abrir informes desde la ventana de la base de datos

Una vez que se han creado y guardado varios informes, sus nombres se visualizarán en la ficha Informes de la ventana de la base de datos.

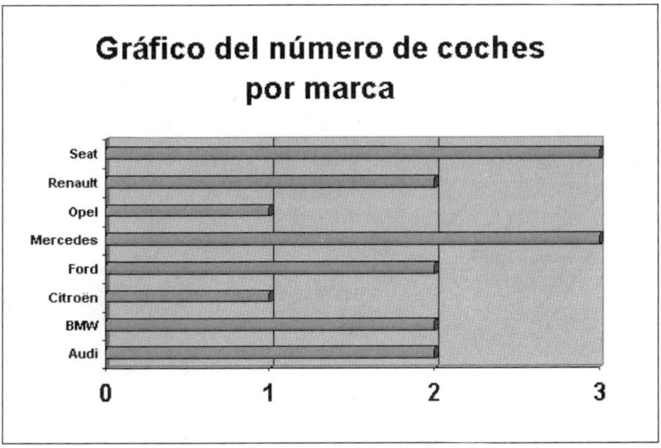

Figura 10.29

Desde esta ficha se pueden realizar las acciones que se indican a continuación:

- Abrir su ventana Vista preliminar para ver el aspecto correspondiente al informe; para ello debe hacer clic sobre el informe, para resaltarlo, y sobre el botón Vista previa. También podría haber hecho doble clic sobre su nombre.
- Acceder a su ventana de diseño, con objeto de poder modificarlo; en este caso, una vez resaltado el informe, debe hacer clic sobre el botón Diseño.
- Imprimir un informe; una vez resaltado el informe de la lista, debe seleccionar Archivo / Imprimir para acceder al cuadro de diálogo Imprimir, en el que podrá indicar todas las opciones de impresión que desee: intervalo de impresión, número de copias, etc..

> ***Información:*** *Puede imprimir un informe resaltándolo y haciendo clic sobre el botón de la barra de herramientas. En este caso se imprimirá directamente sin que se active el cuadro de diálogo* Imprimir.

1. Imprima el informe Información detallada de los vehículos sin abrirlo; obtendrá tres páginas, la primera de las

cuales tendrá un aspecto similar al que muestra la figura 10.31.

2. Cierre la ventana de la base de datos y salga del programa.

Información detallada de los vehículos

Precio 6.500 ptas.

Marca	Matrícula	Modelo	Color	Km	Extras	¿Alquilado?	Fotografía
Opel	M -1978-UN	Corsa	Azul	45.876	EE, CC, RC		
Renault	M -6761-UY	Clio	Blanco	25.672	EE, CC, RC		
Seat	M -5573-UV	Arosa	Azul	28.500	AA, EE, CC, RD	✓	

Precio 8.000 ptas.

Marca	Matrícula	Modelo	Color	Km	Extras	¿Alquilado?	Fotografía
Audi	M -4738-JO	A3	Amarillo	8.008	AA, EE, CC, RC		
Ford	M -7839-DR	Focus	Verde	15.873	AA, EE, CC, RC	✓	

martes, 20 de julio de 1999 Página 1 de 4

Figura 10.31

11

Publicar información en Internet. Crear páginas de acceso a datos

11.1. Introducción

Este capítulo está dedicado a la publicación de información de una base de datos en páginas Web (formato HTML) y a la creación de páginas de acceso a datos, que son los nuevos objetos de la base de datos incorporados en esta versión de Access; estas páginas permiten acceder a la información de una base de datos mediante el empleo de Microsoft Internet Explorer 5 o del propio Microsoft Access.

Estas páginas pueden ser de varios tipos, siendo las más importantes las de *Entrada de datos*, que permiten ver y modificar datos, agregar registros..., y las de *Datos agrupados*, que no permiten modificar los datos, pero sí verlos agrupados para facilitar su estudio.

11.2. Redes de ordenadores

Cada vez es más frecuente que los usuarios no utilicen ordenadores independientes, sino que se conecten con otros, bien en una red privada (red de área local o Intranet) bien en la red de redes (Internet).

Por este motivo, Microsoft Access permite crear páginas de acceso a datos que permiten utilizar y manejar bases de datos situadas en ordenadores conectados en red. A continuación se indican los tipos de red más característicos e importantes, con algunos conceptos básicos imprescindibles sobre este tema.

11.2.1. Redes de área local

Una red de área local no es más que una serie de ordenadores que se encuentran conectados físicamente mediante un cable especial, denominado *cable de red*, que permite transferir información entre ellos; además de este cable, es necesario que cada ordenador disponga de una tarjeta especial que proporcione el puerto en el que se conecta dicho cable.

Las ventajas de una red son enormes, como fácilmente puede deducirse al pensar en las posibilidades que ofrece el que varios ordenadores puedan compartir recursos. Sin embargo, estas redes tienen una limitación: los ordenadores han de estar en un área geográfica muy reducida, normalmente una misma habitación o un edificio.

11.2.2. Internet

Se puede definir Internet como una red pública de ordenadores, a nivel mundial, enlazados entre sí por medio de líneas telefónicas. Existen dos maneras de estar conectados a Internet: de forma permanente (servidores o nodos) o de modo temporal (clientes).

La mayor parte de los usuarios, e incluso también muchas empresas, realizan conexiones temporales. Para poder realizar esta conexión es necesario, además de una línea telefónica y un *módem* (dispositivo que convierte la información digital en analógica y viceversa), disponer de un *proveedor*, que no es más que un nodo que está conectado físicamente a Internet y que ofrece sus servicios como *puerta* a Internet.

Al contrario de lo que a priori parece, Internet no sólo consiste en ver las páginas Web de los distintos servidores, sino que dispone de otros servicios, entre los que destacan: *FTP* (transferencia de archivos), *e-mail* (envío y recepción de correo electrónico) y los *grupos de noticias* (tertulias sobre diferentes temas).

Pero sí es verdad que el servicio más utilizado es el Word Wide Web (WEB o WWW) que no es sino el interfaz de comunicación utilizado para visualizar la información en Internet; sus características permiten visualizar páginas Web (documentos con formato HTML) espectaculares en las cuales se mezclan textos, imágenes, videos, sonidos....

Unos elementos característicos que podemos encontrar en estas páginas son los *hiperenlaces o hipervínculos* que, con un solo clic, permiten saltar directamente a otros lugares dentro de la red.

Para poder visualizar las páginas Web es necesario disponer de un *navegador Web* que las decodifique. Los navegadores más populares y utilizados son *Microsoft Internet Explorer* y *Netscape*.

Las páginas Web se encuentran almacenadas en los distintos servidores, por lo que hay que llegar hasta ellos para poderlas visualizar. Para que esto sea posible, cada servidor tiene una dirección específica, y cada página una ruta de acceso, que son conocidas habitualmente como direcciones Internet (URL). Un ejemplo de dirección URL es: http://www.anayamultimedia.es.

11.2.3. Intranet

Intranet es una red de trabajo que utiliza las características y propiedades de Internet. Suele utilizarse para conectar ordenadores de una misma empresa u organización. A diferencia de Internet, el acceso a ella no es público, sino que sólo pueden acceder sus usuarios mediante autorizaciones personales.

11.3. Abrir y guardar bases de datos de otros lugares

Microsoft Access permite abrir y guardar bases de datos de otros ordenadores conectados a través de una red de área local, Internet o Intranet. Es frecuente que sea necesario disponer de autorización para poder abrir y/o guardar archivos en otros servidores, sobre todo en caso de que éstos sean lugares FTP.

El proceso que debe realizar para abrir y/o guardar una base de datos en otro lugar (servidor) es muy similar al que tendría que realizar si estuviera almacenado en su ordenador; la única diferencia será la ubicación que deberá seleccionar de la lista Buscar en existente en los cuadros de diálogo Abrir y Guardar como puede observar en la figura 11.1.

Figura 11.1

11.4. Enviar información de la base de datos por correo electrónico

Si dispone de correo electrónico, puede enviar cualquier objeto de la base de datos como un archivo anexado a un mensaje electrónico.

El proceso es común para cualquier objeto: tablas, consultas, informes..., y los pasos que debe realizar son:

1. Seleccionar el objeto que desee enviar en la ficha correspondiente de la base de datos; para ello tendrá que activar la ficha y hacer clic sobre el objeto.
2. Seleccionar Archivo / Enviar a / Destinatario de correo (como datos adjuntos); el programa le mostrará el cuadro de diálogo de la figura 11.2, en el que debe especificar el formato con el que desea enviarlo.
3. Al seleccionar un formato y hacer clic sobre el botón Aceptar, se activará automáticamente un cuadro de diálogo para escribir un nuevo mensaje, en el que ya estará el archivo anexado.
4. Una vez escrito el asunto y el cuerpo del mensaje, bastará con hacer clic sobre el botón Enviar.

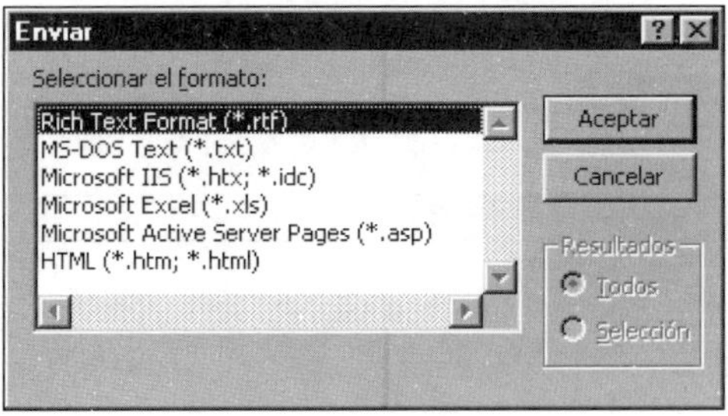

Figura 11.2

11.5. Visualizar páginas Web

Microsoft Access no es un navegador WEB, por lo que no puede ser utilizado para visualizar páginas Web; sin embargo, sí nos ofrece la posibilidad de ejecutar automáticamente la aplicación que tenga instalada con esa finalidad (Netscape, Microsoft Internet Explorer, etc.) y acceder directamente a una dirección URL para poder visualizar sus páginas Web.

Existen dos modos básicos para acceder, desde Microsoft Access, a un servidor o página Web, siempre y cuando disponga de acceso a Internet o Intranet. Estos modos son los siguientes:

a) Hacer clic sobre una dirección URL almacenada en una tabla; tal y como hizo en el capítulo 4, estos datos deben almacenarse en un campo de tipo Hipervínculo. Recuerde que en la tabla Marca de automóviles existe un campo, Web oficial, que contiene las direcciones URL de los servidores oficiales de cada una de las marcas automovilísticas.
b) Activar la barra de herramientas Web, escribir la dirección URL en el cuadro Dirección y pulsar <**Intro**>. Recuerde que esta barra, como cualquier otra, puede activarse seleccionando su nombre del menú contextual de la barra de herramientas visible o de la lista correspondiente a la opción Barras de herramientas del menú Ver. Observe, en la figura 11.3, la barra de herramientas Web con la función de sus botones.

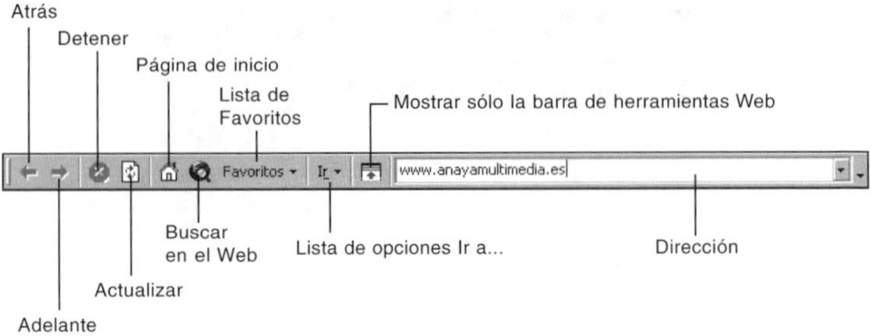

Figura 11.3

11.6. Publicar información con formato Web (Internet e Intranet)

Access permite publicar la información de una base de datos en dos tipos de documentos Web, con propiedades completamente diferentes:

- **Páginas Web estáticas.** En ellas se pueden publicar tablas, consultas, formularios e informes como documentos HTML, de modo que sus datos sólo pueden ser visualizados.
- **Páginas de acceso a datos.** En estas páginas se pueden publicar los datos de tablas y consultas en documentos Web dinámicos; los usuarios, además de visualizar los datos, podrán manipularlos como si dispusieran de ellos en su propio ordenador: ordenar registros, introducir nuevos datos, aplicar filtros, etc.

11.7. Publicar datos en páginas estáticas

A continuación va a publicar información de la base de datos en páginas Web estáticas, de manera que los datos solamente puedan visualizarse. Tal y como va a comprobar en los siguientes apartados, esta operación se realiza exportando un objeto de la base de datos a un archivo de formato HTML.

11.7.1. Publicar un informe

Los primeros datos que va a publicar en páginas HTML estáticas corresponden al resultado de un informe de la base de datos.

1. Active la ficha Informes y haga clic sobre el informe Preferencias de los clientes de Madrid, con el fin de resaltarlo.
2. Seleccione Archivo / Exportar; aparecerá un cuadro de diálogo análogo a Guardar como.
3. Seleccione la carpeta Mis documentos, como destino del nuevo archivo, e introduzca Alquileres de Madrid como nombre para el nuevo archivo.
4. Seleccione la opción Documentos HTML en la lista desplegable Guardar como tipo y haga clic sobre el botón Guardar.
5. Aparecerá el cuadro de diálogo Opciones para resultados HTML, en el que podrá introducir, si así lo desea, una plantilla para los datos. Haga clic sobre el botón Aceptar sin introducir plantilla alguna.

> ***Información:*** *El archivo creado al publicar un objeto de la base de datos con formato HTML será totalmente independiente de la base de datos.*

Una vez que el programa haya creado el nuevo archivo con formato HTML, dejará activa la ventana de la base de datos. A continuación va a comprobar el aspecto de la página Web creada:

6. Ejecute, sin conectarse a Internet, su navegador habitual.
7. Escriba, como dirección URL, C:\Mis documentos\Alquileres de Madrid.html y pulse <**Intro**>. El navegador mostrará el documento con un aspecto análogo al de la figura 11.4, en la que se ha utilizado **Microsoft Internet Explorer** como navegador.
8. Minimice la ventana del navegador; volverá a tener activa la ventana de Access.

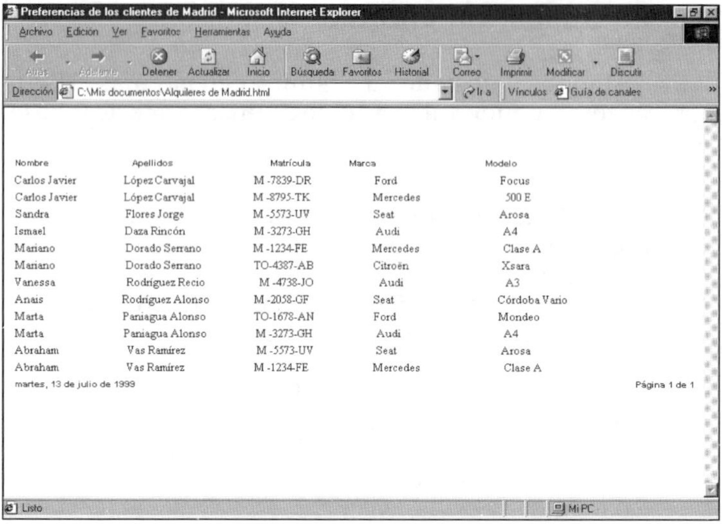

Nombre	Apellidos	Matrícula	Marca	Modelo
Carlos Javier	López Carvajal	M -7839-DR	Ford	Focus
Carlos Javier	López Carvajal	M -8795-TK	Mercedes	500 E
Sandra	Flores Jorge	M -5573-UV	Seat	Arosa
Ismael	Daza Rincón	M -3273-GH	Audi	A4
Mariano	Dorado Serrano	M -1234-FE	Mercedes	Clase A
Mariano	Dorado Serrano	TO-4387-AB	Citroën	Xsara
Vanessa	Rodríguez Recio	M -4738-JO	Audi	A3
Anais	Rodríguez Alonso	M -2058-GF	Seat	Córdoba Vario
Marta	Paniagua Alonso	TO-1678-AN	Ford	Mondeo
Marta	Paniagua Alonso	M -3273-GH	Audi	A4
Abraham	Vas Ramírez	M -5573-UV	Seat	Arosa
Abraham	Vas Ramírez	M -1234-FE	Mercedes	Clase A

martes, 13 de julio de 1999 Página 1 de 1

Figura 11.4

11.7.2. Publicar un formulario

El siguiente objeto que va a publicar en una página Web será el formulario Coches disponibles para alquilar, que permitirá consultar, a cualquier usuario que la visualice con su navegador, los coches que se encuentran disponibles en ese momento.

1. Active la ficha Formularios y haga clic sobre el formulario Coches disponibles para alquilar, para resaltarlo.
2. Seleccione Archivo / Exportar; aparecerá el cuadro de diálogo correspondiente.
3. Seleccione la carpeta Mis documentos y la opción Documentos HTML de la lista desplegable Guardar como tipo; haga clic sobre el botón Guardar. Como no ha introducido un nuevo nombre para la página HTML, ésta se guardará en un archivo con el mismo nombre que el formulario.
4. Aparecerá el cuadro de diálogo Opciones para resultados HTML. Haga clic sobre el botón Aceptar sin introducir plantilla alguna.

Ahora podrá comprobar el aspecto que tiene la página Web creada:

5. Maximice la ventana del navegador que dejó minimizada en el apartado anterior, cuyo botón estará situado en la barra de tareas de Windows.
6. Escriba como dirección URL, c:\Mis documentos\Coches disponibles para alquilar.html y pulse <**Intro**>. El navegador mostrará el documento con un aspecto análogo al de la figura 11.5.
7. Vuelva a minimizar la ventana del navegador.

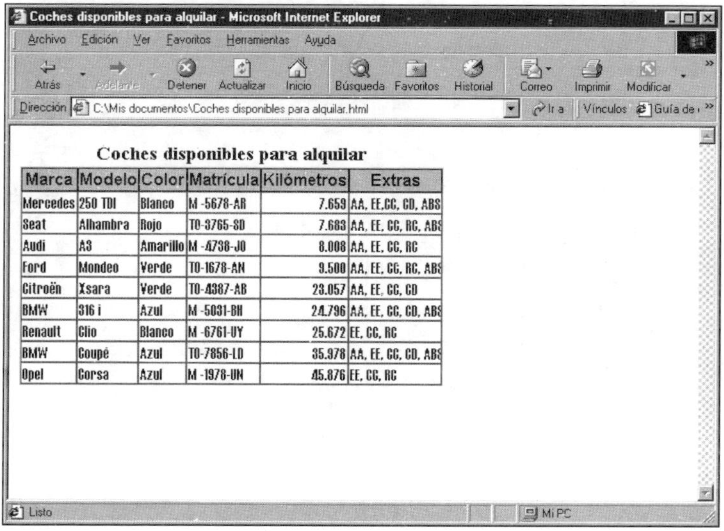

Figura 11.5

11.8. Páginas de acceso a datos

Las *páginas de acceso a datos* son *páginas Web* diseñadas para ver los datos almacenados en una base de datos y trabajar con ellos desde Internet e Intranet.

Al contrario que el resto de objetos de la base de datos, las páginas de acceso a datos se guardan como archivos independientes, fuera de Microsoft Access. Además de los propios archivos, se crean accesos directos a dichos archivos que se quedan almacenados en la ficha **Páginas** de la ventana **Base de datos**. Vea, en la figura 11.6, una imagen ilustrativa en la que se ve el icono de un archivo de una página de acceso a datos y su acceso directo en la ventana de la base de datos.

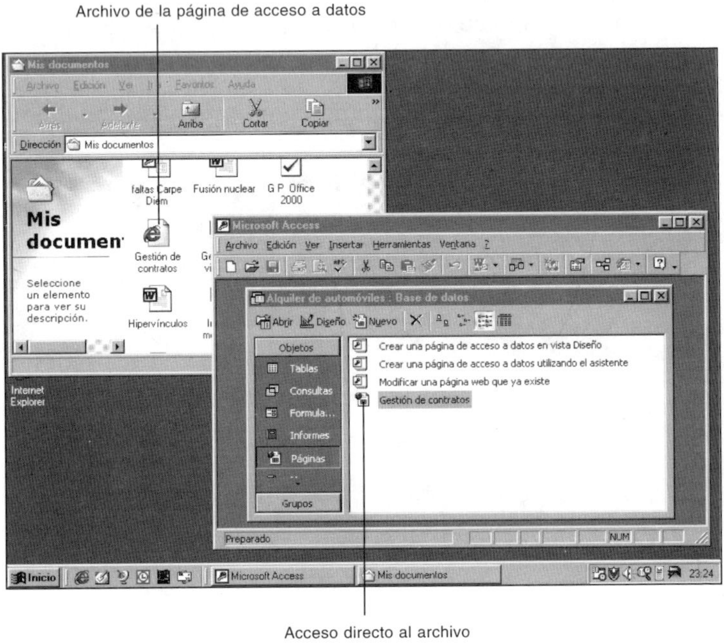

Figura 11.6

Existen varios tipos de páginas de acceso a datos, cuyas características se detallan a continuación:

Tabla 11.1

Tipo de página de acceso a datos	*Descripción*
Entrada de datos	Este tipo de página de acceso a datos se utiliza para ver y modificar datos, así como para agregar registros.

Datos agrupados	Este tipo de página se utiliza para agrupar información de la base de datos. El usuario que las visualice podrá manipular la página para ver información general de la agrupación, o para ver información más detallada de la base de datos; en este caso, los usuarios no podrán alterar los datos.
Análisis de datos	Este tipo de página se usa para ofrecer listas de tablas dinámicas, que permiten organizar los datos para ser analizados de varias formas.

11.9. Crear páginas de acceso a datos

La creación de páginas de acceso a datos es, sin duda alguna, una de las funciones más potentes de esta versión de Access. Esta operación se puede realizar, como la mayoría de los objetos de una base de datos, mediante un Asistente o de forma manual en una ventana Diseño vacía.

Las posibilidades para comenzar la creación de una página son varias:

a) Mediante la opción Página del menú Insertar; de esta manera se activará el cuadro de diálogo Nueva página de acceso a datos (véase la figura 11.7), desde el que se puede comenzar a crear una página con o sin ayuda del Asistente.
b) Mediante la opción Página de la lista del botón Nuevo objeto de la barra de herramientas; de este modo también se activará el cuadro de diálogo Nueva página de acceso a datos.
c) Desde la ficha Páginas perteneciente a la ventana de la base datos (véase la figura 11.8); en ella encontrará opciones para crear una página mediante el asistente o en la ventana Diseño, así como modificar una página existente.

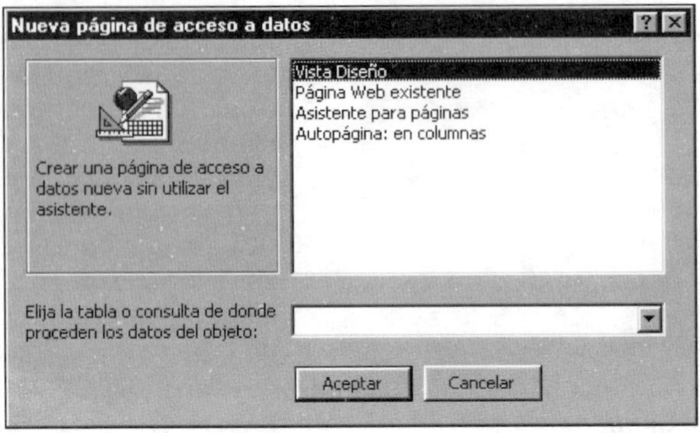

Figura 11.7

Figura 11.8

> ***Información:*** *El botón* Nuevo *existente en ventana de la ba-se de datos cuando la ficha Páginas está activa, permite obtener el cuadro de diálogo Nueva página de acceso a datos.*

11.9.1. Crear una Autopágina de acceso a datos

La primera página de acceso a datos que va a crear permitirá que cualquier usuario, por ejemplo un empleado de aquella sucursal número 2, pueda ver y dar de alta nuevos contratos de alquiler, evitando así tener que anexar los registros que ellos guardaban en otra tabla distinta.

En este caso va a utilizar la opción del Asistente para crearla de un modo totalmente automático:

1. Seleccione Insertar / Página, para activar el cuadro de diálogo Nueva página de acceso a datos (véase la figura 11.7).
2. Haga clic sobre la opción Autopágina: en columnas, seleccione la tabla Contratos de la lista correspondiente y haga clic sobre el botón Aceptar.

El Asistente realizará todos los pasos necesarios para crear la página y la mostrará en una ventana análoga a la de la figura 11.9.

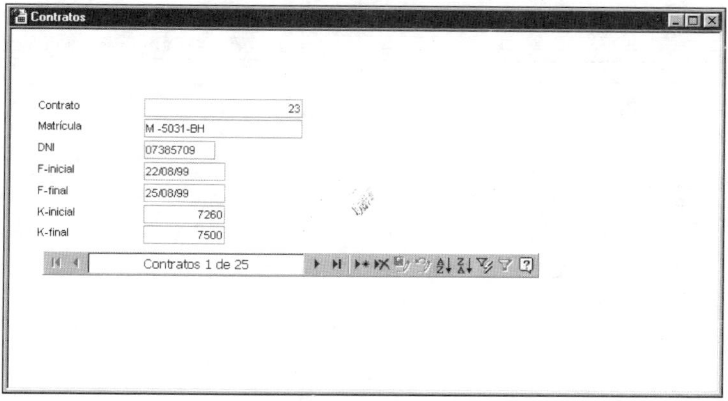

Figura 11.9

Observe que existe una barra de herramientas en la propia página, cuyos botones permiten realizar algunas de las operaciones características de las tablas, estudiadas en los capítulos anteriores. Pero lo primero que debe hacer es guardar la página, por lo tanto:

3. Haga clic sobre el botón 💾; aparecerá el cuadro de diálogo Guardar como página de acceso a datos.
4. Escriba Gestión de contratos y haga clic sobre el botón Guardar.

5. Cierre la ventana de la página de acceso a datos.
6. Maximice la ventana de Microsoft Internet Explorer; si lo tuviera cerrado, ábralo sin conectarse a Internet.
7. Escriba, como dirección URL, c:\Mis documentos\Gestión de contratos.htm y pulse **<Intro>**. El navegador mostrará la página de acceso directo como en la figura 11.10, aunque la suya mostrará otros datos.
8. Haga clic sobre el botón , para introducir un registro nuevo.
9. Introduzca los datos que muestra la figura 11.10; un pequeño inconveniente de la página es que ahora, el contenido del campo Matrícula hay que escribirlo obligatoriamente; además debe utilizar la tecla <Tab> para activar el siguiente campo, no puede seleccionarse de la lista de matrículas como en la tabla.

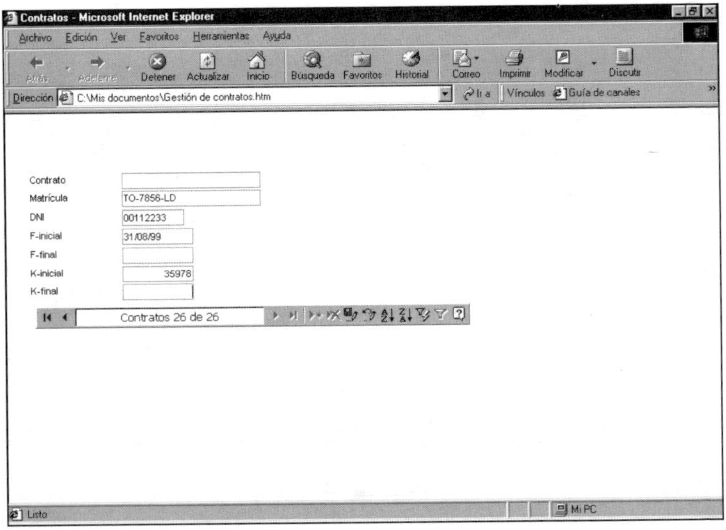

Figura 11.10

10. Introducidos los datos del nuevo contrato, haga clic sobre el botón para guardarlo; los datos de este regis-tro quedaran almacenados en la tabla Contratos.

> ***Información:*** *El botón de la barra de herramientas de la página de acceso a datos permite eliminar los datos introducidos en un nuevo registro.*

11. Sitúe el cursor en el campo DNI, y haga clic sobre el botón ; los registros se ordenarán según el contenido en este campo.
12. Utilice los botones de navegación, para activar algunos registros, y compruebe que éstos están ordenados según su DNI.
13. Minimice la ventana del navegador, para volver a tener activa la ventana de la base de datos.

> ***Información:*** *Las operaciones que realice cada usuario con su página de acceso a datos afectarán de distinto modo al resto de usuarios: así, las operaciones de filtrar y ordenar sólo le afectarán a él, de forma individual. Sin embargo, los cambios que realice en los datos (modificar valores, agregar o eliminar registros...) se grabarán automáticamente en la base de datos, por lo que sí afectarán a todos los usuarios que estén utilizando la página de acceso a datos en esos momentos.*

11.9.2. Crear una página de datos agrupados

La página de acceso a datos que va a crear ahora será del tipo Datos agrupados, de modo que los usuarios que la visualicen podrán ver información de la base de datos pero no podrán modificarla. En este caso, utilizará el Asistente para crearla.

1. Active la ficha Páginas de la ventana de la base de datos, y haga doble clic sobre la opción Crear una página de acceso a datos utilizando el asistente. Aparecerá el primer cuadro de diálogo del Asistente.
2. Seleccione la tabla Automóviles, y añada los campos Marca, Matrícula, Modelo, Color, Precio, Kilómetros y Extras; observe que el programa no permite seleccionar el campo Fotografía.
3. Una vez seleccionados los campos, haga clic sobre el botón Siguiente.
4. Seleccione el campo Marca, como campo por el que se desea agrupar los registros, como en la figura 11.11.
5. Haga clic sobre el botón Siguiente; aparecerá el próximo cuadro en el que puede indicar una ordenación para los registros.

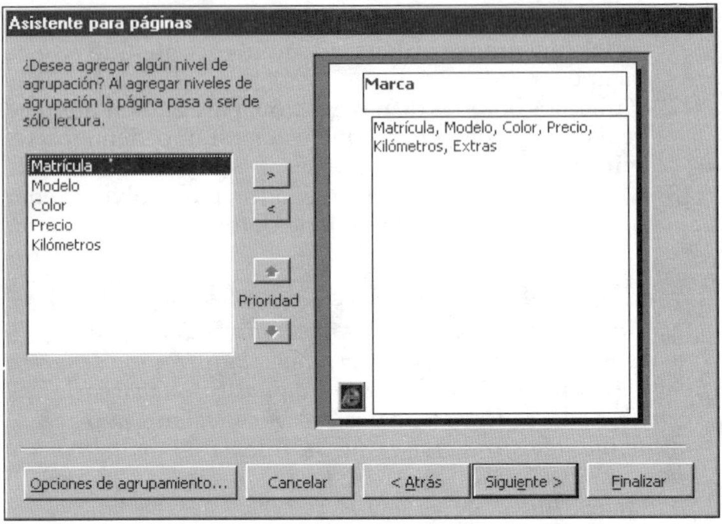

Figura 11.11

6. Seleccione el campo Modelo como primer campo de ordenación, y haga clic sobre el botón Siguiente. Se ac-tivará el último cuadro de diálogo, en el que puede mo-dificar el título de la página e indicar qué acción desea realizar al finalizar el proceso.
7. Introduzca el título Información de los vehículos, active las opciones Modificar el diseño de la página y ¿Desea aplicar un tema a la página?, y haga clic sobre el botón Finalizar. Aparecerá el cuadro de diálogo de la figura 11.12, en el que puede elegir tema (estilo) para la página.

> ***Información:*** *Algunos de los temas para la página de acceso a datos no están instalados, por lo que si desea aplicarlos, o visualizarlos, tendrá que instalalos.*

8. Seleccione el tema Bebida de limón, (u otro cualquiera que le guste) y haga clic sobre el botón Aceptar.
9. Haga clic sobre el botón Vista de página, ; aparecerá la página que se ha creado con un aspecto similar al que muestra la figura 11.13.

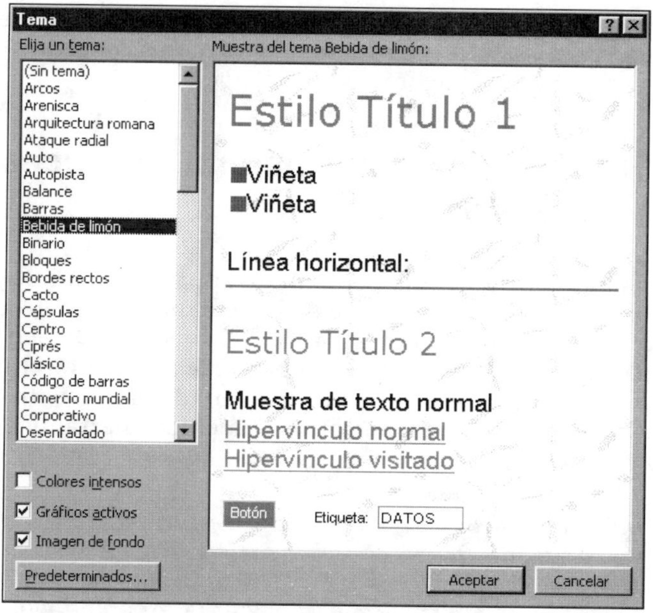

Figura 11.12

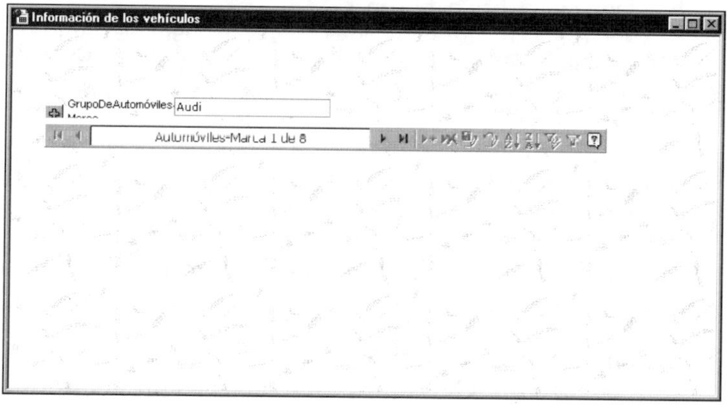

Figura 11.13

Como puede observar en la figura, la página muestra un solo dato (Audi); sin embargo, si hace clic sobre el botón de expansión ⊞ que está medio oculto, aparecerán todos los datos de un registro, y una nueva barra de herramientas; pero esto se verá posteriormente, ahora va a modificar el di-seño de la página para mejorar su visualización.

11.10. Modificar una página de acceso a datos

Como tiene activa la ventana de la página, tendrá que utilizar el botón para activar la ventana Diseño. Como puede comprobar en la figura 11.14. la ventana Diseño de una página de acceso a datos es parecida a la de un formulario o informe, en la que se visualizan todos los controles que la constituyen, así como otros elementos y herramientas de diseño.

> ***Información:*** *Si la página a modificar estuviera ya creada, y su ventana estuviera cerrada, podría activar su ventana de diseño mediante el botón* Diseño *de la ventana de la base de datos o mediante la opción* Modificar una página web que ya existe *de la ficha* Páginas.

1. Haga clic sobre el botón .
2. Cierre, si estuviera abierta, la ventana Lista de campos; haga después lo mismo con el cuadro de diálogo Propiedades. El aspecto de la ventana Diseño será como el de la figura 11.14.
3. Haga clic sobre algún punto del texto Haga clic aquí y escriba el texto del titulo e introduzca el rótulo Información de los vehículos.
4. Haga clic sobre la sección Encabezado: Automóviles-Marca; la sección debe quedar enmarcada por los recuadros de selección.
5. Aumente el tamaño de la sección tomando como referencia la figura 11.15; para ello debe arrastrar el recuadro de selección situado en la esquina inferior derecha.

Con este pequeño cambio que ha realizado podrá ver correctamente el botón de expansión en la página web.

6. Haga clic sobre el botón , para activar el cuadro de diálogo Guardar como página de acceso a datos.

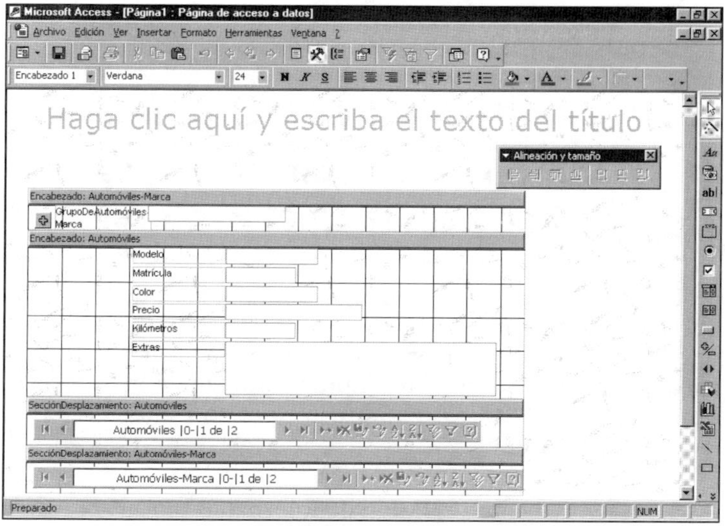

Figura 11.14

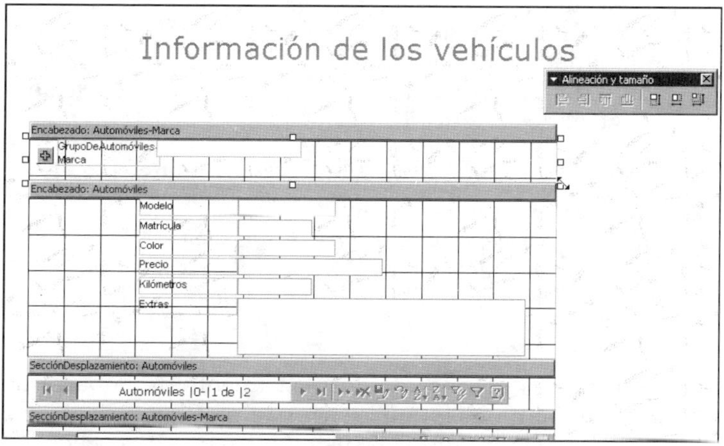

Figura 11.15

7. Compruebe que está seleccionada la carpeta Mis documentos, escriba Información de los vehículos como nombre del archivo y haga clic sobre el botón Guardar. Se grabará la página web en el archivo HTML especificado,

y aparecerá un acceso directo al archivo en la ficha Páginas de la ventana de la base de datos.

8. Seleccione Archivo / Cerrar.

11.11. Utilizar una página de acceso a datos en Internet Explorer

Las páginas de acceso a datos se crean, la mayoría de las veces, para utilizarse con Microsoft Internet Explorer. Como ya se ha indicado anteriormente, la ventaja de estas páginas es que permiten ver y manipular información que está almacenada en otro ordenador al que se tiene acceso en Internet o Intranet.

1. Haga clic sobre el botón de Internet Explorer (que dejó minimizado) existente en la barra de tareas de Windows, para abrir su ventana. Si no estuviera disponible este botón, es que lo habrá cerrado, por lo que deberá volver a ejecutarlo.
2. Introduzca, como dirección URL, c:\Mis documentos\Información de los vehículos.htm y pulse <**Intro**>. El navegador mostrará el documento con un aspecto análogo al de la figura 11.16.

> ***Nota:*** *Otro modo de visualizar una página de acceso di-recto consiste en abrir el Explorador de Windows, visualizar el contenido de la carpeta en la que esté guardada (Mis documentos) y hacer doble clic sobre su archivo. Se ejecutará automáticamente Internet Explorer y se abrirá la página en su ventana.*

3. Utilice los botones de desplazamiento de la barra de herramientas disponible en la página, y compruebe que se van visualizando las distintas marcas de coches.
4. Haga clic sobre el botón de expansión ⊞; aparecerán los demás campos de la tabla incluidos en la página de acceso, y una nueva barra de herramientas similar a la anterior, tal y como muestra la figura 11.17.
5. Utilicelos botones de desplazamiento de la barra de herramientas superior, para visualizar los modelos de la marca activa.

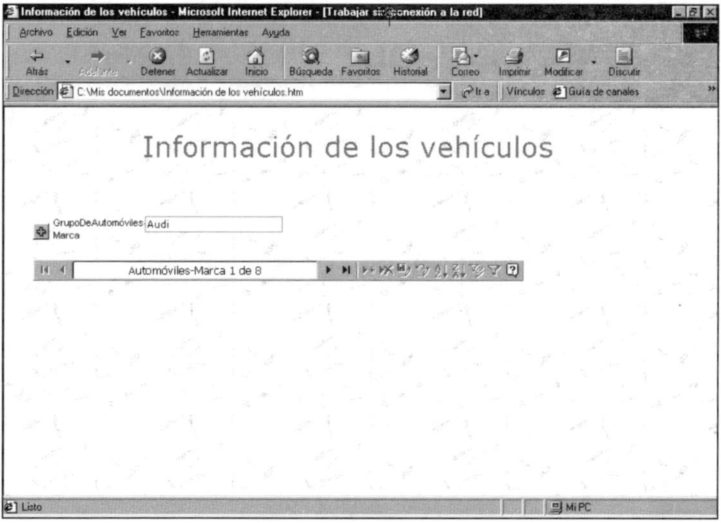

Figura 11.16

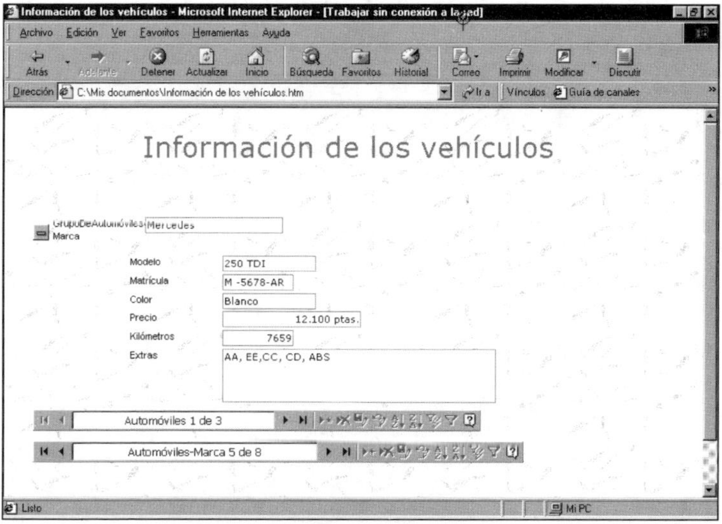

Figura 11.17

6. Intente ver otra marca mediante los botones de desplazamiento de la barra inferior, y comprobará que el gru-po se contrae automáticamente.

7. Active la octava marca (Seat) y haga clic sobre el botón de expansión; aparecerá el primer modelo de la marca, y los botones de la barra superior le permitirán ver el resto de coches Seat.

Si intenta modificar algún dato, comprobará que no es posible, ya que las páginas de acceso de datos agrupados no permiten modificar los datos de las tablas, aunque sí ordenar y filtrar registros. Para estas dos últimas operaciones, bastará con hacer clic sobre uno de los campos y sobre el botón de la barra correspondiente.

8. Cierre la ventana del navegador, por ejemplo seleccionando Archivo / Cerrar.

12

Macros

12.1. Introducción

En este capítulo trabajará con Microsoft Access de modo distinto al realizado hasta ahora, ya que dejará de ser un mero usuario para empezar a experimentar con las posibilidades de Access relacionadas con la *programación*.

Concretamente, aprenderá a crear y ejecutar macros, con las que realizará tareas repetitivas en una sola acción. Además, manejará el *Generador de expresiones* para crear e introducir expresiones complejas.

En la última parte del capítulo hay una recopilación de algunas de las funciones más importantes de Visual Basic, lenguaje de programación implementado en Microsoft Access.

12.2. Utilizar macros

Sin duda alguna, el mejor modo de personalizar las acciones de Microsoft Access es utilizar *Visual Basic*, lenguaje de programación que viene implementado en esta aplicación. Sin embargo, y aunque este lenguaje no es demasiado complicado de usar, obliga a que el usuario tenga ciertos conocimientos de programación.

Una *macro* engloba un conjunto de acciones que, al ejecutarse, el programa realiza automáticamente en el mismo orden en que se hayan especificado. La gran ventaja de las macros es que permiten automatizar aquellas tareas que realice frecuentemente con Access sin necesidad de tener conocimientos de programación.

La utilización de macros permite definir multitud de acciones en la base de datos de un modo sencillo, con solo seleccionar qué acción y sobre qué objeto de la base de datos se desea realizar.

12.3. Crear una macro

La creación de macros se hace en una ventana especial, análoga a la de la figura 12.1, a la que se puede acceder de varios modos distintos:

a) Activando la ficha Macros de la ventana de la base de datos, y haciendo clic sobre el botón Nuevo.
b) Seleccionando Insertar / Macro.
c) Seleccionando la opción Macro de la lista desplegable del botón Nuevo objeto de la barra de herramientas.

1. Abra una hoja de macro vacía, empleando alguno de los métodos indicados anteriormente; obtendrá una ventana análoga a la figura 12.1, en la que se ha desplegado la lista de las acciones que se pueden realizar.

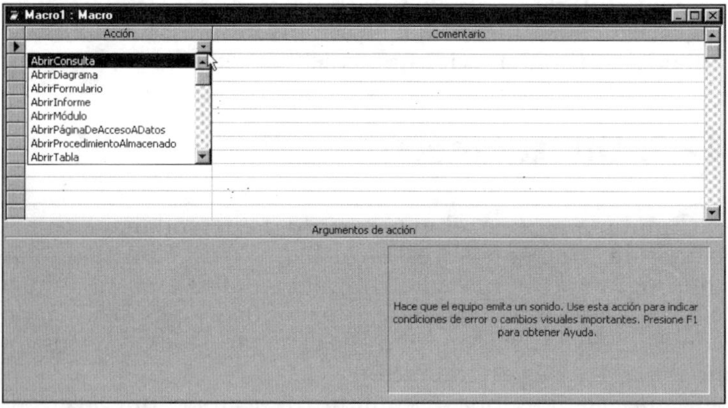

Figura 12.1

Globalmente, la creación de una macro se realiza seleccionando la acción de la lista desplegable asociada al botón

▾ e indicando, entre los argumentos de la acción que aparecerán en el panel inferior, sobre qué objetos se va a realizar. Opcionalmente, podrá indicar también algunos comentarios a las distintas acciones que realice la macro.

La primera macro que va a crear le permitirá abrir la ventana Vista previa de la consulta Clientes de una ciudad y con un tipo de carné determinado, desde la que imprimirá su resultado. Pero antes de esta acción, la macro emitirá un **bip** para avisar al usuario que debe introducir los criterios de la consulta (recuerde que esta consulta tiene dos pará-metros de selección que pide al ejecutarla).

2. Despliegue la lista de acciones y seleccione Bip; como puede observar en el panel inferior, esta acción no tiene argumentos.
3. Introduzca, como comentario a esta acción: El programa emitirá un aviso sonoro.
4. Despliegue la lista de acciones de la segunda fila y seleccione AbrirConsulta; en el panel inferior aparecerán los argumentos correspondientes a esta acción.
5. Seleccione, de la lista Nombre de la consulta, la consulta Clientes de una ciudad y con un tipo de carné determinado.
6. Seleccione la opción Vista preliminar de la lista Vista.

El diseño de la macro será como el que se muestra en la figura 12.2.

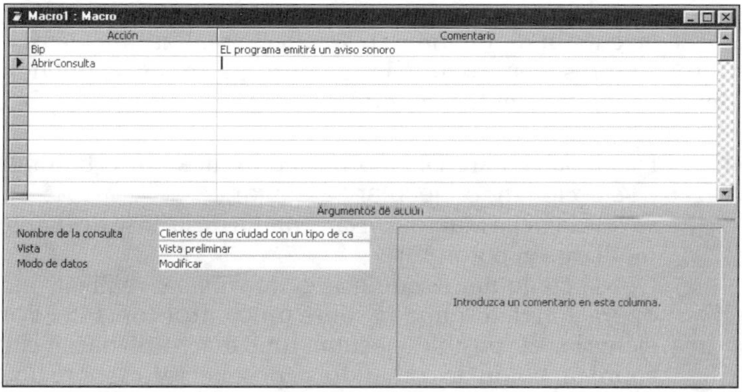

Figura 12.2

7. Haga clic sobre el botón 💾 e introduzca, como nombre de la macro, Vista previa de los clientes de una ciudad con un tipo de carné.
8. Haga clic sobre el botón ☒, para cerrar la ventana de definición de la macro. Se activará la ventana de la base de datos, y en la ficha Macros se visualizará la macro creada (véase la figura 12.3).

Figura 12.3

12.4. Ejecutar una macro

La ejecución de una macro se puede realizar desde distintos lugares y en distintos momentos, aunque se pueden destacar los siguientes métodos:

a) Desde su ventana Diseño, haciendo clic sobre el botón ! o seleccionando Ejecutar / Ejecutar.
b) Desde la ficha Macros de la ventana de la base de datos, mediante el botón ! Ejecutar.
c) Desde cualquier formulario o informe, al realizar una operación determinada sobre un control concreto. Por ejemplo, es posible ejecutar una macro al hacer clic sobre un botón de comando, al posar el ratón sobre una opción, etc. también sería posible ejecutar una macro al abrir un formulario, al cerrar un informe...

Información: *La ejecución de macros mediante controles la estudiará, con ejercicios prácticos incluidos, en el siguiente capítulo.*

1. Active la ficha Macros de la ventana de la base de datos.
2. Haga clic sobre la macro, para resaltarla, y sobre el botón [Ejecutar]; la macro se ejecutará, el programa emitirá un aviso sonoro y activará la consulta Clientes de una ciudad y con un tipo de carné determinado, por lo que aparecerán los cuadros de diálogo para introducir los criterios de selección.
3. Introduzca Cuenca como ciudad y B como tipo de permiso de conducir. La macro finalizará y dejará activa la ventana Vista previa con el resultado de la consulta (véase la figura 12.4).

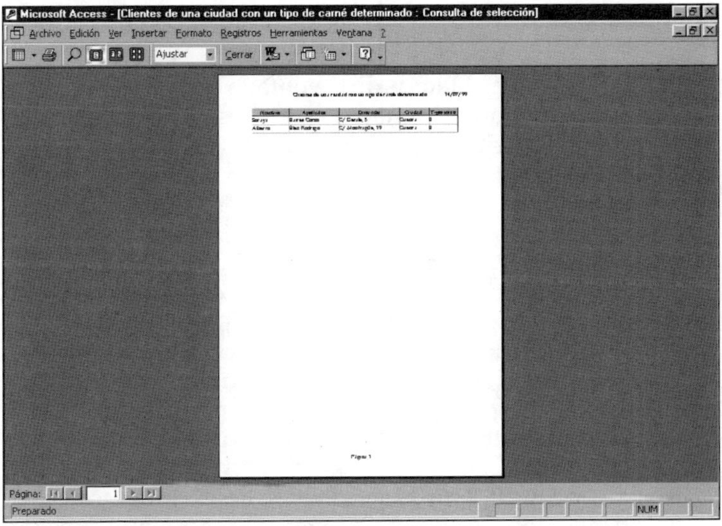

Figura 12.4

4. Si lo desea, haga clic sobre el botón [Imprimir] para imprimir los datos y, posteriormente, cierre la ventana de la presentación preliminar.

Información: Si desea ejecutar la macro paso a paso, para poder así controlar individualmente todas sus acciones, active el botón de la ventana de diseño. Posteriormente debe guardar los cambios realizados y ejecutar la macro; ésta irá mostrando en cuadros de diálogo las acciones que va realizando. Una vez que finalice la ejecución, el programa desactivará la opción Paso a paso, por lo que la macro volverá a ejecutarse normalmente.

12.5. Modificar una macro

Todas las modificaciones en el diseño de una macro deben hacerse en su ventana de diseño. A continuación va a modificar el diseño de la macro Vista previa de los clientes de una ciudad con un tipo de carné de modo que, además de activar la ventana de presentación preliminar, maximice su ventana y muestre un cuadro de diálogo de espera para, finalmente, imprimir y cerrar la ventana de la consulta.

1. Active la ficha Macros de la ventana de la base de datos.
2. Haga clic sobre la macro, para resaltarla, y sobre el botón Diseño; se activará la ventana de diseño de la macro.
3. Despliegue la lista de acciones de la tercera fila y seleccione Maximizar; esta acción no tiene argumentos, ya que actúa sobre la ventana que esté activa.
4. Despliegue la lista de acciones de la cuarta fila y seleccione la acción CuadroMsj; introduzca, como argumento Mensaje, el texto Pulse Aceptar para imprimir.
5. Despliegue la lista de acciones de la quinta fila y seleccione la acción Imprimir; acepte todos los argumentos propuestos por el programa, que permiten imprimir todos los datos, con alta calidad de impresión y en una sola copia.
6. Despliegue la lista de acciones de la sexta fila y seleccione la acción Cerrar; introduzca los argumentos necesarios para cerrar la consulta abierta (Clientes de una ciudad y con un tipo de carné determinado), y que muestra la figura 12.5. Observe en la figura, todas las acciones que va a realizar la macro.
7. Haga clic sobre el botón , para guardar las modificaciones realizadas en la macro.

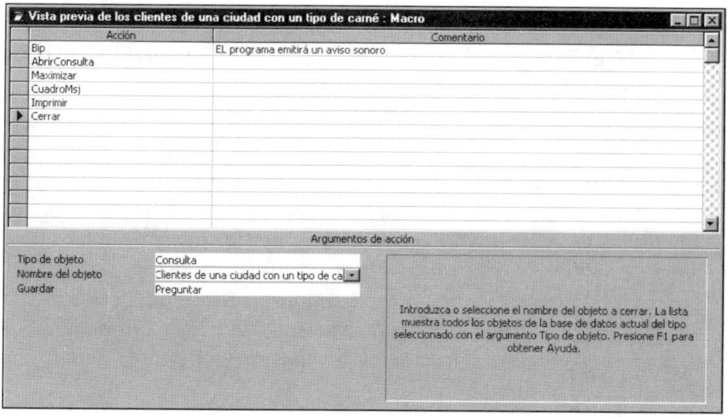

Figura 12.5

8. Haga clic sobre el botón [!], para ejecutar la macro.
9. Introduzca, cuando el programa se lo pida en los cuadros de diálogo, la ciudad (Toledo) y el tipo de carné (B) de los clientes; la macro se detendrá en la figura 12.6, ya que muestra el cuadro de mensaje incorporado como cuarta acción de la macro.

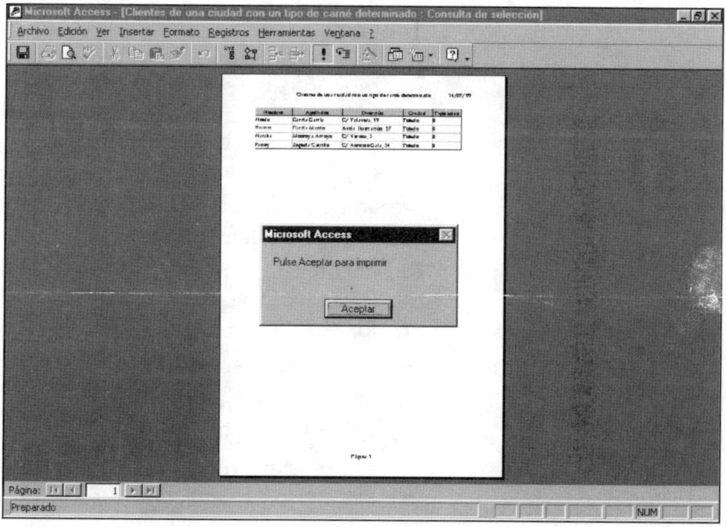

Figura 12.6

10. Haga clic sobre el botón Aceptar del cuadro de mensaje; la macro imprimirá el resultado de la consulta y cerrará su ventana, finalizando su ejecución.
11. Cierre la ventana Diseño de la macro.

Información: *Si hubiera necesitado insertar una acción entre las existentes en la macro, debería haber añadido una nueva fila, en la posición adecuada, mediante el botón ; si lo que hubiera necesitado hubiera sido eliminar una acción, entonces debería haber seleccionado su fila y luego hacer clic sobre el botón . Si quiere seleccionar una fila deberá hacer clic sobre su botón selector, que se encuentra situado a la izquierda.*

12.6. Acciones de una macro

Las acciones que puede realizar una macro son muy numerosas. En los apartados anteriores de este capítulo ha utilizado ya algunas de ellas, y en la tabla 12.1, encontrará un resumen de las que se puede considerar más importantes.

Tabla 12.1

Acción	*Descripción*
Abrir...	Abre la ventana que se especifique del objeto seleccionado.
AgregarMenú	Agrega un menú a una nueva barra de menú personalizada.
AplicarFiltro	Aplica un filtro, consulta o cláusula WHERE (SQL) a una tabla, formulario o informe.
Bip	Emite un aviso sonoro.
BuscarRegistro	Localiza un registro, de la tabla activa, que cumpla el criterio especificado.
BuscarSiguiente	Localiza el siguiente registro que cumpla el criterio especificado.
Cerrar	Cierra la ventana del objeto de la base de datos que se indique.

CopiarObjeto	Copia el objeto indicado a otra base de datos, o a la misma con otro nombre diferente.
CuadroMsj	Muestra un cuadro de diálogo con el mensaje que se especifique.
DetenerMacro	Detiene la ejecución de la macro.
Eco	Oculta o muestra el resultado de cada una de las acciones de una macro.
EjecutarAplicación	Inicia la aplicación que se indique.
EjecutarComando	Ejecuta el comando de Access especificado.
EjecutarMacro	Ejecuta una macro.
EliminarObjeto	Elimina el objeto que se especifique o,en caso de no hacerlo, el activo.
EstablecerValor	Establece un valor para un control, campo o propiedad.
Guardar	Guarda las modificacionesen el objeto activo, o en el que se indique.
Imprimir	Imprime el objeto activo: tabla, formulario, informe...
IrA...	Permite situar el cursor en un objeto: registro, control, página...
Maximizar	Maximiza la ventana activa.
Minimizar	Minimiza la ventana activa.
MostrarTodosRegistros	Cancela el filtro que estuviera activo en una tabla, consulta o formulario.
RelojDeArena	Muestra el indicador del ratón de espera (Reloj de arena).
RepintarObjeto	Actualiza el contenido de los controles dependientes de la ventana activa.
Restaurar	Restaura el tamaño que tiene la ventana activa.
Salir	Sale de Microsoft Access.

12.7. Macros condicionales

Al igual que cualquier lenguaje de programación, las macros también permiten realizar ciertas operaciones en función de que se cumpla o no una condición determinada; a estas macros se las puede denominar *macros condicionales*.

Un ejemplo de estas macros será la macro Actualizar precios, que va a crear a continuación, y que va a permitir actualizar el precio del alquiler de un automóvil en función de su marca. Si recuerda, ya creó una consulta de actualización con este propósito, pero en aquél caso sólo se pudo actualizar el precio de los coches de una marca determinada. Otra diferencia entre la macro que va a crear y la consulta de actualización que creó, es que la macro actualizará el dato de un solo registro (el activo), mientras que la consulta actualizó todos los de la tabla que cumplieron la condición.

1. Active la ficha Macros, de la ventana de la base de datos.
2. Haga clic sobre el botón, para acceder a una ventana de diseño vacía en la que definir la nueva macro.
3. Haga clic sobre el botón, para agregar la columna Condiciones al panel superior.
4. Introduzca, en la celda Condición de la primera fila, [Marca]="Seat"; esta condición hará que la acción de esta fila (1ª) sólo se ejecute si el dato del registro en el campo Marca es Seat.
5. Seleccione, como acción de la primera fila, Establecer valor, y especifique los argumentos que muestra la figura 12.7, que permitirán aumentar el precio de este campo un 8%.

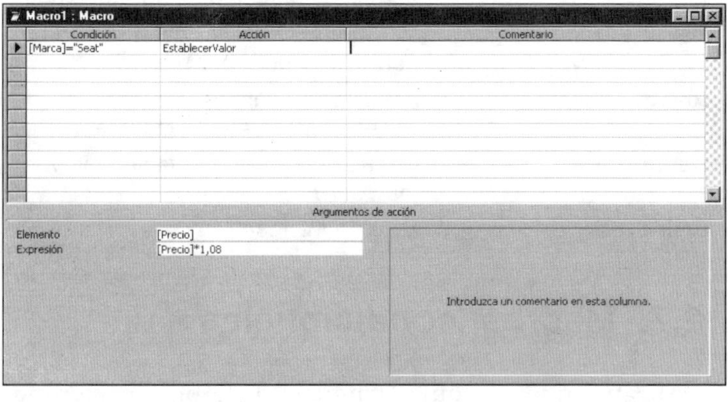

Figura 12.7

6. Introduzca, en la celda Condición de la segunda fila, [Marca]="Opel".
7. Seleccione, como acción de la segunda fila, Establecer valor, y después especifique los argumentos necesarios para aumentar el precio de los coches Opel un 7%.
8. Repita los pasos anteriores hasta completar todas las condiciones y acciones que muestra la figura 12.8; tenga en cuenta que el aumento para el resto de marcas es, respectivamente, de un 6%, 5%, 4%, 3%, 2% y 1%. Para agilizar el proceso, puede duplicar las líneas introducidas y modificarlas para cada marca, tal y como explica la nota informativa.

Información: *Puede duplicar una línea de la macro mediante los opciones* Copiar *y* Pegar *del menú* Edición, *o los correspondientes botones de la barra de herramientas. Posteriormente puede modificar las líneas duplicadas para adecuarla a las necesidades. Recuerde que puede seleccionar una línea utilizando su botón de selección.*

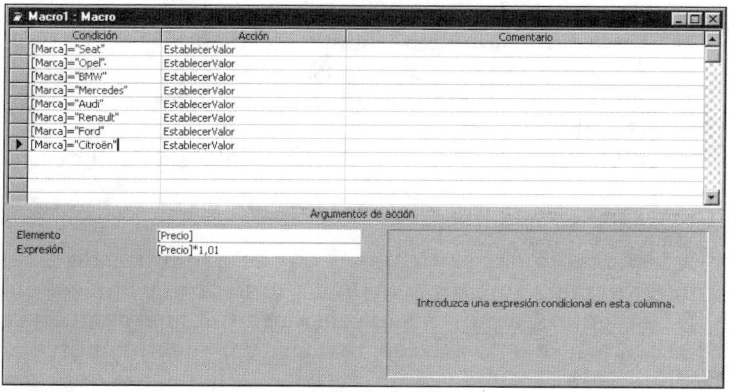

Figura 12.8

9. Guarde la macro con el nombre Incremento del precio según la marca.

Aunque ahora no puede ejecutar esta macro, ya que para que funcione correctamente debe ser ejecutada desde el formulario Automóviles (operación que aprenderá a realizar en el siguiente capítulo) sí parece lógico saber cómo va a actuar: cuando tenga un registro activo en el formulario y ejecute la macro, ésta tomará el dato del campo Marca y comprobará qué condición de la macro se cumple, para realizar así la acción que esté situada a su derecha. El resto de las acciones no las ejecutará, ya que no se cumplirán sus condiciones.

10. Cierre la ventana de diseño de la macro.

12.8. Generador de expresiones

Las *expresiones* son componentes que aparecen, muy frecuentemente, en numerosas operaciones en Microsoft Access. Se puede definir una *expresión* como una combinación de *identificadores*, *operadores* y *valores*, que produce un resultado.

Sin saberlo, en los capítulos anteriores, incluso en este mismo, ha creado y utilizado distintas expresiones, en multitud de situaciones diferentes, como por ejemplo:

- En la regla de validación de campos.
- En la expresión de un campo calculado.
- En los criterios de consultas.
- En las condiciones introducidas en una macro condicional.
- En los argumentos de la acción EstablecerValor de una macro.

Hasta ahora, las expresiones que se han utilizado en el libro eran más o menos sencillas, por lo que se han escrito directamente. Cuando las expresiones son más complejas, Microsoft Access nos ofrece una herramienta muy potente, denominada *Generador de expresiones*, que facilita enormemente la introducción de expresiones.

Este Generador de expresiones puede ser ejecutado desde la mayoría de los lugares en los que es posible escribir expresiones, como por ejemplo en las opciones de las propiedades de un control, en la celda Expresión de un campo calculado, en la celda Criterio de la rejilla QBE de una consulta, en la ventana de diseño de una macro, etc.

A continuación se indican algunos métodos para ejecutar el Generador de expresiones:

a) Hacer clic sobre el botón Generar existente al lado de multitud de cuadros de propiedades o argumentos.
b) Pulsar el botón derecho del ratón sobre el lugar donde que se quiera insertar la expresión, para obtener el menú contextual, y seleccionar la opción Generar. Este método se utiliza, sobre todo, para insertar expresiones en celdas Campo calculado o Criterios de las consultas, o en las celdas Condición de la ventana de diseño de una macro.
c) Pulsar el botón existente en la barra de herramientas de multitud de ventanas; si este botón no está disponible en algún momento , es porque en la propiedad o elemento activo no se puede introducir una expresión.

12.8.1. Aspecto del Generador de expresiones

Una vez que se ha ejecutado el Generador de expresiones, aparece su ventana con el aspecto de la figura 12.9.

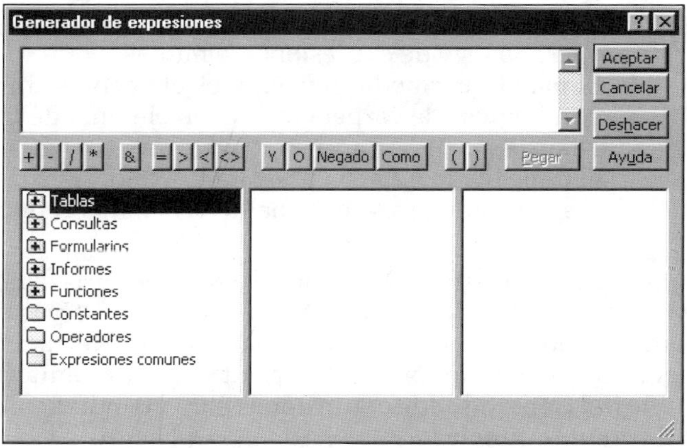

Figura 12.9

El Generador de expresiones consta de tres secciones:

- En la sección superior se encuentra un cuadro en el que se irá creando la expresión a medida que se vayan seleccionado elementos de los otros paneles y / o se escriban caracteres desde el teclado.

- En la sección intermedia hay botones que permiten introducir, en la expresión que se esté construyendo, los operadores más comunes. Al hacer clic en uno de ellos, el operador se insertará en el punto exacto de la expresión donde se encuentre el cursor. Si deseara insertar otro operador no disponible en esta sección, entonces tendría que abrir la carpeta Operadores existente en el cuadro inferior izquierdo; al hacerlo, aparecerían las categorías de operadores en el cuadro intermedio y, al abrir una categoría, obtendría todos sus operadores en el cuadro de la derecha, desde el que podría seleccionar el que quisiese.
- En la sección inferior del generador hay tres paneles que permiten seleccionar elementos, operadores, constantes... para construir la expresión. La misión de los tres cuadros son:

  - El panel de la izquierda contiene carpetas de tablas, consultas, formularios e informes de la base de datos, de funciones incorporadas por el programa, de funciones definidas por el usuario, de constantes, de operadores y de expresiones comunes.
  - El panel intermedio muestra los elementos correspondientes a la carpeta abierta en el panel de la izquierda.
  - El panel de la derecha muestra los valores específicos del elemento seleccionado en el panel central.

Observe, en la figura 12.10, cómo se seleccionaría el nombre del campo Matrícula de la tabla Automóviles para insertarlo como parte de una expresión que perfectamente podría ser una condición. En la figura se ha aumentado el tamaño del Generador de expresiones para visualizar mejor sus diferentes paneles.

12.8.2. Crear una expresión con el Generador de expresiones

Una vez que se haya ejecutado el Generador, el proceso de creación de la expresión es sencillo aunque, como la mayoría de las acciones de la vida cotidiana, las primeras veces puede parecer complejo.

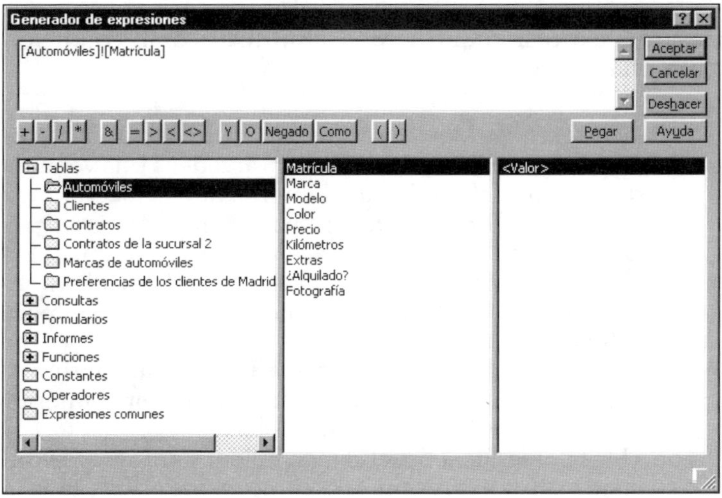

Figura 12.10

Básicamente, el proceso consiste en:

a) Hacer doble clic sobre una carpeta del panel inferior izquierdo, para abrirla y visualizar sus elementos.
b) Hacer clic sobre un elemento del panel inferior; si éste es un elemento, se pegará en el cuadro de la expresión; si por el contrario es una carpeta, se abrirá para mostrar sus elementos en el panel inferior derecho.
c) Si el elemento del panel inferior central hubiera sido una carpeta, ahora tendría que hacer clic sobre un elemento del panel inferior derecho para pegarlo a la expresión.
d) Hacer clic sobre los operadores que necesita la expresión, para pegarlos en ella.

Los pasos anteriores se pueden realizar tantas veces como sea necesario, y en el orden que haga falta; además, recuerde que puede situar un elemento u operador en un punto concreto de la expresión con sólo situar el cursor en él.

> ***Información:*** *Puede escribir, en cualquier momento, parte de la expresión directamente desde el teclado.*

A continuación va a crear, con el Generador de expresiones, una expresión que se podría utilizar como condición para una macro:

1. Active la ficha **Macros**, de la ventana de la base de datos.
2. Haga clic sobre el botón Nuevo, para acceder a una ventana de diseño vacía en la que definir la nueva macro.
3. Haga clic sobre el botón , para agregar la columna **Condiciones** al panel superior.
4. Con el cursor situado en la celda **Condición** de la primera acción de la macro, haga clic sobre el botón para activar el Generador.
5. Haga doble clic sobre la carpeta **Tablas**, para abrirla, y sobre la tabla **Contratos**; obtendrá, en el panel inferior central, todos los campos de dicha tabla.
6. Haga doble clic sobre el campo **F-final**, para agregarlo al cuadro de la expresión, tal y como puede observar en la figura 12.11.

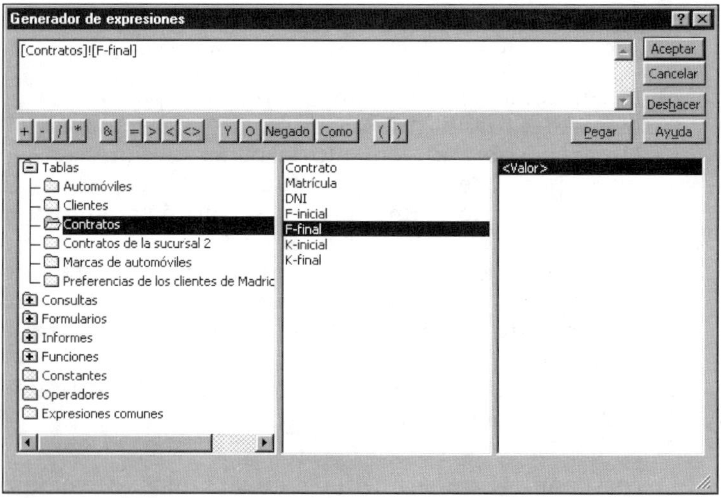

Figura 12.11

7. Haga clic sobre el operador igual (=).
8. Haga doble clic sobre la carpeta **Funciones** del panel inferior izquierdo, para abrirla y visualizar sus subcarpetas.

9. Haga clic sobre la carpeta Funciones incorporadas, para abrirlas y visualizar sus funciones en el panel inferior central.
10. Haga clic sobre la categoría Fecha/Hora del panel inferior central, para obtener las funciones de esta categoría en el panel inferior derecho.
11. Haga doble clic sobre la función Fecha; ésta se agregará a la expresión, cuya sintaxis estará completa (véase la figura 12.12).

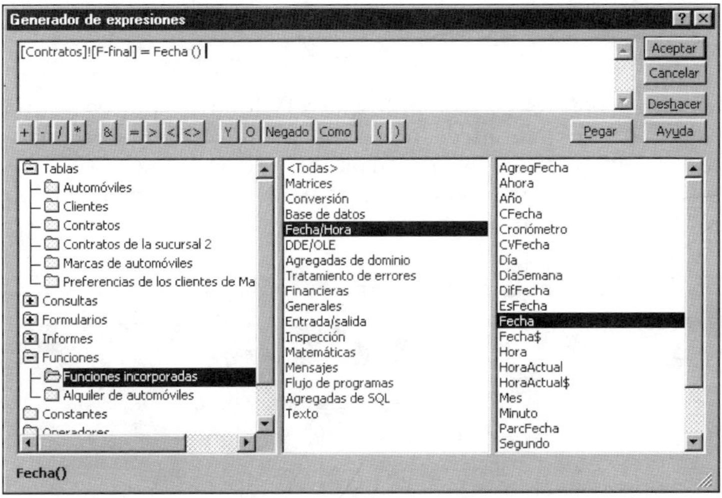

Figura 12.12

La expresión creada podría utilizarse como una condición, que daría un valor Sí en el caso de que el contenido del campo F-final de la tabla Contrato fuera igual a la fecha actual, y No en caso contrario.

12. Como la expresión está terminada, haga clic sobre el botón Aceptar. Se cerrará el Generador de expresiones y Microsoft Access copiará la expresión en el lugar desde donde se inició el Generador de expresiones, que en nuestro caso es la ventana de diseño de una macro.
13. Cierre la ventana de diseño de la macro, sin guardar las modificaciones realizadas, ya que sólo la utilizó para crear una expresión de ejemplo con el Generador de expresiones.

Información: *Si observa la referencia al campo* F-final *(figura 12.2), comprobará que el programa lo ha escrito precedido de la tabla que lo contiene y acompañado del operador* pertenece a *(!). Una expresión más completa que la introducida por el Generador sería* Formulario![Contratos]![F-final], *que se debería entender como el campo* [F-final] *que pertenece al formulario de nombre* [Contratos].

12.9. Operadores

Un *operador* es un elemento que relaciona dos partes de una expresión. Los operadores no tienen por qué ser obligatoriamente aritméticos, sino que existen también otros tipos de operadores. En las siguientes tablas se han agrupado, en función del tipo al que pertenecen, algunos de los operadores más utilizados.

Tabla 12.2. Operadores aritméticos

Operador	*Función*
+	Calcula la suma de dos valores.
-	Calcula la diferencia entre dos valores.
*	Calcula el producto de dos valores.
/	Calcula el valor de la división de dos valores.
^	Calcula el valor de un número elevado a otro.

Tabla 12.3. Operadores de comparación

Operador	*Significado*
=	Igual a.
>	Mayor que.
<	Menor que.
>=	Mayor o igual que.
<=	Menor o igual que.
<>	Distinto de.
Entre... Y...	Valores comprendidos en un intervalo.

Tabla 12.4. Operadores lógicos

Operador	*Significado*
Y	Obliga a que se cumplan las dos proposiciones.
O	Obliga a que se cumpla, como mínimo, una de las proposiciones.
Es Nulo	Obliga a que el valor o la expresión sean nulos.

Tabla 12.5. Otros operadores

Operador	*Significado*
&	Concatena (une) dos textos para formar uno solo.
!	Se utiliza en los identificadores de elementos, para indicar a qué objeto de la base de datos pertenece.
En	Comprueba si un valor o expresión forma parte de una lista.

12.10. Funciones incorporadas en Access

Las funciones no son más que unas fórmulas, más o menos complejas, que los programas traen incorporadas para que los usuarios puedan utilizarlas con el fin de obtener los resultados correspondientes.

Microsoft Access incorpora un gran número de funciones que permiten realizar todo tipo de cálculos: estadísticos, financieros, científicos, etc.

Cada función, que se identifica por su nombre, necesita datos sobre los que operar, denominados genéricamente *argumentos,* que deben escribirse entre paréntesis. Así, la sintaxis general de una función es **FUNCIÓN(argumentos).**

Los argumentos hacen referencia a los datos sobre los que la función realizará los cálculos; su número y naturaleza (números, rótulos, fechas...) depende de cada función. Es muy frecuente que las funciones actúen sobre datos almacenados en campos, por lo que el nombre de éstos debe especificarse como argumento de la función.

Si una función necesita más de un argumento, éstos han de escribirse todos juntos, entre paréntesis, y separados por el carácter punto y coma (;). En ese caso, los argumentos requerirán un cierto orden dentro de la función que no se puede alterar si se desea obtener el resultado correcto. Así, la sintaxis general de una fórmula con varios argumentos es **=FUNCIÓN(argumento1;argumento2;argumento3...).**

Cuando se añade una función en una expresión mediante el Generador, éste indica los argumentos de la función entre los caracteres " y ", de manera que el usuario pueda verlos y sustituirlos por los valores correspondientes; algunos ejemplos son ABS ("número") y AMORTIZ ("costo"; "recuperación"; "duración"; "período")

Las siguientes tablas muestran algunas de las funciones más usadas en Access, agrupadas según su naturaleza.

Tabla 12.6. Funciones matemáticas

Función	*Acción*
ABS(número)	Calcula el valor absoluto de un número.
NúmAleat(número)	Permite obtener un número pseudoaleatorio.
Ent(número)	Devuelve el número entero menor más próximo al indicado.
Ln(número)	Calcula el logaritmo n-eperiano del número indicado.
Sen(número)	Calcula el valor del seno de un ángulo expresado en radianes.
Cos(número)	Calcula el valor del coseno de un ángulo expresado en radianes.
Tg(número)	Calcula el valor del tangente de un ángulo expresado en radianes.
Signo(número)	Devuelve el valor del signo del número.
Raíz2(número)	Calcula la raíz cuadrada de un número.

Tabla 12.7. Funciones agregadas de SQL (Estadísticas)

Función	*Acción*
Cuenta(expresión)	Calcula el número de registros no vacíos para un campo.

Suma(expresión)	Calcula la suma de los valores de un campo.
Máx(expresión)	Devuelve el valor máximo de un campo.
Mín(expresión)	Devuelve el valor mínimo de un campo.
Var(expresión)	Calcula la varianza de los valores de un campo.
Promedio(expresión)	Calcula el valor medio de los valores de un campo.
DesvEst(expresión)	Calcula la desviación estándar de los valores de un campo.

Tabla 12.8. Funciones de Fecha y hora

Función	*Acción*
Ahora()	Devuelve la fecha y hora actuales.
Año(número)	Devuelve el año de la fecha correspondiente.
Día(número)	Devuelve el día del mes de la fecha correspondiente.
DíaSemana(número)	Devuelve el día de la semana de la fecha correspondiente al número.
Fecha()	Devuelve la fecha actual.
HoraActual()	Devuelve la hora actual.
Hora(número)	Devuelve la hora correspondiente al número.
Mes(número)	Devuelve el número del mes de la fecha correspondiente al número.

Tabla 12.9. Funciones de Texto

Función	*Acción*
Longitud(expresiónCadena)	Devuelve el número de caracteres correspondientes a una expresión.
Longitud(expresiónCadena)	Devuelve el número de caracteres correspondientes a una expresión.
Der(expresiónCadena;n)	Extrae los n últimos caracteres de una expresión.
Izq(expresiónCadena;n)	Extrae los n primeros caracteres de una expresión.

Medio(expresiónCadena;pos;n)	Extrae los n caracteres de una expresión que estén si tuados a partir de la posición que se indique.
Mayús(expresiónCadena)	Convierte los caracteres de la cadena a mayúsculas.
Minús(expresiónCadena)	Convierte los caracteres de la cadena a minúsculas.

Tabla 12.10. Funciones financieras

Función	*Acción*
Pago(tasa;nper;va;vf;vence)	Calcula la cantidad de dinero que debe pagarse por un crédito.
PPago(tasa;periodo;nper;va;vf;vence)	Devuelve el capital correspondiente a uno de los pagos de un crédito.
Interés(tasa;periodo;nper;va;vf;vence)	Devuelve el interés correspondiente a uno de los pagos de un crédito.
Amortiz(costo;recuperación; duración;periodo)	Calcula la amortización de un bien en un periodo.
Tasa(nper;pago;va;vf;vence; estimación)	Devuelve la tasa de interés correspondiente a un crédito.

13

Crear una aplicación personal

13.1. Introducción

Este capítulo le permitirá adentrarse, desde Microsoft Access, en el mundo de la programación orientada a objetos. No se trata de que aprenda las técnicas de programación, algo sumamente imposible de lograr en un capítulo, sino que compruebe y aproveche las posibilidades que ofrece Access para crear aplicaciones con que gestionar la información.

Lo que le propone este capítulo es que deje de ser, por un rato, un *usuario* de Access para convertirse en un *programador*, nombre que recibe aquella persona que crea y mantiene aplicaciones que utilizan otros usuarios.

13.2. Programas y aplicaciones

Un *programa* es un conjunto de instrucciones (en alguno de los múltiples lenguajes de programación) que, procesadas secuencialmente (una tras otra), conseguirán realizar una determinada tarea. Tal y como ha comprobado en el capítulo anterior, una macro es, en realidad un programa, ya que permite automatizar tareas de la base de datos; estas tareas pueden ser tan simples como abrir un informe o ser mucho más complejas.

Una *aplicación* es un conjunto de programas que permiten gestionar, de forma fácil y rápida, una base de datos. La ventaja de una aplicación es que permite gestionar, a cualquier usuario, su base datos sin obligarle a tener conocimientos de programación.

13.3. Visual Basic. Objetos y eventos

Microsoft Access trae implementado el lenguaje de programación *Visual Basic*, de modo que muchasde las operaciones que se realizan en Access, por ejemplo con los controles de formularios e informes, son propias de este lenguaje de programación.

Visual Basic es, sin duda alguna, el lenguaje de *programación orientada a objetos* (POO) más utilizado en la informática personal.

La programación orientada a objetos se basa, sobre todo, en la utilización de *objetos* y *eventos*.

- Un *objeto*, como sabe, es cualquier elemento: un formulario, una tabla, un informe, un botón de comando incorporado en un formulario, una etiqueta de un informe, un botón de opción, etc.
- Los *eventos* son acciones que se van a realizar sobre los distintos objetos; éstas pueden ser muy variadas: posar el ratón sobre el objeto, arrastrar el objeto, hacer clic sobre él, hacer doble clic, etc.

Veamos los conceptos anteriores en un ejemplo práctico que realizó en el capítulo 9. Si recuerda, en la mayoría de los formularios insertó un botón de comando que permitía cerrar sus ventanas; ese botón es un objeto añadido al formulario que, cuando el usuario realiza el evento Hacer clic sobre él, realiza la tarea de cerrar la ventana del formulario.

13.3.1. Dónde se visualizan los eventos

Los eventos de cada objeto se encuentran agrupados en la ficha Eventos de su cuadro de diálogo Propiedades, tal y como muestra la figura 13.1. Lógicamente, no todos los objetos tienen los mismos eventos, éstos dependen de la naturaleza del objeto.

El número de eventos de un objeto es muy elevado. En la figura 3.1 se visualizan algunos de los eventos de un botón de acción; tenga en cuenta que cada evento puede tener asignada una tarea diferente, característica que hace a los lenguajes de programación orientada a objetos, los más potentes y a la vez fáciles de usar.

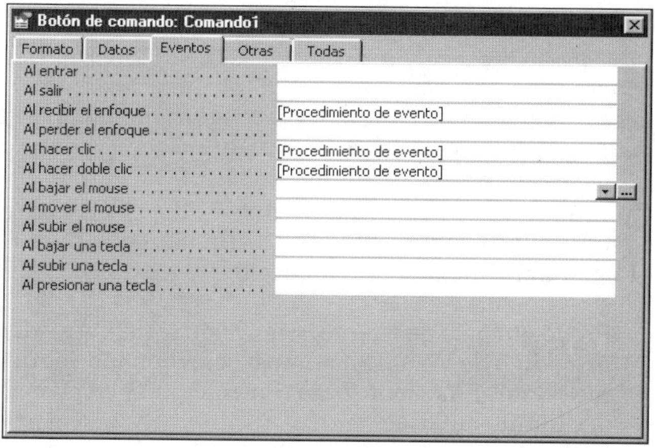

Figura 13.1

> ***Información:*** *En Microsoft Access, los objetos más utilizados para programar son los controles, que habitualmente están añadidos a formularios e informes; pero éstos no son los únicos, también pueden asignarse acciones a un formulario completo, a un informe, etc.*

13.3.2. Qué acción se puede asociar a un evento

Las tareas que se pueden asociar a un evento se pueden declarar, básicamente, de tres modos diferentes:

- Mediante una macro; para ello es necesario tener creada la macro con anterioridad. Posteriormente bastará con indicar su nombre en el evento al cual se quiera asociar.
- Mediante un módulo de Visual Basic; para crear estos módulos hay que tener conocimientos, al menos mínimos, de programación orientada a objetos.
- Mediante el Asistente para controles; este Asistente nos ayuda, durante la creación de un control, a definir cuál es la acción que debe realizar cuando hagamos clic sobre él.

> ***Información:*** *Puesto que para crear módulos de Visual Basic hay que tener algunos conocimientos mínimos de este lenguaje de programación, en este libro se asocian las acciones a los eventos mediante el Asistente y mediante macros, que lógicamente tendrán que crearse.*

Cuando se asocia una acción a un evento, en el cuadro de diálogo Propiedades aparece una expresión que hace referencia a la naturaleza de dicha acción:

- Procedimiento de evento, si la acción se define mediante un código de Visual Basic, y así ocurre cuando se define mediante el Asistente para controles, tal y como hizo en el capítulo anterior.
- Nombre de la macro; en este caso la acción se ha definido mediante una macro.
- Expresión; en este caso, la acción vendrá dada por una expresión que se puede haber creado mediante el Generador de expresiones.

En la figura 13.2 se muestra la ficha Evento del cuadro de diálogo Propiedades, correspondiente al control Botón de comando que se añadió al formulario Automóviles en el capítulo anterior, y en el que se ve que la acción del evento Al hacer clic está definida mediante código Visual Basic.

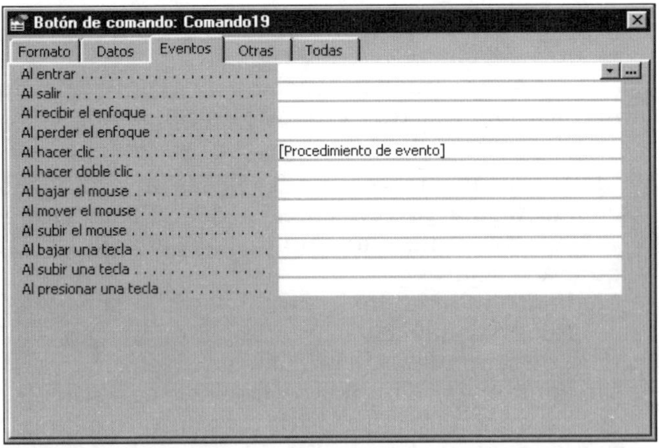

Figura 13.2

13.4. Crear un panel de control

La primera acción que va a realizar encaminada a conseguir la aplicación, es la creación de un *panel de control* desde el que realizará las principales operaciones de gestión del alquiler de los automóviles.

Un panel de control no es más que un formulario en blanco, cuya misión no será mostrar información de tablas, sino un conjunto de opciones entre las que el usuario podrá elegir.

1. Abra la base de datos Alquiler de automóviles, y active la ficha Formularios.
2. Haga doble clic sobre la opción Crear formulario en vista Diseño.

Ahora tendrá la ventana Diseño del nuevo formulario, pero antes de comenzar a agregar controles, debe desactivar algunas de las opciones de formularios que el programa activa por defecto: va a ocultar las barras de desplazamiento y los botones de navegación (selección de registros).

3. Seleccione Edición / Seleccionar formulario, para estar seguros de que el objeto activo es el propio formulario.
4. Haga clic sobre el botón , para abrir el cuadro de diálogo Propiedades.
5. Active la ficha Formato y seleccione, para la propiedad Barras de desplazamiento, la opción Ninguna.
6. Seleccione, para las propiedades Selectores de registro y Botones de desplazamiento, la opción No.
7. Introduzca, en la propiedad Título, el texto Panel principal; este texto aparecerá en la barra de título de la ventana del formulario.

El aspecto del cuadro de diálogo Propiedades debe ser como el de la figura 13.3.

13.4.1. Modificar propiedades de la zona Detalles

A continuación va a modificar algunas de las propiedades de la zona Detalles del formulario, para aumentar su altura y colorearlo.

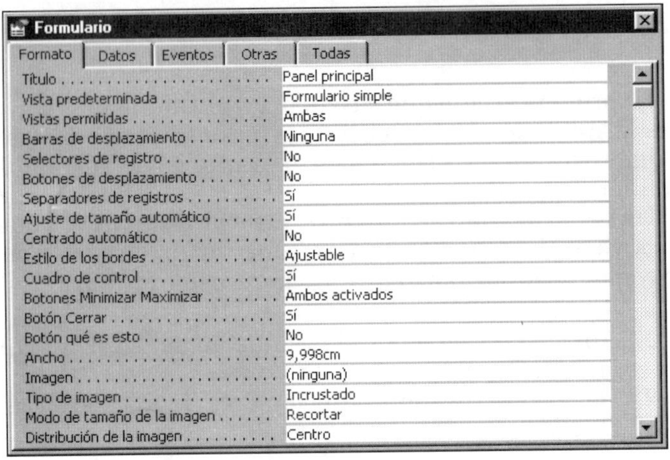

Figura 13.3

1. Con el cuadro de diálogo Propiedades abierto (si no fuera así debería activarlo mediante el botón de la barra de herramientas), haga clic sobre la zona de la cuadrícula de la sección Detalle; el cuadro Propiedades mostrará las propiedades de este objeto; compruébelo en su barra de título, tal y como muestra la figura 13.4.
2. Seleccione, de la lista de colores de la propiedad Color del fondo, un color azul claro.
3. Introduzca, en el cuadro de la propiedad Alto, el valor 8,5. Observe, en la figura 13.4, las modificaciones realizadas en las propiedades de la sección Detalle.
4. Cierre el cuadro de diálogo Propiedades.
5. Modifique el tamaño de la ventana de diseño y, posteriormente, el ancho de la zona Detalle (arrastrando su lateral derecho); tome de referencia la figura 13.5.

13.5. Guardar el panel de control

Puesto que son muchas las operaciones que se van a realizar hasta terminar el panel de control, conviene ir guardándolo de vez en cuando; de esta manera se podrán evitar situaciones tan ingratas como la pérdida de todo el trabajo realizado.

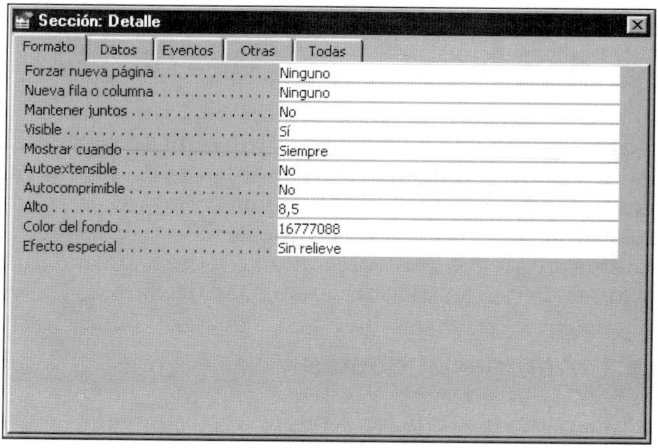

Figura 13.4

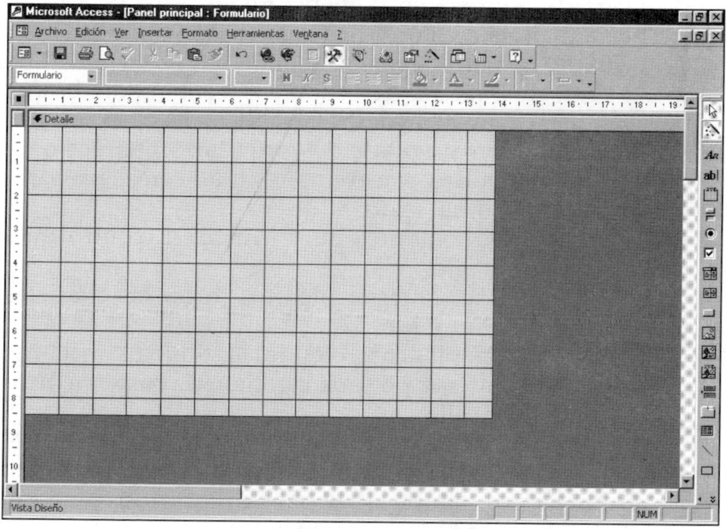

Figura 13.5

1. Haga clic sobre el botón .
2. Escriba el nombre del formulario, Panel principal, y haga clic sobre el botón Aceptar. El formulario ya está guardado pero no cerrará su ventana, ya que seguirá trabajando en él.

13.6. Añadir controles al panel de control

Lógicamente, el número de controles que se pueden agregar al panel principal es elevadísimo, pero dadas las características de este libro sólo pondremos algunos de ejemplo, posteriormente podrá crear los que desee.

Cada uno de los controles que va a crear permitirá realizar una operación distinta en la base de datos.

13.6.1. Agregar etiquetas

Comenzará introduciendo algunas etiquetas en el formulario que permitirán rotular los botones de comando que agregará posteriormente.

1. Haga clic sobre la herramienta Etiqueta del cuadro de herramientas; si éste no estuviera visible, seleccione Ver / Cuadro de herramientas. Además, le recomiendo que lo sitúe en el lateral derecho de la ventana de diseño, para dejar libre el área de trabajo.
2. Haga clic sobre un punto del formulario; aparecerá un pequeño recuadro, con el cursor situado en él, preparado para escribir el texto.
3. Escriba Nuevo contrato, y pulse <**Intro**>. El control quedará seleccionado.
4. Repita los pasos anteriores para agregar las etiquetas que muestra la figura 13.6.
5. Seleccione todos los controles de las etiquetas; recuerde que debe mantener pulsada la tecla <**Mayús**> mientras hace clic sobre ellos.
6. Despliegue la lista del botón Fuente de la barra de herramientas Formato, y seleccione la fuente Bookman Old Style. No cancele la selección de los controles hasta que no finalice los pasos siguientes.
7. Seleccione el tamaño de fuente 12 y active el atributo negrita.
8. Seleccione Formato / Tamaño / Ajustar; el tamaño de los controles se ajustará automáticamente a su contenido.
9. Despliegue el cuadro contextual del botón , y luego seleccione un color granate para colorear el texto de los controles.

10. Seleccione Formato / Alinear / Izquierda. El aspecto del formulario tras estos cambios será análogo al de la figura 13.6.

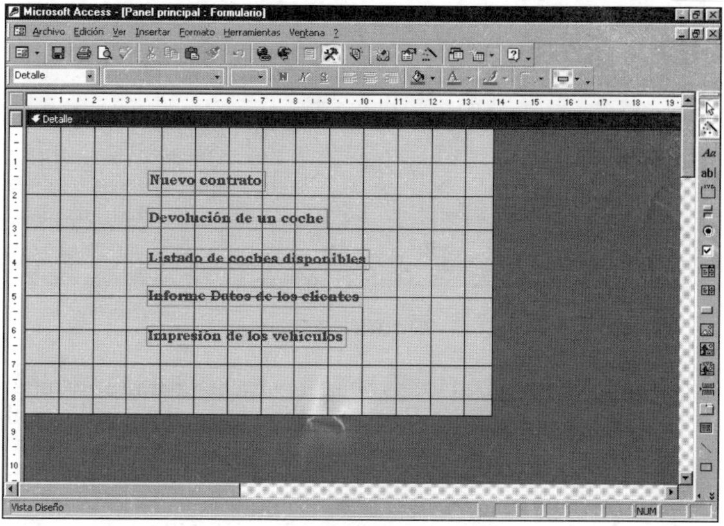

Figura 13.6

11. Haga clic sobre el botón, para guardar las modificaciones realizadas.

13.6.2. Agregar botones de comando para abrir formularios

Ahora va a agregar un botón de comando al formulario que permitirá abrir el formulario Coches disponibles para alqui-lar y poder saber así qué coches están disponibles para ofertar a los clientes.

1. Compruebe que tiene activo el Asistente para controles; el botón del cuadro de herramientas estará hundido.
2. Haga clic sobre la herramienta Botón de comando del cuadro de herramientas, y sobre un punto situado a la izquierda de la etiqueta Listado de coches disponibles; se activará el cuadro de diálogo del Asistente (véase la figura 13.7).

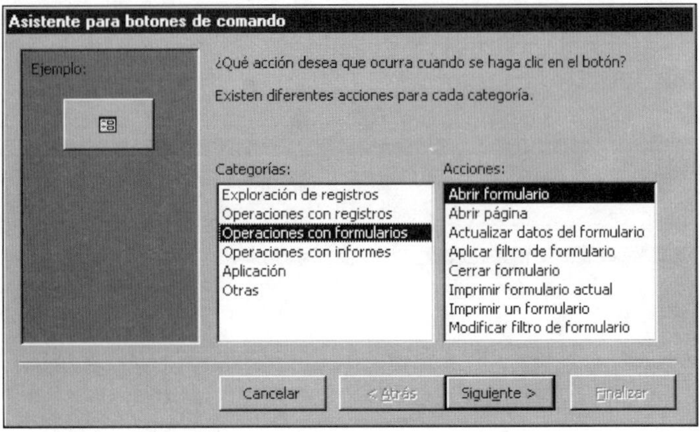

Figura 13.7

3. Seleccione las acciones que muestra la figura 13.7 y haga clic sobre el botón Siguiente, en el que debe indicar al Asistente qué formulario desea abrir.
4. Seleccione el formulario Coches disponibles para alquilar y haga clic sobre el botón Siguiente.
5. Seleccione, en este nuevo cuadro de diálogo, la opción Abrir el formulario y mostrar todos los registros, y haga clic sobre el botón Siguiente.
6. En este cuadro de diálogo, el Asistente permite elegir una imagen gráfica para el botón o introducir un texto determinado.
7. Active la opción Texto, borre el texto propuesto por el programa y no escriba ninguno (véase la figura 13.8).
8. Haga clic sobre el botón Siguiente, para obtener el último cuadro de diálogo del Asistente en el que propone, y permite modificar, el nombre del botón.
9. Haga clic sobre el botón Finalizar, para aceptar el nombre genérico propuesto por el Asistente.

13.6.3. Agregar botones de comando para activar la presentación preliminar de informes

Los siguientes controles que va a crear permitirán activar la presentación preliminar de un informe de la base de datos e imprimir otro.

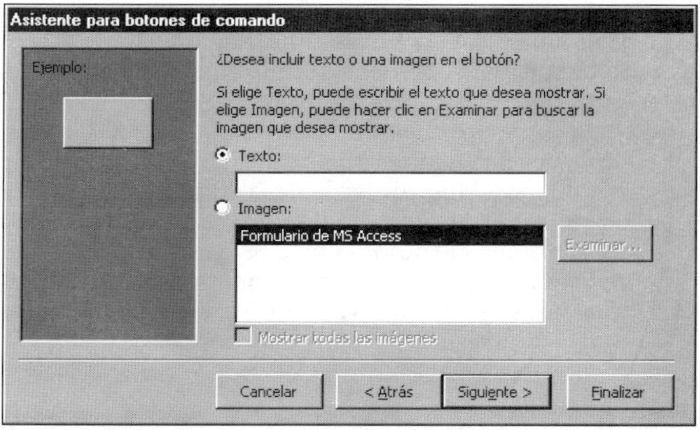

Figura 13.8

1. Haga clic sobre la herramienta Botón de comando del cuadro de herramientas, y sobre un punto situado a la izquierda de la etiqueta Informe Datos de los clientes; se activará el Asistente.
2. Seleccione las acciones que muestra la figura 13.9.

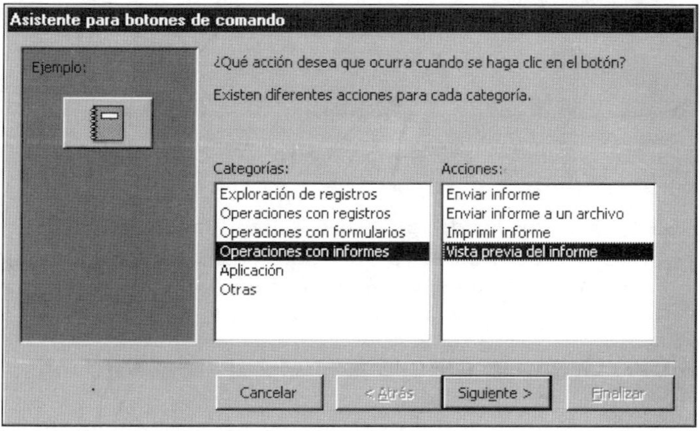

Figura 13.9

3. Haga clic sobre el botón Siguiente.
4. Seleccione el informe Datos de los clientes y haga clic sobre el botón Siguiente.

5. Active la opción Texto, borre el texto propuesto por el programa y no escriba ninguno; haga clic sobre el botón Siguiente, para obtener el último cuadro de diálogo del Asistente.
6. Haga clic sobre el botón Finalizar.
7. Repita los pasos anteriores para añadir un nuevo botón de comando, a la izquierda de la etiqueta Impresión de los vehículos que le permita imprimir el informe Información detallada de los vehículos. La figura 13.10 muestra la acción que deberá seleccionar para este botón; al igual que en los botones anteriores, no le asigne texto ni imagen alguna.

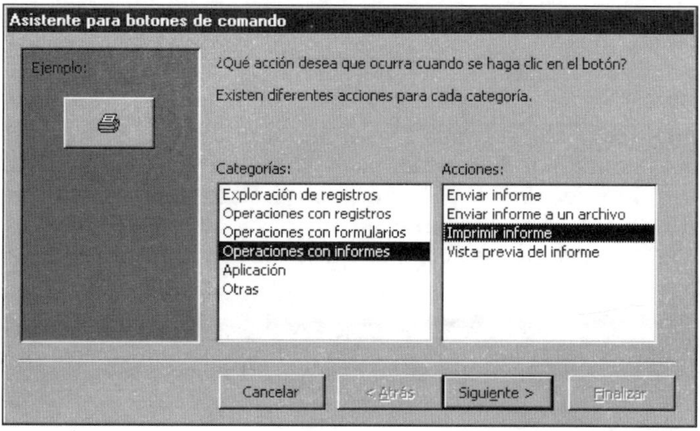

Figura 13.10

8. Guarde las modificaciones realizadas en el formulario y cierre su ventana, ya que debe realizar otras operaciones antes de seguir con la creación del panel de control.

13.6.4. Crear la macro Localizar contrato

El siguiente control que debe agregar al panel de control es un botón de comando para la etiqueta Devolución de un coche, que se utilizará para indicar cuándo un cliente devuelve un automóvil, es decir, cuándo finaliza un contrato de alquiler. A este botón se le va a asignar una macro que permita acceder al formulario Contratos, y que active el registro correspondiente al número de contrato que se indique. Por tanto, lo primero que debe hacer es crear la macro.

1. Active la ficha Macros de la ventana de la base de datos.
2. Haga clic sobre el botón Nuevo, para acceder a una ventana de diseño de macros vacía.
3. Seleccione, como primera y única acción, AbrirFormulario.
4. Especifique los argumentos que muestra la figura 13.11, que permiten acceder al formulario Contratos, y activar la consulta Localizar un registro (creada en el capítulo 8) para localizar el contrato cuyo número se especifique.

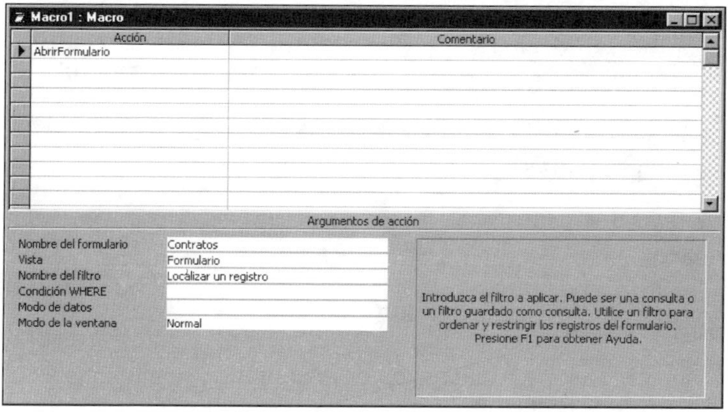

Figura 13.11

5. Guarde la macro con el nombre Localizar contrato y cierre su ventana de diseño.

13.6.5. Agregar un botón de comando para ejecutar una macro

El botón de comando que agregará ahora va a ejecutar, al hacer clic sobre él, la macro Localizar contrato creada en el apartado anterior.

1. Abra la ventana Diseño del formulario Panel principal.
2. Compruebe que tiene activo el Asistente para controles.

3. Haga clic sobre la herramienta Botón de comando del cuadro de herramientas, y sobre un punto situado a la izquierda de la etiqueta Devolución de un coche; se ejecutará el Asistente y mostrará su primer cuadro de diálogo.
4. Seleccione las acciones que muestra la figura 13.12, y haga clic sobre el botón Siguiente.

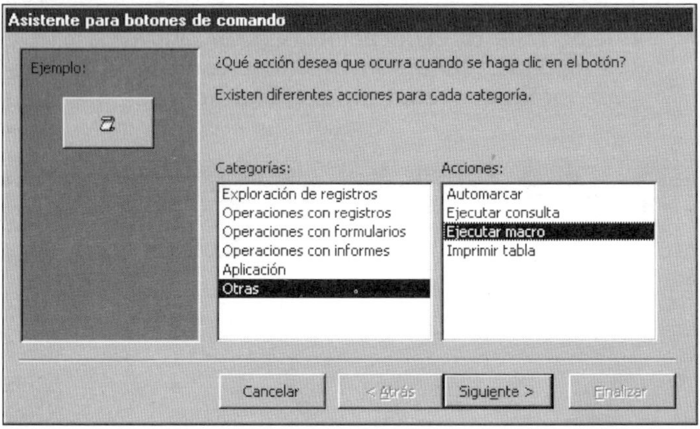

Figura 13.12

5. Seleccione la macro Localizar contrato y haga clic sobre el botón Siguiente.
6. Active la opción Texto, borre el texto propuesto por el programa y no escriba ninguno, y haga clic sobre el botón Siguiente.
7. Haga clic sobre el botón Finalizar.

13.6.6. Modificar el tamaño de los botones de comando y colocarlos en el panel

Una vez agregados los cuatro botones de comando de los apartados anteriores, debe realizar los siguientes pasos para modificar sus tamaños y situarlos en sus posiciones finales.

1. Modifique el tamaño de los controles para que sean similares a los de la figura 13.13.

2. Sitúe los controles en las posiciones que muestra la figura 13.13.
3. Seleccione todos los botones de acción a la vez.
4. Seleccione Formato / Alinear / Derecha, para alinearlos entre sí; los botones quedarán distribuidos como en la figura 13.13.

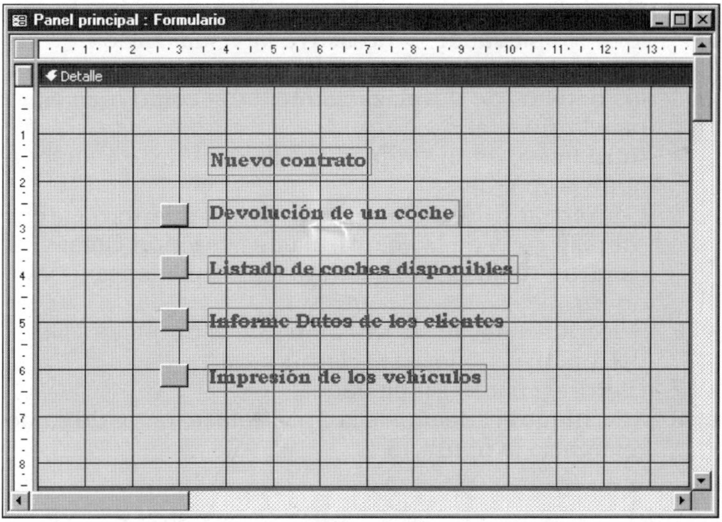

Figura 13.13

5. Guarde las modificaciones realizadas en el formulario y cierre su ventana, ya que debe realizar otras operaciones antes de completar el panel principal.

13.7. Crear un formulario secundario

Ahora va a crear un formulario secundario, que se activará al hacer clic sobre el botón de comando que falta para la opción Nuevo contrato del panel principal. Este nuevo formulario permitirá indicar si la persona que viene a contratar un coche es, o no, cliente de la agencia (véase figura 13.20). Esta distinción se realiza ya que, en el primer caso, se accederá directamente al formulario Contratos, mientras que en el segundo se accederá previamente al formulario Clientes para darle de alta como cliente.

1. Haga doble clic sobre la opción Crear formulario en vista Diseño de la ficha Formularios de la base de datos.
2. Seleccione Edición / Seleccionar formulario, para tener activo el propio formulario.
3. Haga clic sobre el botón ▣, para abrir el cuadro de diálogo Propiedades, y desactive la visualización de las barras de desplazamiento, los selectores de registro y los botones de desplazamiento, tal y como hizo en el panel principal.
4. Introduzca, en la propiedad Título, el texto Panel de nuevos contratos.
5. Con el cuadro de diálogo Propiedades abierto, haga clic sobre la zona de la cuadrícula de la sección Detalle; el cuadro Propiedades mostrará las propiedades de este objeto.
6. Seleccione, de la lista de colores de la propiedad Color del fondo, un color azul claro.
7. Cierre el cuadro Propiedades.
8. Modifique el tamaño de la zona Detalle tomando como referencia la figura 13.14.

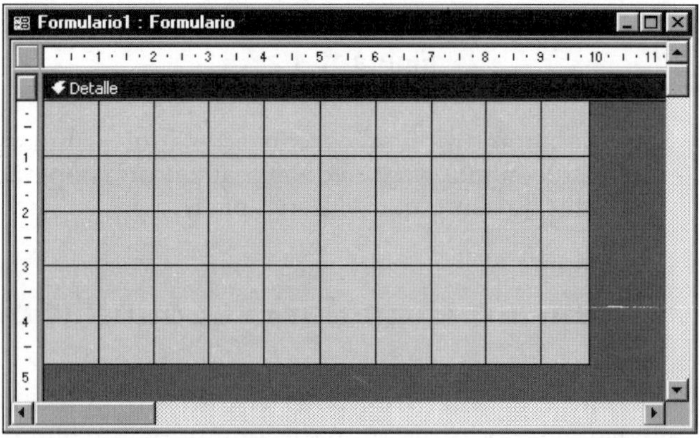

Figura 13.14

Este panel solamente contendrá dos controles: un control de tipo Grupo de opciones, que ofrecerá dos opciones alternativas entre sí, para que el usuario active una, y un botón de comando que ejecutará una macro que evaluará la opción activada por el usuario, y según la que sea, realizará una acción determinada.

13.7.1. Crear un control Grupo de opciones

Los grupos de opciones ofrecen varias posibilidades al usuario, de los que sólo podrá activar una de ellas, ya que serán excluyentes entre sí. Realice los siguientes pasos para crear un control de este tipo:

1. Compruebe que tiene activo el Asistente para controles.
2. Haga clic sobre la herramienta Grupo de opciones del cuadro de herramientas, y sobre un punto del formulario; se activará el primer cuadro de diálogo del Asistente en el que se deben escribir las opciones (véase la figura 13.15).
3. Escriba las opciones que muestra la figura 13.15.

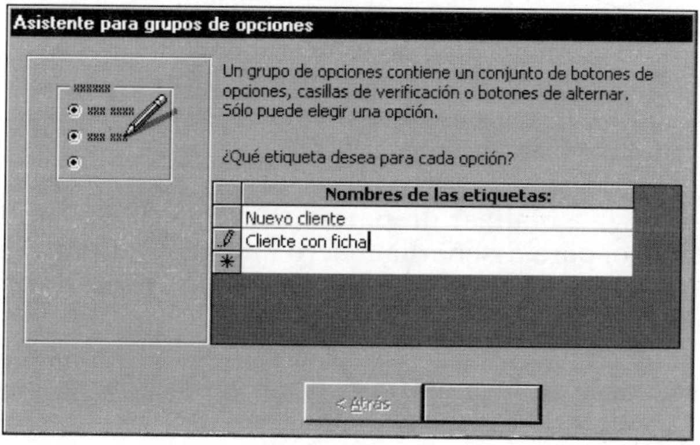

Figura 13.15

4. Haga clic sobre el botón Siguiente; en este nuevo cuadro de diálogo, el Asistente permite indicar qué opción se desea que aparezca activa por defecto.
5. Seleccione la opción Nuevo cliente de la lista Sí, la opción predeterminada es, y después haga clic sobre el botón Siguiente. El programa mostrará el cuadro de diá-

logo de la figura 13.16, con información importante ya que indica qué valores tomará el control Grupo de opciones en función de la opción que se active.

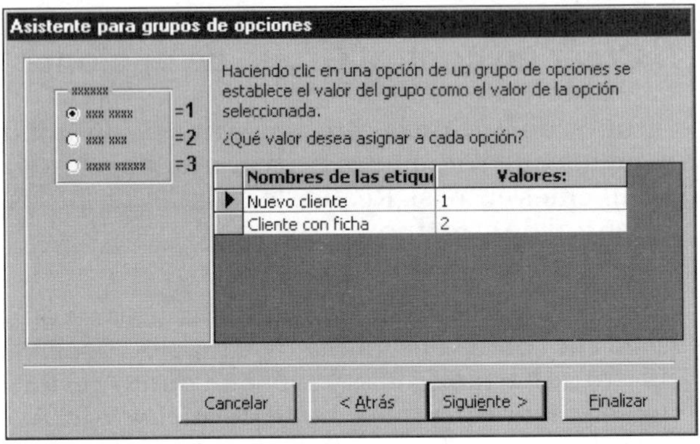

Figura 13.16

6. Haga clic sobre el botón Siguiente, para aceptar los valores propuestos por el programa.
7. Active las opciones Botones de alternar y Sombreado, que determinarán el aspecto del control.
8. Haga clic sobre el botón Finalizar, ya que no va a modificar el nombre del control.

Ahora va a realizar un paréntesis en la creación de este formulario, para diseñar la macro que se ejecutará al hacer clic sobre un botón de comando que añadirá posteriormente al formulario.

9. Guarde el formulario con el nombre Panel Nuevos contratos y cierre su ventana.

13.7.2. Crear la macro Nuevos contratos

Esta macro, que se ejecutará al hacer clic sobre un botón que añadirá al formulario Panel Nuevos contratos permitirá, en función de la opción que se encuentre activada en el grupo de opciones, abrir el formulario Clientes (para dar de alta a un nuevo cliente) o el formulario Contratos (si el cliente ya tiene ficha).

1. Active la ficha Macros de la ventana de la base de datos.
2. Haga clic sobre el botón , para acceder a una ventana de diseño de macros vacía.
3. Haga clic sobre el botón , para agregar la columna Condicion al panel superior.
4. Introduzca, en la celda Condición de la primera fila, la expresión [Formularios]![Panel Nuevos contratos]![Marco0]=1; si lo desea, puede crear la expresión con el Generador de expresiones.

> ***Información:*** *El control Marco0 (que es el grupo de opciones agregado anteriormente) toma valor 1 cuando la opción activa es* Nuevo cliente (sin ficha) *y, si la opción activa es* Cliente con ficha, *toma el valor 2.*

5. Seleccione, como acción a ejecutar si se cumple esta condición, AbrirFormulario, y especifique los argumentos que muestra la figura 13.17, que permiten acceder al formulario Clientes para agregar un nuevo registro.

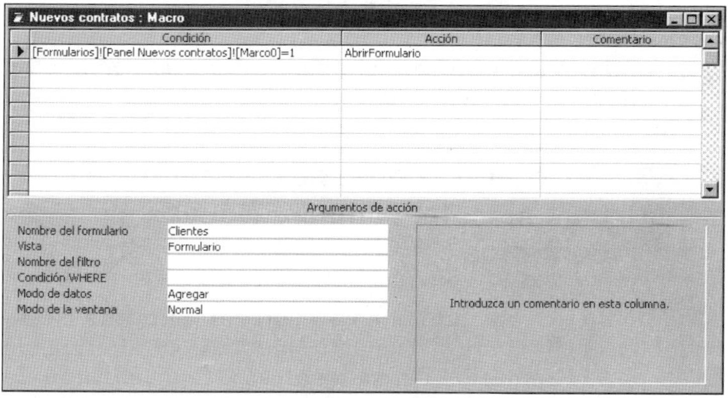

Figura 13.17

6. Introduzca, en la celda Condición de la segunda fila, la expresión [Formularios]![Panel Nuevos contratos]![Marco0]=2.
7. Seleccione, como acción a ejecutar si se cumple esta condición, AbrirFormulario, y especifique argumentos análogos a los de la figura 13.17, con la importantísima

diferencia de que ahora debe abrir el formulario Contratos.

8. Introduzca, como tercera acción sin condición, la de cerrar el formulario; observe, en la figura 13.18, el diseño de la macro creada.

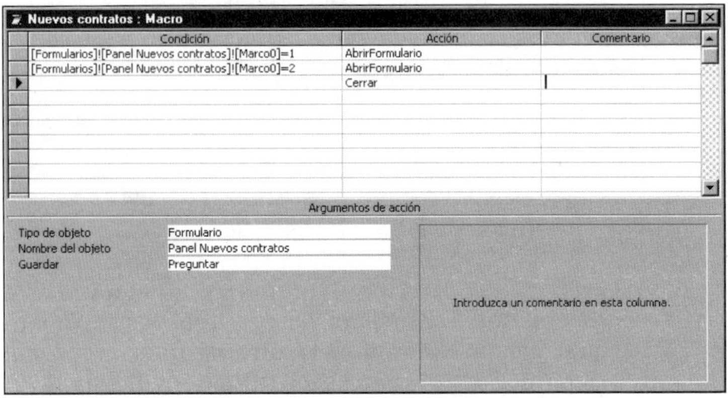

Figura 13.18

9. Guarde la macro con el nombre Nuevos contratos y cierre su ventana de diseño.

13.7.3. Agregar un botón de comando para ejecutar la macro Nuevos contratos

El botón de comando que va a agregar permitirá ejecutar, al hacer clic sobre él, la macro Nuevos contratos creada en el apartado anterior. Pero en este caso creará el botón sin ayuda del Asistente, por lo que tendrá que indicar manualmente la acción que debe realizar al hacer clic sobre él.

1. Abra la ventana Diseño del formulario Panel Nuevos contratos.
2. Desactive el Asistente para controles; el botón no debe estar hundido.
3. Haga clic sobre la herramienta Botón de comando del cuadro de herramientas, y sobre un punto situado a la

derecha del grupo de opciones. En este caso, el botón se insertará en el formulario pero no se ejecutará el Asistente.

4. Pulse el botón derecho del ratón sobre el botón, y seleccione la opción Propiedades, para activar dicho cuadro de diálogo.
5. Active la ficha Formato, para modificar la propiedad Imagen.
6. Haga clic sobre el botón ⊡ de la propiedad Imagen y seleccione del cuadro que se activará, la imagen Ejecutar macro; y haga clic sobre el botón Aceptar.
7. Active la ficha Eventos, para indicar qué acción debe realizar al hacer clic sobre el botón.
8. Haga clic sobre el cuadro del evento Al hacer clic, para que aparezcan los botones Desplegar y Generar.
9. Despliegue la lista de acciones (véase la figura 13.19) y seleccione la macro Nuevos contratos.

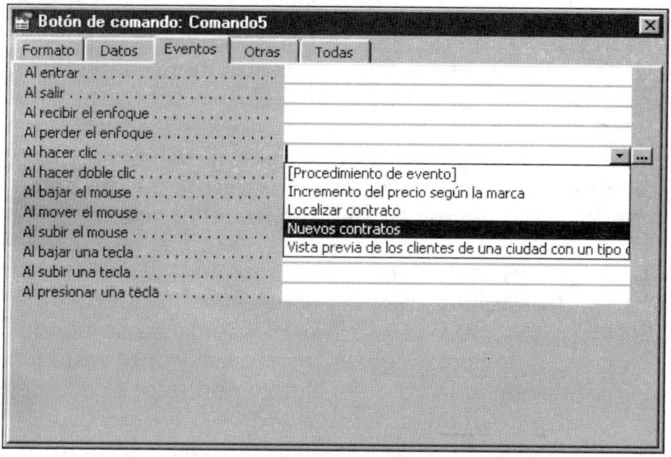

Figura 13.19

10. Cierre el cuadro de diálogo Propiedades.
11. Cambie el rótulo del grupo de opciones a Opciones.
12. Modifique el tamaño del formulario y el de los controles, y distribúyalos, hasta que tenga el aspecto de la figura 13.20.
13. Guarde las modificaciones realizadas en el formulario, y cierre su ventana.

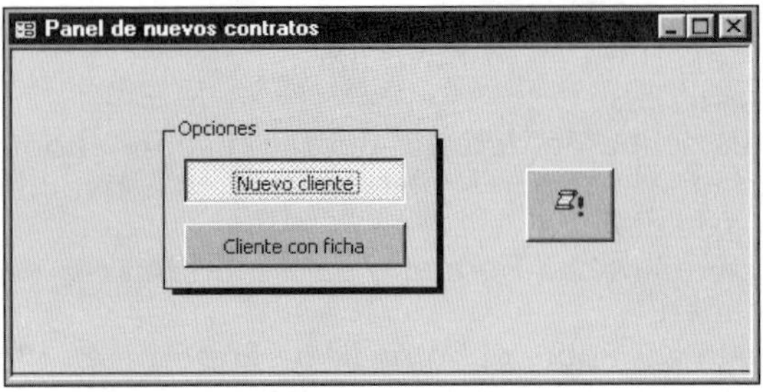

Figura 13.20

Como el formulario Nuevos contratos está terminado, volverá al diseño del panel principal para agregar el botón de comando que lo abrirá.

13.8. Finalizar el Panel principal

Ahora sí está en disposición de finalizar la creación del formulario Panel principal, ya que solamente falta agregar el botón de comando de la etiqueta Nuevo contrato de modo que, al hacer clic sobre él, active el formulario Panel Nuevos contratos creado en los apartados anteriores. Realice los siguientes pasos para crear el nuevo control, de tipo Botón de comando en la ventana Diseño del Panel principal:

1. Active el Asistente para controles; el botón del cuadro de herramientas debe estar hundido.
2. Haga clic sobre la herramienta Botón de comando del cuadro de herramientas, y sobre un punto situado a la izquierda de la etiqueta Nuevo contrato; se activará el cuadro de diálogo del Asistente.
3. Seleccione las acciones que permiten abrir un formulario y haga clic sobre el botón Siguiente.
4. Seleccione el formulario Panel Nuevos contratos y haga clic sobre el botón Siguiente.
5. Active la opción Texto, borre el propuesto por el programa y haga clic sobre el botón Finalizar, para aceptar el nombre propuesto para este control.

Finalmente, va a crear un botón para este formulario que permita salir de la aplicación personalizada que está creando, y del propio Access.

6. Haga clic sobre la herramienta Botón de comando del cuadro de herramientas, y sobre un punto situado en la parte inferior derecha del formulario.
7. Seleccione las acciones que muestra la figura 13.21.

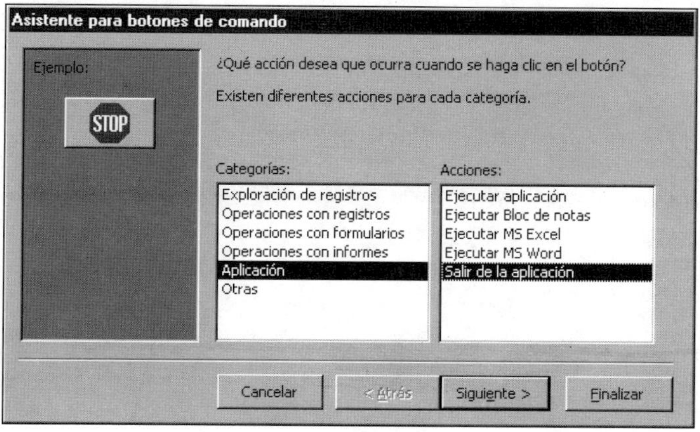

Figura 13.21

8. Haga luego clic sobre el botón Siguiente y seleccione, del próximo cuadro de diálogo, la imagen Stop.
9. Haga clic sobre el botón Finalizar.

Una vez finalizada la creación del panel de control, guardará todas las modificaciones realizadas en él; posteriormente podrá comprobar el funcionamiento de la aplicación creada en este capítulo.

10. Haga clic sobre el botón, para guardar las modificaciones, y cierre la ventana del formulario.

Si desea comprobar el funcionamiento de la aplicación, abra el formulario Panel principal, cuyo aspecto será análogo al de la figura 13.22, y pruebe sus distintas opciones, que deberán ejecutar las acciones que se les ha encomendado.

***Información:** Los ejercicios realizados en este capítulo muestran algunas de las múltiples posibilidades que ofrece*

Access. No dude en ampliar las opciones de la aplicación creada.

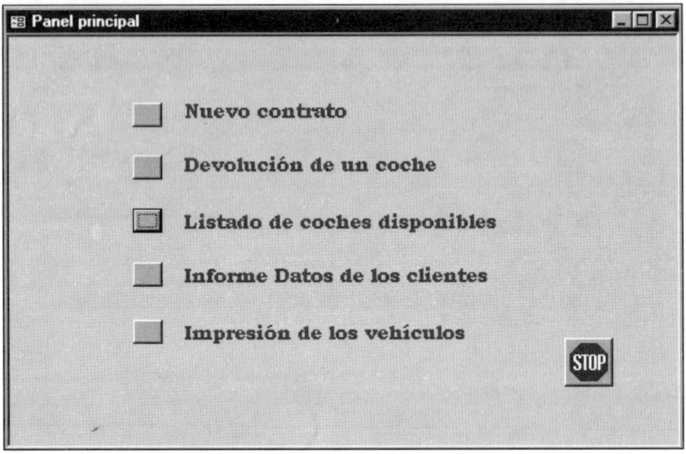

Figura 13.22

13.9. Mejoras en el formulario Contratos

Si ha probado la aplicación, es más que seguro que se le habrán ocurrido multitud de detalles que podrían mejorarla; lo mejor es que se anime a ello.

A continuación le propongo dos que, desde mi punto de vista, mejoran sustancialmente la aplicación, sobre todo en cuanto a la introducción de nuevos registros en el formulario Contratos. Estas consisten en la creación de dos nuevos botones de acción a los que asignar unas macros concretas,(véase la figura 13.23).

13.9.1. Macro para insertar el dato de un campo

Cuando accede al formulario Contratos para añadir un nuevo registro, sería bastante conveniente que el programa fuera capaz de rellenar el dato del campo K-inicial con los kilómetros que tuviera el coche en ese momento, dato que se encuentra almacenado en el campo Kilómetros de la tabla Automóviles.

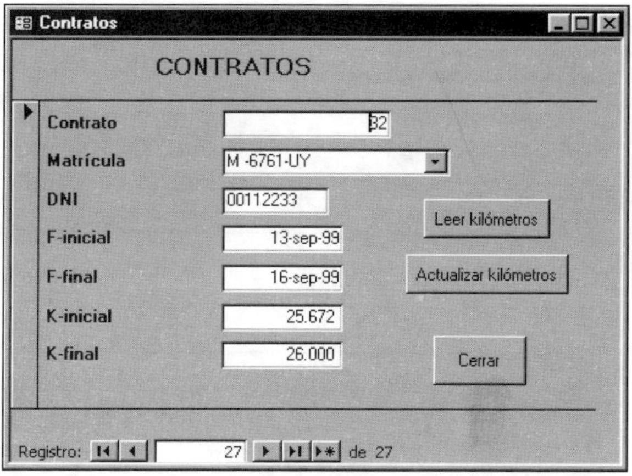

Figura 13.23

Para ello le propongo crear la macro Leer kilómetros, cuyo diseño le muestro en la figura 13.24, y asignarla a un nuevo botón de acción que debería añadir al formulario Contratos (véase la figura 13.23).

13.9.2. Macro para actualizar el dato de un campo

Cuando accede al formulario Contratos para finalizar un contrato, debe introducir la fecha y los kilómetros finales. En este caso, sería muy conveniente que el programa fuera capaz de actualizar los kilómetros del coche (dato que está almacenado en el campo Kilómetros de la tabla Automóviles) con el valor que se haya introducido en el campo K-final de este contrato.

Para ello le propongo crear la macro Actualizar kilómetros, cuyo diseño le muestro en la figura 13.25, y asignarla a un nuevo botón de acción que debería añadir al formulario Contratos (véase la figura 13.23).

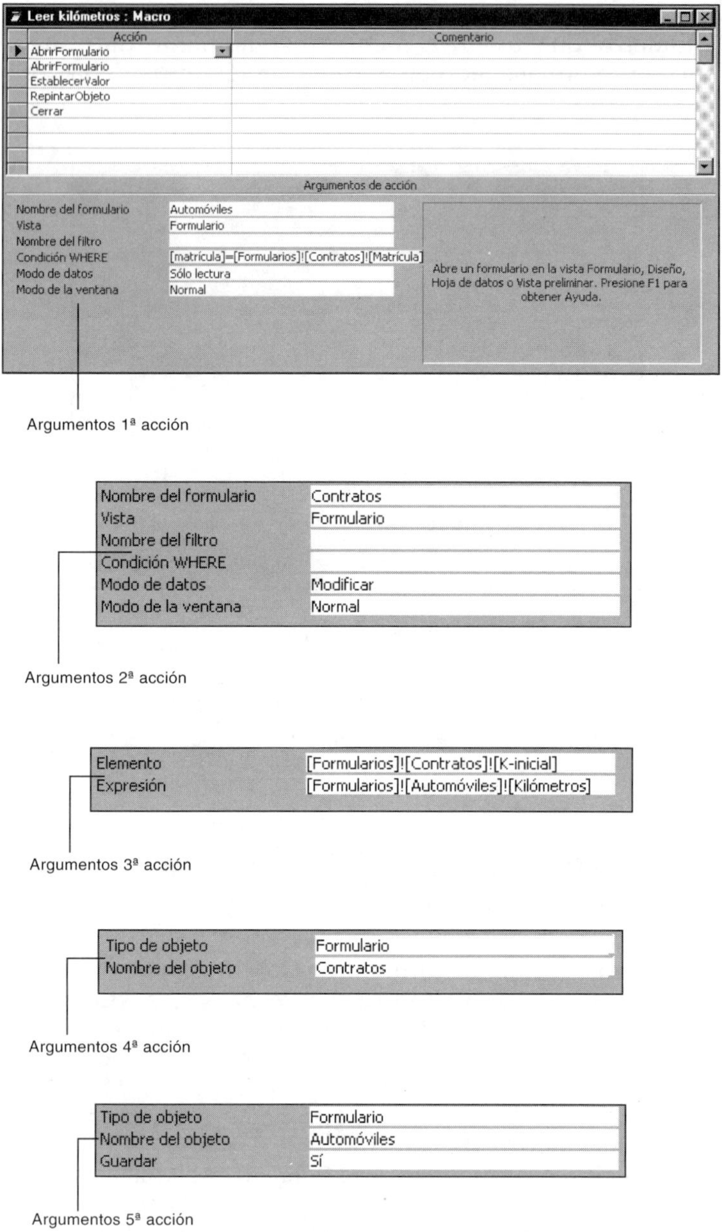
Leer kilómetros : Macro
Acción
Comentario
AbrirFormulario
AbrirFormulario
EstablecerValor
RepintarObjeto
Cerrar
Argumentos de acción
Nombre del formulario
Automóviles
Vista
Formulario
Nombre del filtro
Condición WHERE
[matrícula]=[Formularios]![Contratos]![Matrícula]
Modo de datos
Sólo lectura
Modo de la ventana
Normal
Abre un formulario en la vista Formulario, Diseño, Hoja de datos o Vista preliminar. Presione F1 para obtener Ayuda.
Argumentos 1ª acción
Nombre del formulario
Contratos
Vista
Formulario
Nombre del filtro
Condición WHERE
Modo de datos
Modificar
Modo de la ventana
Normal
Argumentos 2ª acción
Elemento
[Formularios]![Contratos]![K-inicial]
Expresión
[Formularios]![Automóviles]![Kilómetros]
Argumentos 3ª acción
Tipo de objeto
Formulario
Nombre del objeto
Contratos
Argumentos 4ª acción
Tipo de objeto
Formulario
Nombre del objeto
Automóviles
Guardar
Sí
Argumentos 5ª acción

Figura 13.24

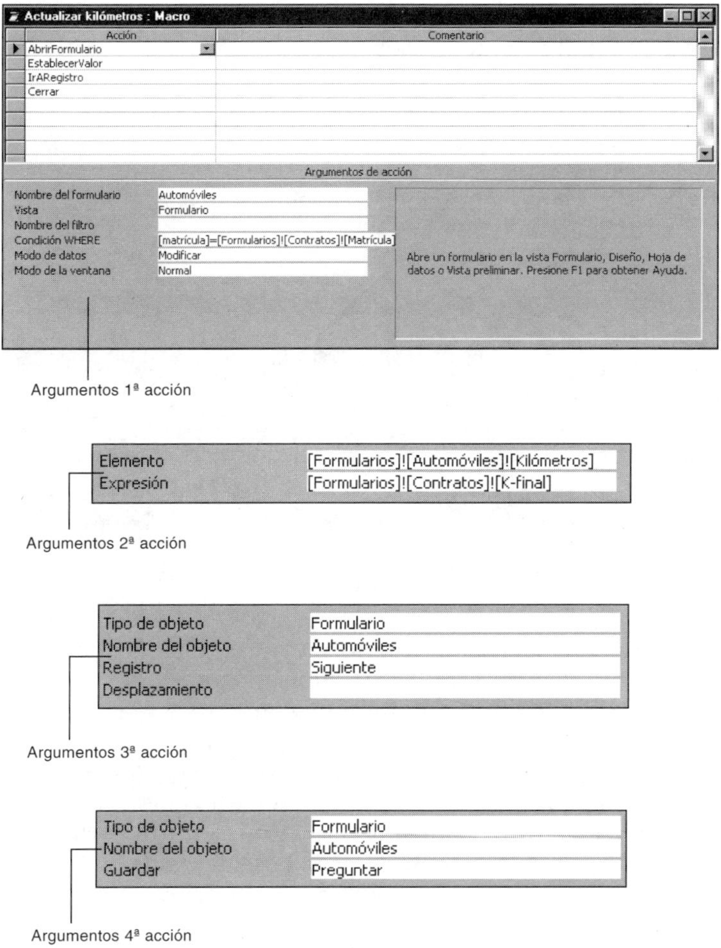

Figura 13.25

13.10. Hacer que se active automáticamente el Panel principal

En la mayoría de los casos que se crea una aplicación personal, interesa que el panel principal de la misma aparezca automáticamente al abrir la base de datos. Para ello basta con realizar los siguientes pasos:

1. Cierre las ventanas de todos los objetos de la base de datos abiertos; deberá tener la ventana de la base de datos activa.
2. Seleccione Herramientas / Inicio. Aparecerá el cuadro de diálogo de la figura 13.26.

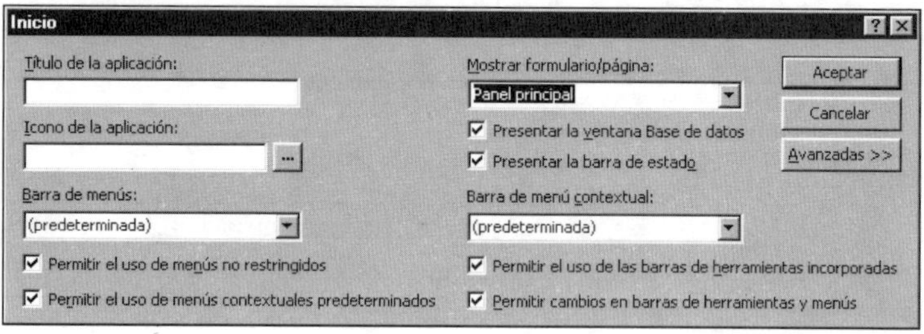

Figura 13.26

3. Seleccione el nombre del formulario, Panel principal, de la lista desplegable Mostrar formulario/página.
4. Haga clic sobre el botón Aceptar.

La próxima vez que abra la base de datos Alquiler de automóviles, el programa activará automáticamente el panel principal de la aplicación creada en este capítulo. Si deseara que no apareciera la ventana de la base de datos, desactive la opción Presentar la ventana Base de datos.

> ***Información:*** *Para desactivar la aparición automática de un formulario, acceda al cuadro de diálogo* Inicio *(véase la figura 13.26) y seleccione la opción* Ninguno *de la lista desplegable* Mostrar formulario/página.

Índice alfabético

A

Access Microsoft
    acceso directo a, 29
    arrancar, 27, 30
    instalación, 21
    salir, 48
    ventana, 33
Aplicación personal, 321
Asistente para búsqueda, 72, 80
Asistentes para
    consultas, 157
    etiquetas, 269
    formularios, 217
    gráficos, 272
    informes, 248
    tablas, 56
Autocorrección, 91
Autoformularios, 222, 226
Autoinformes, 249
Autopágina de acceso a datos, 289
Ayuda, obtener
    de un objeto, 40
    desde Internet, 41
    en cuadros de diálogo, 41
Ayudante, 42, 46

B

Barras de desplazamiento, 38
Barras de herramientas, 37
Base de datos
    abrir, 83-85, 279
    cerrar, 82, 279
    concepto, 17
    crear, 49-51
    propiedades, 111
    ventana, 52, 81

C

Campos
    agregar a consulta, 159, 176
    calculados, 190-193
    mover, 139
    nombres de, 59
    ocultar en tablas, 137
    propiedades, 61-62
    seleccionar, 107
    tamaño de, 61
    tipos de datos, 62
    visualizar ocultos, 138
Clave principal, 77
Columnas
    inmovilizar, 142
    liberar, 143
Comodines en consultas, 174
Configurar página, 145, 258
Consultas
    activar, 183
    agregar campos, 165
    cerrar, 163, 169
    crear, 159, 163, 170

estadísticas en, 193
guardar, 169
imprimir, 184
modificar el diseño, 161
multitablas, 176
ordenar resultado, 168
resultado, 167
tipos de, 156
Consultas de acción
actualizar datos, 204
añadir registros, 201
creación de tablas, 205
ejecutar, 207
eliminar registros, 209
tabla referencias cruzadas, 211
tipos de, 199
Consultas, tipo de
acción, 156, 199
campos calculados, 190
interactivas, 185
resumen, 193
selección, 156
Controles
añadir, 235, 240
cambiar aspecto, 234, 254, 259
cambiar tamaño, 233, 258
concepto, 229
eliminar, 235
mover, 231, 258
propiedades, 237, 264
seleccionar, 230
Correo electrónico, enviar datos, 280
Crear, métodos de
consultas, 156
formularios, 214
informes, 247
macros, 300
página de acceso a datos, 287
tablas, 54
Criterios de consultas
delimitadores de, 167
introducir, 162, 166,
utilizar varios, 178-182
Cuadro de herramientas, 235

D

Datos
buscar, 147
copiar, 107
imprimir, 146
introducir, 88, 89, 98
modificar, 96
mover, 107
reemplazar, 149
seleccionar. 106
tipos de, 62
Deshacer operaciones, 109
Detectar y reparar, 25
Documentador, 113

E

Estadística
en consultas, 193
parámetros de, 195
por grupo, 196
Etiquetas, crear, 269
Eventos, 322-324
Exportar tablas, 119

F

Fecha/Hora, campo tipo, 80
Filtros
activar, 154
crear, 151,152
desactivar, 151, 154
excluyendo selección, 152
guardar, 154
imprimir, 152
por selección, 151
tipos, 151
Formato de campo, 61, 75
Formularios
activar, 245
cerrar, 239
concepto, 213
crear, 214, 223, 224, 242
estilo de, 231
guardar, 239
modificar, 230, 239, 243
tipos, 216
utilizar, 220
Funciones de Access, 318-320

G

Generador de expresiones
- aspecto del, 311
- crear expresión con, 312
- función del, 310

H

Hipervínculos
- introducir, 98
- tipo campo, 68

Hoja de datos secundaria, 129

I

Importar tablas, 117
Imprimir
- consultas, 184
- formularios, 246
- informes, 252, 261, 265
- tablas, 146

Indexado, propiedad, 62
Informes
- cerrar, 255
- crear, 247, 255, 261, 266
- grafico, 271
- guardar, 255, 261
- imprimir, 252, 261, 265
- modificar, 253, 253, 257, 262
- tipos, 249

Integridad referencial, 122
Internet, 278
Intranet, 279

M

Macros
- acciones de, 306-307
- asignar a botón, 333
- condicionales, 308
- crear, 300, 332, 338, 344
- ejecutar, 302
- modificar, 304

Máscara de entrada, 61, 70
Memo, campo tipo, 76
Menú contextual, 36
Menús
- convenciones, 35
- utilización, 34

O

Objeto OLE
- campo tipo, 77
- introducir, 101

Objetos de una base de datos
- borrar, 116
- cambiar nombre, 116
- copiar, 114
- información sobre, 46
- mantenimiento, 114
- tipos, 18

Operadores
- aritméticos, 316
- de comparación, 172, 316
- lógicos, 317
- otros, 317

Ortografía, 104

P

Páginas de acceso a datos
- crear, 287, 291
- modificar, 294
- tipos de, 286
- utilizar, 296

Paneles de control
- activar automáticamente, 348
- crear, 325, 335
- guardar, 326
- modificar, 326-332, 336-342

Portapapeles de Office, 39
Programas, 321
Publicar en páginas
- Web, 283, 284

R

Redes de área local, 278
Registros
- activar, 93
- añadir, 88, 89, 99, 103
- buscar, 147
- copiar, 107
- eliminar, 108
- filtrar, 151
- modificar, 96
- mover, 107

ordenar, 139,140
seleccionar, 107
Regla de validación, 62, 74
Relaciones
crear, 124
eliminar, 127
guardar diseño, 128
modificar, 126
tipos, 121
ventana de , 123

S

Sí/No, campo tipo, 77

T

Tabla
abrir, 86
cerrar, 64, 79, 95
crear, 55-58, 66, 69, 80
diseñar, 53
estructura, 58
guardar, 64, 79, 135
modificar diseño, 63
modificar formato, 131-135
seleccionar, 107
Texto de validación, 62, 74
Título de campo, 61

V

Valor predeterminado, 61
Ventana de Access, 33
ayuda, 43-45
base de datos, 52, 81
consulta, 160, 168
formulario, 221, 222, 226, 241
generador de expresiones, 311
hoja de datos, 87, 90
informe, 250, 260, 268, 276
página de acceso a datos, 289, 297
relaciones, 123
Ventana Diseño de,
consulta, 161, 165
formulario, 228, 232, 241
informe, 254, 260, 269
macro, 300, 305
página de acceso a datos, 295
tabla, 64
Ventanas, distribución de, 47
Vincular tablas, 118
Vista preliminar, 143

W

Web
barra de herramientas, 282
visualizar páginas, 281